Université de France

FACULTÉ DE DROIT DE DOUAI

THÈSE

POUR

LE DOCTORAT

PAR

THÉRY (ARTHUR-HENRI)

Avocat à la Cour d'appel de Douai

Né à Bapaume (Pas-de-Calais)

ARRAS

Imprimerie G. DE SÈDE et Cie, rue du Vent-de-Bise, 16

1883

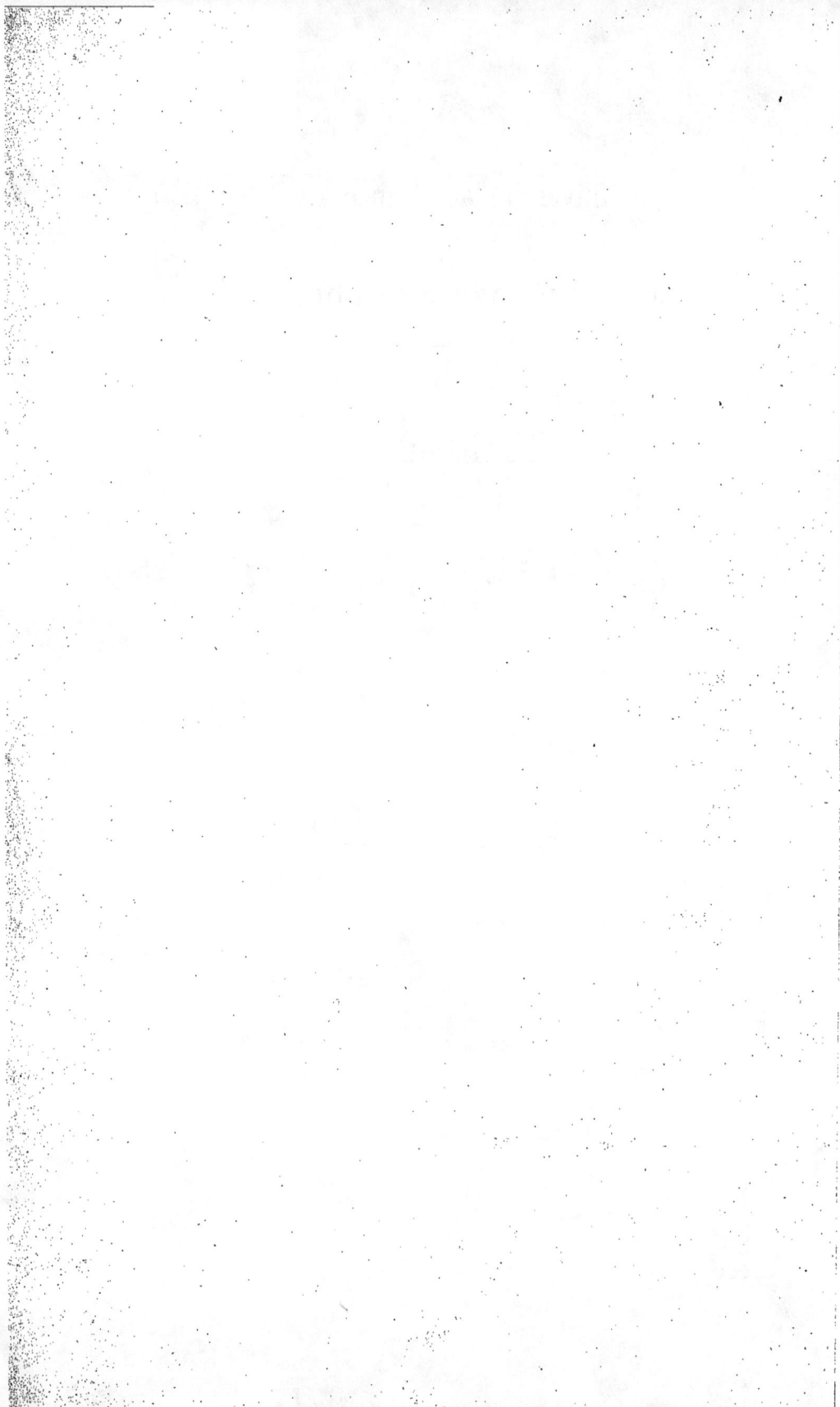

THÈSE

POUR LE DOCTORAT

ARRAS. — IMPRIMERIE DE SÈDE ET Cie

UNIVERSITÉ DE FRANCE

————◦◦◦◦◦◦————

ACADÉMIE DE DOUAI · FACULTÉ DE DROIT

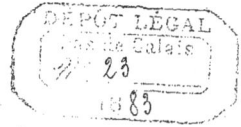

THÈSE

POUR

LE DOCTORAT

L'acte public sur les Matières ci-après sera soutenu
le VENDREDI 16 FÉVRIER 1883, à deux heures de l'après-midi

PAR

THÉRY (ARTHUR-HENRI)

Avocat à la Cour d'appel de Douai

Né à Bapaume (Pas-de-Calais)

Le Candidat devra, en outre, répondre à toutes les questions qui lui
seront faites sur les autres matières de l'enseignement.

————

JURY D'EXAMEN

Président : M. DANIEL DE FOLLEVILLE (O. I. P. ※), Doyen.

Suffragants :
{ MM. LE POITTEVIN,
AUBRY,
BRISSONNET,
FETTU, }
Agrégés,
chargés de cours.

————◦◦◦◦◦◦————

ARRAS

Imprimerie G. DE SÈDE et Cie, rue du Vent-de-Bise, 16

1883

FACULTÉ DE DROIT DE DOUAI

MM.

DANIEL DE FOLLEVILLE (O. I. P. ⚜), professeur de code civil et de droit international privé.

DRUMEL (A. ⚜), député, professeur de droit romain, membre du conseil supérieur de l'Instruction publique.

FÉDER (A. ⚜), professeur de code civil et chargé du cours sur une matière approfondie du droit français.

PIÉBOURG, professeur de droit romain, chargé d'une conférence sur les Pandectes.

GARÇON, professeur de législation criminelle, chargé d'un cours d'histoire, du droit romain et du droit français, pour le doctorat.

POISNEL-LANTILLIÈRE, agrégé, en congé, attaché à l'Ecole française de Rome.

LE POITTEVIN, agrégé, chargé du cours de procédure civile et du cours sur le droit des gens public et les législations comparées de l'Angleterre, de la Belgique et de la France.

VALLAS, agrégé, chargé d'un cours de code civil et du cours de législation industrielle.

LACOUR, agrégé, chargé du cours de droit commercial et du cours de droit maritime.

BOURGUIN, agrégé, chargé du cours de droit administratif et du cours de droit constitutionnel.

AUBRY, agrégé, chargé du cours d'histoire générale du droit français public et privé et du cours sur l'enregistrement, considéré dans ses rapports avec le droit civil.

BRISSONNET, agrégé, chargé d'un cours de droit romain.

FETTU, agrégé, chargé du cours d'économie politique.

Doyen honoraire : M. BLONDEL, ✳ (O. I. P. ⚜), conseiller à la Cour de Cassation.

MM. LE COZ, licencié en droit, secrétaire.

COUSIN (A. ⚜), licencié en droit, bibliothécaire.

A LA MÉMOIRE DE MON PÈRE

A MA MÈRE

DROIT ROMAIN.

Des modifications que l'assiette de la dot pouvait subir à Rome, durant le mariage.

CHAPITRE Ier.

NOTIONS PRÉLIMINAIRES.

SOMMAIRE :

1. — Définition de la dot. — Pouvoirs attribués au mari sur les biens dotaux aux diverses époques de la législation romaine. — Diverses espèces de dot. — Maître absolu de la dot, le mari doit cependant la restituer. — Examen de la disposition de la loi Julia *de fundo dotali*, en tant qu'apportant certaines restrictions aux pouvoirs du mari sur les fonds donnés en dot par sa femme.

2. — L'obligation de restituer la dot amena les juriconsultes à distinguer deux espèces de biens : corps certains, choses *quæ pondere, numero, mensurâre constant*. — Effets de l'estimation dite *taxationis causâ*.

Régie et sanctionnée par la loi civile, consacrée par les institutions religieuses, l'union de l'homme et de la femme s'appelle mariage. En s'alliant ainsi, les conjoints désirent atteindre divers buts : se compléter l'un par l'autre, partager les joies et les peines d'une existence qui doit désormais les lier étroitement l'un à l'autre (individuam vitæ consuetudinem contenens (1), perpétuer la famille, donner à la femme la condition sociale de son mari : telles sont les principales fins de l'union conjugale qui est, pour chacun des époux, une source de devoirs moraux qu'il s'agit de remplir, de charges pécuniaires auxquelles il faut faire face.

Nous n'avons à traiter ici ni des devoirs respectifs des époux, ni des obligations qu'ils doivent remplir envers leurs enfants, non plus que de celles dont ceux-ci sont tenus envers leurs parents. Un seul point doit nous arrêter : savoir quelles modifications peut subir, durant le mariage, le patrimoine que la femme, son père ou un tiers, donne au mari pour lui permettre de subvenir aux charges péccuniaires naissant du mariage.

A Rome, on appelle dot *(dos)* les biens que la femme, le *paterfamilias* sous la puissance duquel elle se trouve, ou quelquefois un étranger, donne au mari pour l'aider à supporter les charges pécuniaires résultant du mariage (2). La

---

(1) Inst. Lib. I, tit. IX.

(2) En l'an 449 de notre ère, on voit apparaître, avec des caractères distincts, une institution qui forme, en quelque sorte, la contrepartie de la dot : c'est la donation *propter nuptias ;* elle se compose des biens que le mari ou un tiers donne à la femme en vue du mariage. Son existence, comme celle de la dot, est subordonnée à la condition : *si nuptiæ sequuntur.* Elle ne doit pas, du reste, être confondue avec une autre institution qui présente avec elle la plus grande analogie : la donation entre fiancés, *sponsalitia.* La différence caractéristique entre ces deux sortes d'actes, tient à ce que la donation entre fiancés peut émaner de la femme aussi bien que du mari tandis que la donation *propter nuptias* ne peut venir que du mari. De plus, le mariage venant à manquer, celle-ci, comme la dot, doit être restituée ; la donation entre fiancés conserve, au contraire, tout

condition de ces biens subit toutefois des modifications pendant la durée de la législation romaine.

Sous l'ancien Droit et jusqu'à la fin de la République, on rencontre, en effet, à Rome, une institution, la *manus* (1) conséquence fréquente, mais non nécessaire du mariage, qui a sur la dot une influence considérable. Par la *manus*, en effet, la femme se trouve placée sous la puissance de son mari ; elle est pour lui *loco filiæ*. Cette nouvelle condition juridique a pour résultat de faire passer entre les mains du mari la propriété pleine et entière de tous les biens que la femme possède au moment de la célébration du mariage (2). Cette translation de propriété est, de plus, définitive, et le mari ne peut être contraint, après la dissolution de l'union conjugale, d'opérer la restitution des biens dotaux, car nul ne peut, même éventuellement, être débiteur de celui qu'il a sous sa puissance. Toutefois, si la dot a été donnée à la femme par un tiers, celui-ci peut, par une stipulation ou un contrat de fiducie, exiger que le mari s'engage à lui restituer les biens dotaux qui lui seraient advenus par l'effet de la *convenio in manum*. Lorsqu'il y a *manus*, tous les biens apportés par la

___

son effet. Constantin innova sur ce point en décidant que le fiancé donataire devrait restituer le bénéfice de cette libéralité, lorsque le mariage viendrait à manquer, soit par sa faute, soit par celle de l'ascendant, sous la puissance duquel il se trouve.

(1) Puissance analogue à la puissance paternelle, sanctionnée par le Droit civil, mais à laquelle seules les femmes sont soumises. On en distingue deux espèces: *matrimonii causâ* et *fiduciæ causâ* (V. Accarias, t. I, p. 252 et suiv.)

(2) Cicéron. Top. ch. IV. « Quum mulier viro in manum convenit, omnia, quæ muleris fuerunt, viri fiunt dotis nomine. »

femme sont donc dotaux et le mari en demeure propriétaire définitif.

Sous le droit classique, la *manus* disparaît. Le mari est-il encore propriétaire de la dot ? Cette question se résout par une distinction résultant de la façon dont la dot a été constituée.

Trois modes étaient employés pour effectuer la constitution de dot. « Dos aut dicitur, aut datur, aut promittitur (1). » La dot est constituée, soit par *dation*, soit par *diction*, soit par *promesse*. Par le premier mode, la *dation*, résultant de la translation de propriété par les moyens ordinairement employés : mancipation, *in jure cessio*, tradition, le mari devenait propriétaire de la dot. La *diction*, qui s'opère au moyen de paroles prononcées par le constituant, sans interrogation préalable de celui à qui la dot est promise, et avec ou sans acceptation de sa part (2) ne donne au mari qu'un droit de créance. Il en est de même de la *promesse*, variété du contrat de stipulation, dans laquelle, à la différence de la diction, nous rencontrons une demande préalable suivie d'une réponse conforme à l'interrogation. Dans ces deux derniers cas, le

(1) Ulpien, Regulæ, Tit. VI, § 1.

(2) On invoque en faveur de l'affirmative un passage de Terence, *Andria*, Acte V, scène iv, v. 47 et 48.

CHREMUS.

Dos, Pamphile est
Decem valenta

PAMPHILUS.

Accipio

Ce passage assez équivoque ne semble pas toutefois avoir fait la lumière sur le point qui nous occupe.

paiement de l'obligation, contractée par diction ou par promesse, opère, comme en cas de dation, transfert de propriété des choses dotales au profit du mari. C'est ce qu'attestent un passage de Gaïus (1), une loi d'Ulpien (2), une autre de Gaïus (3) et le rapprochement de ce dernier texte avec le § 203, commentaire III du même auteur. Le mari est donc propriétaire de la dot.

A côté de cette idée, la législation romaine avait admis un autre principe, en formant pour ainsi dire la contre-partie, et destiné à tempérer les conséquences excessives qu'on en pouvait tirer. Cette seconde règle, venant ainsi contrebalancer la première, était l'obligation imposée au mari de restituer la dot qu'il avait reçue. Pour connaître les cas dans lesquels il doit se conformer à cette obligation, il faut examiner par quelles personnes la dot a été constituée. Est-ce par le père, investi de la puissance sur la femme? (la dot prend alors le nom de dot *profectice*). Dans ce cas, si la femme vient à mourir pendant le mariage, le *paterfamiliâs* vivant encore, la dot doit lui être restituée. Il en serait de même si le mariage venait à se dissoudre par le prédécès du mari ou par le divorce. La dot a-t-elle constituée par la femme elle-même ou par un tiers? (Dans cette dernière hypothèse, elle s'appelle dot *adventice*); elle ne doit être rendue que si le mariage se dissout par la mort du mari ou par le divorce, pourvu que, dans ce dernier cas, le mari ait été mis en demeure de restituer. Dans le cas contraire, elle continuerait à lui appartenir. Cette disposi-

(1) Comment. II, §§ 62 et 63.
(2) L. 24, Dig. Lib. XXV, 2. De actione rerum amot.
(3) L. 49, Dig. XLVII, 2. De furtis.

tion de la loi romaine est basée sur la volonté probable du constituant. Manifeste-t-il une volonté contraire? Stipule-t-il que la dot devra être restituée, soit à lui-même, soit à ses héritiers? (dans ce cas la dot prend le nom de dot *receptice*). Le mari n'en garde aucune partie.

Divers motifs avaient poussé les jurisconsultes romains à imposer au mari l'obligation de restituer la dot. L'ordre public était intéressé à ce que, au moment de la dissolution du mariage, la femme ne se trouvât pas dénuée de toute ressource ; sa dot devait, d'une façon plus ou moins complète, l'aider à subvenir à ses propres besoins. — A la différence de notre Droit français, le Droit romain voyait sans aversion la femme convoler à une nouvelle union ; elle pouvait ainsi donner encore des enfants à l'Etat, or, l'accroissement de la population, tel fut l'un des buts que s'efforça d'atteindre, par tous les moyens, le législateur romain. Une femme sans dot se marie difficilement ; lui restituer sa dot était donc lui rendre un second mariage plus facile (1). A ces considérations d'un intérêt majeur, viennent s'en ajouter d'autres d'une valeur plus ou moins contestable. Pomponius (2) veut que la dot soit restituée au père afin de l'affliger moins par la perte simultanée de son argent et de sa fille : « ne et filiæ amissæ et pecuniæ damnum sentiret. » Rendre la dot au père, c'est, suivant ce jurisconsulte, atténuer la douleur que doit lui causer la mort prématurée de la *filiafamilias*. Enfin, l'obligation née de la stipulation amenait encore la restitution lorsqu'il s'agissait

---

(1) L. 2, Lib. XXIII, Tit. III, Dig. De Jure dotium. — L. 1, Lib. XXIV, Tit. III, Dig. Sol. matrim.

(2) L. 1, pr. De Jure dotum. Dig.

d'une dot adventice (1). Par conséquent, sauf certains cas exceptionnels, la règle de la restitution a une portée aussi grande que celle d'où résulte pour le mari le droit de propriété sur les biens apportés en dot.

Aucun moyen ne fut tout d'abord employé pour assurer à la femme la restitution de ses apports matrimoniaux, et longtemps le mari resta maître d'aliéner, comme bon lui semblait, les biens appartenant à celle-ci. Sous Auguste, toutefois, cet état de choses fut modifié. Désirant mettre un frein au débordement et à la licence des mœurs, qui, à cette époque déjà, envahissaient les populations de l'Empire romain et devaient être plus tard l'une des causes de sa chute, ce prince fit voter plusieurs lois, portant toutes le nom de *leges Juliæ*, et tendant, par des dispositions différentes, soit à arrêter la dissolution des mœurs, soit à favoriser le mariage et à augmenter, par suite, le développement de la population légitime, qui, seule, assure la vie, la prospérité et la stabilité d'un Etat. L'un de ces plébiscites, la loi Julia *ne adulteriis et de fundo dotali* (2), eut pour effet de restreindre les pouvoirs du mari sur le fonds apporté en dot par la femme. Quelle fut, à l'origine la portée de cette loi ? C'est là un point sur lequel Justinien semble avoir commis plusieurs erreurs. Selon lui, en effet, la loi Julia n'aurait été applicable qu'aux fonds situés *in italico solo* ; elle aurait défendu au mari d'aliéner le fonds dotal sans le consentement de la femme et de l'hypothèque *consentiente muliere*. Or, telles ne paraissent pas avoir été, au

(1) Ulpien Reg. Tit. VI, § 5.

(2) Demangeat. *De la condition du fonds dotal en Droit romain,* p. 56 et suiv.

temps d'Auguste, les dispositions de la loi Julia. Justinien présente en effet cette loi comme contenant, à l'origine, une restriction la rendant inapplicable aux fonds provinciaux. Or Gaïus (1) semble bien indiquer que, sur ce point, la loi Julia ne contenait aucun texte, soit prohibitif, soit impératif, lorsqu'il dit : « Quod quidem jus utrum ad italica tantum prædia, an etiam provintialia pertineat, *dubitatur*. » D'après Justinien aussi, la loi Julia aurait défendu au mari d'hypothéquer le fonds dotal, même avec le consentement de sa femme ; or, c'est là une assertion que tout semble devoir faire repousser. L'hypothèque, institution d'origine grecque, ne fut connue en Italie que postérieurement au règne d'Auguste ; comment dès lors comprendre qu'un plébiscite puisse poser les règles d'une institution encore ignorée et dont l'existence ne sera révélée que postérieurement au vote de cette loi (2)? Les textes, du reste, sont formels sur ce point et tous sont unanimes pour prouver que la loi Julia ne contenait qu'une disposition : empêcher l'aliénation du fonds dotal sans le consentement de la femme (Gaïus. Comment. II, § 63. — Paul. Sent. Lib. XXI, B, § 2, De dotibus).

Cet état de choses fut modifié par Justinien : ce prince étendit la disposition de la loi Julia aux provinces et défendit au mari d'aliéner ou d'hypothéquer le fonds dotal, même avec le consentement de sa femme (3).

(1) Comment. II, § 63.

(2) On paraît d'accord aujourd'hui pour rattacher, soit au sénatus-consulte Velléien, soit aux édts d'Auguste et de Claude, défendant aux femmes d'*inbercedere* pour leur mari ou pour autrui, la prohibition d'hypothéquer le fonds dotal.

(3) Inst. Lib. II, tit. VIII.

2. — Au point de vue des modifications que la composition de la dot peut subir pendant le cours de l'union conjugale, le principe de la restitution exerça sur l'*assiette* de la dot une influence considérable. En examinant attentivement les choses qui concourent à la formation du patrimoine dotal, on fut, en effet, amené à reconnaître deux grandes catégories de biens : ou les choses données en dot sont des corps certains, considérés dans leur individualité propre ; ou bien ce sont des quantités, qui peuvent être remplacées par des objets de même nature et de même valeur.

Cette distinction des biens en corps certains et en objets *quæ pondere, numero, mensurâre constant*, entraîna, au point de vue qui nous occupe, des conséquences d'un intérêt majeur. Dans le premier] cas, en effet, le mari doit rendre les choses mêmes qu'il a reçues. Viennent-elles à se détériorer ou à périr sans sa faute, la femme seule supporte la perte totale ou partielle (1). Toutefois le mari est tenu ici, tant de son dol que de sa faute : « Etenim diligentiam prœstabit quam in suis rebus exhibet (2) ».

Lorsqu'il s'agit de biens rentrant dans la seconde classe, c'est-à-dire de quantités, l'obligation du mari est analogue à celle qui naît dans le *mutuum*, à la charge de l'emprunteur ; le mari doit restituer des choses d'égale valeur et quantité ; sa dette a pour objet non plus un corps déterminé, une *species* ; elle porte sur un genre : « Res in dotam dotæ quæ pondere, numero, mensurâre constant, mariti periculo sunt quia in hoc dantur ut eas maritus ad arbitrium suum distrahat et

(1) L. 10 pr. et § 1. De jure dotium. Dig.
(2) L. 17 pr. Dig. De jure dotium, XXIII, 3.

quando que, soluto matrimonio ejusdem generis et qualitatis, alias restituat vel ipse, vel ejus heres » (1). Par conséquent, comme l'indique ce texte, les choses de cette nature sont aux risques et périls du mari. Viennent-elles à être détruites, lui seul supporte la perte, car toujours, quelle que soit la cause de la destruction de la chose, il sera tenu de restituer des choses de même nature, valeur et quantité ; la dette dont il est tenu est une dette de genre, or « genera non pereunt ».

Mais quels signes permettront de reconnaître si un corps doit être rangé dans la première ou dans la seconde des deux classes des biens que nous venons de mentionner? D'une façon générale, on peut dire que la dette du mari sera une dette de genre lorsqu'elle aura pour objet la restitution de choses qui se consomment par le premier usage, d'objets *quæ pondere, numero, mensuráve constant*. A côté de ces choses de consommation, il en est d'autres toutefois qui, n'étant pas destinées par leur nature à être détruites par le premier usage, peuvent cependant, en exécution de la volonté des parties, prendre un caractère analogue. En un mot, rentrent dans la catégorie de choses qui mettent à la charge du mari une dette de genre, tout ce dont on peut dire que *tantumdem est idem*. Dans la première classe, au contraire, se rangent tous les corps ayant une individualité, une identité propre : les esclaves, les fonds de terre, les créances, dont on peut user sans les détériorer ou les anéantir. Il faut le reconnaître toutefois, ce principe n'a rien d'absolu et peut être modifié par la volonté des parties de telle façon que le mari ayant reçu un corps certain peut être tenu de restituer une somme d'argent. Le

(1) L. 42· Dig. eod. tit.

constituant de la dot, que ce soit la femme, son père ou un tiers, peut, en effet, en remettant au mari une chose quelconque, mobilière ou immobilière, corps certain par conséquent, avoir intérêt à ce que, en restituant la dot, le mari rembourse la valeur de la chose au lieu de rendre la chose elle-même. La loi sanctionne cette volonté des parties et elle indique le moyen de transformer l'obligation qui pèse sur le mari. L'estimation de la chose donnée en dot, tel est le mode pratique de convertir en une dette de quantité l'obligation de restituer la chose elle-même, qui, sans cette estimation eût incombé au mari. Les textes sont formels en ce sens. C'est d'abord un rescrit de l'empereur Alexandre (1) : « Quotiens res æstimatæ in dotem dantur, dit ce prince, maritus dominium consecutus, summæ velut pretii debitor efficitur. » C'est ensuite un autre rescrit de l'empereur Dioclétien (2) : « Cum dotem accepisse profitearis, apparet jure communi per pactum, quod dote insertum est, formato contractû, ex empto actionem esse. Quis enim dulutet æstimationem a te mulieri deberi, cum periculo tuo, res deteriores fiant, vel augmenta lucro tuo recipiantur. » Le mari devient propriétaire de la chose, à la condition d'en restituer le prix ; il y a vente du fonds dotal. C'est ainsi que le décidait le Droit romain. Ulpien dit en effet (3) : « Si ante matrimonium, æstimatæ res dotales sunt ; hæc estimatio quasi sub conditione est et fit vera venditio. » Recherchant dans le paragraphe 5 de la même loi qui doit supporter la perte, arrivée avant le mariage, des objets donnés avec esti-

(1) Ce rescrit forme la loi 5, Code V, 12, De jure dotium.
(2) L. 10, h. t.
(3) L. 10, § 4. Dig. De jure dotium.

mation, le même Ulpien dit que cette perte doit être supportée par la femme puisqu'il y a là une vente conditionnelle
« quia æstimatio venditio est. » Africain (1) exprime la même
idée « emptoris loco est » dit-il du mari qui a reçu un fonds
estimé. Dans ce cas, l'obligation du mari se trouve transformée. Au lieu du fonds lui-même, c'est le prix qui est devenu
dotal et qui, par conséquent, doit être rendu lors de la restitution de la dot ; or ce prix est représenté par une somme d'argent, une dette de genre, qui ne peut s'éteindre et pèse sur le
mari (2).

Conçue en termes purs et simple, l'estimation a donc pour
effet de transformer en une dette de quantité l'obligation de
restituer un corps certain, qui pesait auparavant sur le mari.
Des restrictions peuvent toutefois être apportées à cette règle,
et il est des cas où l'estimation de la chose donnée en dot ne
produit pas des effets aussi considérables. On peut, en effet,
par dérogation au Droit commun, convenir que l'estimation
ne vaudra pas vente et que, lors de la dissolution du mariage,
c'est la chose elle-même, et non le prix, qui devra être restituée à la femme. Ainsi formulée, cette clause d'estimation, que
les interprètes ont appelée : estimation *taxationis causâ*, a pour
effet de déterminer quelle somme devra être remise par le
mari à sa femme en cas de perte de la chose arrivée par la
faute de celui-ci. On peut encore convenir, en estimant la
chose, que le mari devra restituer ou cette chose elle-même, ou

(1) L. 9, § 3 XX, 4, Dig.

(2) Le principe « æstimatio venditio est » entraîne des conséquences considérables, que nous examinerons plus loin.

son estimation. Quels sont les effets d'une semblable clause ?
En ce qui touche la perte totale, elle continue d'incomber
au mari, qui devra payer à la femme le prix d'estimation. Mais
quid juris en ce qui touche l'aliénation d'une telle chose ?
Nous nous trouvons placé ici en face d'une obligation alternative. Or, dans les obligations de ce genre, le choix appartient en principe au débiteur à moins que la convention ne
l'ait réservé au créancier. Il faut donc rechercher à qui la
convention a laissé le choix. Est-ce au mari ? Il peut, dès à
présent, vendre la chose en restant débiteur du prix d'estimation. Est-ce à la femme ? Dans ce cas, le mari devra attendre
que celle-ci ait formulé son option ; il devra, par conséquent,
pendant toute la durée du mariage, conserver la chose afin de
pouvoir la restituer à la femme, dans le cas où, à la dissolution de l'union conjugale, celle-ci viendrait à exiger que la
chose lui fût restituée en nature.

Les Romains avaient donc distingué, parmi les choses
apportées en dot, deux catégories de biens : ceux qui devaient
être restitués dans leur identité propre, ceux dont la restitution pouvait s'opérer au moyen d'un équivalent : biens de
même nature, valeur et quantité ou somme d'argent. Ce principe de la restitution devait exercer sur les règles relatives
aux modifications que pouvait subir l'assiette de la dot, une
influence considérable. Les pouvoirs du mari sur les choses
dotales se transformaient, en effet, selon qu'il s'agissait de
biens faisant partie de la première catégorie ou de choses
rentrant dans la seconde. Cette observation ne saurait s'appliquer aux meubles apportés en dot. Quant à eux, en effet, le
mari a plein pouvoir : il peut les vendre, les hypothéquer,
consentir des affranchissements, lorsqu'il s'agit d'esclaves

dotaux ; ses pouvoirs sont absolus (1). La limitation qu'on y
apporte n'a donc trait qu'aux immeubles et encore une distinction est-elle ici nécessaire. L'immeuble avait-il été remis
au mari sans estimation ? il était alors dotal ; son aliénation
pouvait être critiquée par la femme qui y avait intérêt et une
action en revendication, soit *directe*, donnée au mari ou à ses
héritiers, soit *utile*, appartenant alors à la femme, dans le cas
où le mari aurait refusé la cession de l'action directe, pouvait
venir inquiéter les tiers acquéreurs. L'immeuble avait-il, au
contraire, été donné au mari avec estimation, sans qu'aucune
restriction fût apportée à l'étendue de celle-ci, par conséquent
livré avec une estimation pure et simple ? on se trouvait alors
en face d'un *prædium æstimatum* dont l'aliénation ne tombait pas sous le coup de la loi Julia, qui se trouvait sans effet,
quant à lui. Loi d'exception, restrictive du droit commun,
entravant la circulation des biens, la loi Julia devait unique-
ment s'appliquer aux cas pour lesquels elle avait été faite et
ne pouvait être étendue à d'autres hypothèses. Cette loi, en
effet, s'occupait du *prædium dotale* ; or, le fonds livré au
mari avec estimation n'était plus un fonds dotal ; c'était un
bien vendu : « æstimatio venditio est, » et le prix d'estimation
seul était dotal. Les textes confirment cette interprétation.
Dans un rescrit, (1) Justinien s'occupe des biens appartenant
en propre au mari et de ceux qui lui ont été livrés avec estimation ; puis il ajoute : « In fundo autem non æstimato qui
et *dotalis* proprie nuncupatur..... » L'empereur Alexandre,

(1) Demangeat. *De la condition du fonds dotal en Droit romain*,
p. 12 et suiv.

(2) L. unic § 15 C. De rei uxoriæ actione V, 13.

s'adressant à une femme nommée Stratonice (1), dit de même avec raison « ....., qui autem proprietatem æstimatam in dotem accepit, non ideo minus obligare eam potuit, quoniam, soluto matrimonio, restituenda tibi æstimatio fuit ». Par conséquent le mari a pu hypothéquer un fonds estimé, ce qu'il n'aurait pu faire, par application de la loi Julia, s'il s'était agi d'un immeuble non estimé.

Ces notions, sur la division des choses apportées en dot, nous ont paru nécessaires afin d'examiner avec plus de méthode les développements que comporte l'étude de notre sujet. Nous avons donc à rechercher maintenant, si la dot peut, durant le mariage, subir des modifications, et, en cas d'affirmative, quelles conditions doivent être remplies pour que celles-ci puissent s'opérer.

(1) L. 6 C. III, 33.

CHAPITRE II.

MODIFICATIONS DE L'ASSIETTE DE LA DOT PENDANT LE MARIAGE.

---

3. — L'assiette de la dot peut-elle durant le mariage subir des transformations ? Telle est la première question qui doit être résolue. Sur ce point, l'affirmative n'est pas douteuse ; plusieurs textes l'imposent. C'est d'abord un passage de Paul (1) : « Si ei nuptura mulier qui Stichum debebat, ita cum eo pacta est (2) : *Pro Sticho quem mihi debes, decem*

---

(1) L. 25 Dig. De Jure dotium XXIII, 3.

(2) M. Pellat (Textes sur la Dot, p. 130) fait remarquer que la phrase « *Pro Sticho quem mihi debes, decem tibi doti erunt* » est la formule de la *dictio dotis.* Il est donc probable que Paul avait tout d'abord écrit : « *Ita ei dotem dicit* » auxquels Tribonien aura substitué ceux-ci : « *Ità cum eo pacta est* ».

tibi doti erunt, secundum id quod placuit rem pro re solvi posse et liberatio contingit, et decem in dotem erunt quia et permutatio dotium conventione fieri potest. » Ce texte indique une opération sanctionnée par les règles du Droit et usitée dans la pratique : la *datio in solutum*. Au lieu de recevoir ce qui lui était dû aux termes du contrat passé avec son débiteur, le créancier consent à recevoir autre chose. Ici le mari devait Stichus ; son créancier, la femme, consent à éteindre son obligation, si au lieu de cet esclave, on lui donne dix mille sesterces, qu'elle aurait ensuite remis à son mari à titre de dot. On abrège l'opération en supprimant la double tradition du mari à la femme et de la femme au mari.

Quant au texte lui-même, il semble bien indiquer comme possible, pendant le mariage, la *permutatio dotis* ; en effet, le jurisconsulte dit qu'on peut même échanger des dots déjà constituées, or, la constitution de dot suppose le mariage. S'il existait, du reste, quelques doutes sur ce point, ils seraient immédiatement levés par d'autres textes du titre *De jure dotium*. Modestin (1) dit, en effet : « Ita, constante matrimonis, permutari dotem dicimus si hoc mulieri utile sit, si ex pecuniâ in rem aut, ex re in pecuniam idque probatum est. » Ulpien dit de même (2) : « Quod si fuerit factum, fundus, vel res dotalis efficitur. »

La loi 26 prévoit l'hypothèse qui nous occupe : la modification de l'assiette de la dot pendant le mariage. Une femme se constitue en dot une certaine somme, 100 par exemple. Cette somme n'ayant pas été payée, la femme reste, de ce

(1) L. 26. XXIII, 3.
(2) L. 27. h. t.

2

chef, débitrice envers son mari. Au cours du mariage, elle offre à celui-ci d'éteindre sa dette en lui donnant en paiement, au lieu des 100 qu'elle lui doit, un objet déterminé ; le mari accepte cette *datio in solutum*, la femme est libérée (1). Toutefois, il n'y a pas là un véritable échange ; c'est 100 qui ont été donnés en dot, c'est 100 qui devront être restitués lors du divorce ; peu importe, du reste, que le corps certain donné en paiement augmente ou diminue de valeur ou qu'il périsse même entièrement. Il se produit ici un fait analogue à ce qui arrive lorsqu'un corps certain est livré au mari avec estimation : les risques sont à sa charge et il reste débiteur du prix ; il en est de même dans l'hypothèse actuelle.

Tel sera donc l'effet de la *datio in solutum* dans le silence des parties. Ce résultat toutefois pourra être modifié : le corps certain, donné au lieu et place de la somme primitivement promise en dot, pourra devenir dotal. Ce résultat sera atteint au moyen d'une convention intervenue sur ce point entre le mari et la femme ; c'est ce qui résulte du rapprochement de la loi 25 avec la loi 27 (2) citée plus haut. Dans cette seconde

(1) Une controverse s'était élevée entre les Proculiens et les Sabiniens sur les effets de cette libération. Suivant les Proculiens, la *datio in solutum* ne libérait le débiteur que *exceptionis ope*. En décidant ainsi, cette école appliquait à la *datio in solutum*, qui contient un pacte de remise, les effets des pactes intervenus *ex intervallo*. Le débiteur n'aurait donc eu, selon les Proculiens, qu'une exception de dol pour paralyser la poursuite du créancier. Les Sabiniens voulaient, au contraire, que la dation en paiement, comme le paiement lui-même, éteignît la dette *ipso jure* ; car en acceptant en paiement *aliud pro alio*, le créancier opère une novation par changement d'objet, or, la novation est un mode d'extinction des obligations. L'opinion Sabinienne a prévalu.

(2) Lib. XXIII, 3, De jure dotum. Dig.

hypothèse, les risques qui, tout à l'heure, pesaient sur le mari, incombent actuellement à la femme ; ce sera alors pour elle que le corps augmentera ou diminuera de valeur. Cette seconde hypothèse est seule prévue par les textes.

L'assiette de la dot peut donc être modifiée pendant le mariage; tel est le premier point que nous nous proposions d'établir. Il nous reste maintenant à rechercher quelles sont les conditions requises pour que cette transformation puisse avoir lieu.

SECTION Ire

MODIFICATIONS RÉSULTANT DE LA VOLONTÉ DES CONJOINTS

SOMMAIRE :

4. — Deux conditions sont requises pour qu'une *permutatio dotis* de cette nature puisse s'opérer; il faut : 1º le consentement de la femme ; 2º que cette opération lui soit utile.

5. — Étude de la première condition : Consentemont de la femme — Consentement donné par une femme *sui juris*.

6. — Consentement donné par la femme *alieni juris*. Explication de la loi 7. Dig. *De pactis dotalibus*.

7. — Combinaison des règles posées par cette loi avec celles de la loi Julia *De fundo dotali*.

8. — Examen de la seconde condition : il faut que la *permutatio dotis mulieri utile sit*.

9. — Moyens pratiques d'effectuer cette transformation :
   1º *Ex pecuniâ in rem* ;
   2º *Ex re in pecuniâ.*

10. — Modification résultant de l'estimation de la chose apportée en dot.

4. — Deux conditions sont exigées pour qu'une *permutatio dotis* puisse s'opérer. Il faut, en premier lieu, une con-

vention sur ce point : « permutatio dotium conventione fieri
potest (1). » Il est nécessaire, en second lieu, que cette permutatio soit utile à la femme « si hoc mulieri utile sit (2). »

Deux cas doivent être distingués avec soin dans l'étude de
la première condition requise : le consentement de la femme.
Ou bien celle-ci est *sui juris*, ou bien elle est encore en puissance. Occupons-nous d'abord de la femme *sui juris*.

5. — La première condition requise pour la possibilité
d'une modification de la dot, est, avons-nous dit plus haut, le
consentement de la femme sur ce point. La nécessité de ce
consentement résulte de plusieurs textes. C'est d'abord un
fragment du jurisconsulte Paul : (3) « Permutatio dotum, dit
ce texte, ex conventione fieri potest. » Ce passage vise évidemment l'hypothèse d'un échange de volontés intervenu pendant
le mariage. Un fragment de Pomponius vient corroborer cette
interprétation (4). Visant le cas d'une *permutatio dotis* survenue pendant le mariage, par suite de la vente de pierres extraites du fonds dotal ou d'arbres qui n'auraient pas le caractères de fruits, ce texte dispose que pour imprimer aux deniers
provenant de la vente le caractère de dotalité et transformer
ainsi la dette du mari, il faut la *voluntas mulieris*. Un texte
de Scœvola (5) est également en ce sens. Cette solution donnée
par les textes est en outre imposée par la raison. Le mari est,
en effet, débiteur de la dot. Une dette, l'obligation de la resti-

(1) L. 25, *in fine*. De jure dotium. Dig.
(2) L. 27, cod. tit.
(3) L. 25. Dig. XXIII, 3.
(4) L. 32. Dig. h. t.
(5). L. 29. Dig. XXIII, 4.

tuer, pèse sur lui; on comprend dès lors que, seul, il ne puisse modifier la nature de sa dette et qu'il lui faille, pour arriver à ce résultat, l'assentiment de son créancier, c'est-à-dire, de sa femme. Le consentement de celle-ci sera donc nécessaire.

Il nous reste maintenant à rechercher de quelle façon ce consentement devra être donné. Formaliste à l'excès, le Droit romain se contentait rarement d'un consentement exprimé en termes purs et simples, et souvent il exigeait, comme cela arrivait par exemple en cas de stipulation, des paroles solennelles. Seules, à l'origine, quelques conventions, dont l'usage fréquent exigeait qu'il en fût ainsi, avaient été rendues obligatoires par le Droit civil nonobstant l'omission de formalités extrinsèques: c'étaient les contrats se formant *solo consensu*. Peu à peu, cependant, on tendit par l'introduction des pactes à assurer l'effet des simples conventions. Ce fait se produisit dans l'hypothèse qui nous occupe. Nulle part, en effet, nous ne voyons la forme solennelle exigée pour la validité du consentement de la femme à une *permutatio dotis*; son simple consentement, qu'il soit exprès ou tacite, suffit donc, sans qu'il y ait à distinguer non plus s'il intervient lors de l'acte accompli par le mari ou postérieurement à cet acte, sous forme de ratification; peu importe, il aura toujours la même énergie. Un texte de Scœvola (1) est formel en ce sens. Voici l'hypothèse prévue par cette loi: des choses ont été apportées en dot avec estimation, il intervient ensuite entre le mari et la femme un pacte, aux termes duquel le mari devra rendre l'estimation des choses qui auraient été vendues; quant aux choses existant encore au moment de la restitution de la dot, elles devront être ren-

(1) L. 50 Dig. Sol matrim XXIV, 3.

dues en nature, « *ipsæ* res restituerentur. » Comme certaines choses ¡vendues par le mari existent encore, on demande si, en vertu du pacte, la femme peut les réclamer. « Respondi, écrit le jurisconsulte, res quæ extant si neque *volente*, neque *ratum habente* muliere, væniissent, perinde` reddendas atque si nulla æstimatio intervenisset. » D'où il résulte que la ratification d'un acte de cette nature, non plus que le consentement autorisant un tel acte, n'est soumis à la nécessité des formes solennelles.

6. — Nous en avons terminé maintenant avec l'étude du consentement de la femme *sui juris*. Il nous reste à examiner une seconde hypothèse : la femme est encore sous la puissance du *paterfamilias* qui a constitué la dot.

Cette seconde hypothèse est prévue par un texte de Pomponius (1) : « Cum dos filiæ nomine datur, optimum est pactum conventum cum utroque generum facere, quamquam initio dotis dandæ, legem quam velit etiam citrâ personam mulieris, is qui dat dicere possit. Si vero, post datam pacisei velit, utriusque persona in paciscendo necessaria est, quoniam jam tum acquisita mulieri dos esset. Quo casu, si solus pater pactus esset sine filiâ, sive solus agat, sive adjunctâ filiæ personâ, ei soli nocebit et proderit pactum conventum, nec si sola filia agat neque proderit, neque nocebit ei. Si vero filia sola pacta fuerit, quo pacto melior conditio patris fiat proderit et patri quoniam per filiam patri acquiri potest ; per patrem filiæ non potest. Si vero sic pacta sit filiæ ut noceat, ipsi quandoque filiæ agenti nocebit pactum ; patri vero nullo modo nocebit, nisi adjectâ quoque filiæ personâ experiatur. Dicendum est

(1) L. 7, Dij. De pactis dotal. XXIII, 4.

enim paciscendo, filiam patris conditionem deteriorem facere
non posse, eo casû quo, mortua in matrimonio, dos ad patrem
reversura est. »

Dans la loi 7, Pomponius pose les principes généraux qui
doivent guider le juge appelé à statuer sur les effets d'un pacte
conclu par le mari, soit avec sa femme *filiafamilias*, soit
avec le père de celle-ci, soit avec tous deux. Plusieurs textes,
au titre de *pactis dotalibus*, font ensuite des applications de
ces principes à des hypothèses particulières ; ce sont autant
de cas de *permutatio dotis*. Tel, par exemple, un fragment de
Paul (1). Ce texte suppose qu'une chose a été donnée en dot
avec estimation : par application des principes généraux, c'est
cette estimation qui est en dot, c'est elle qui devrait être restituée avec la dot. Or on peut convenir, au moyen d'un pacte,
que ce ne sera pas l'estimation, mais bien, en cas d'aliénation
de cette chose, le prix obtenu qui devra être restitué. « Si, pacta
est mulier *ut sive pluris, sive minoris fundus æstimatus
venierit pretium quanto res venierit in dote sit;* stari eo pacto
convento oportet. » Telle est l'espèce prévue par le jurincon-
sulte.

Etudions maintenant l'économie de la loi 7 : *De pactis dotalibus.* Cette loi peut, ce nous semble, être divisée en deux
parties.

Dans la première, Pomponius suppose qu'un homme ayant
épousé une femme *filiafamilias*, a fait un pacte avec le père
de celle-ci et avec le père *seul.* Dans ce cas, on applique purement et simplement la règle de droit et de raison, que les conventions n'ont d'effet qu'entre ceux qui y ont été parties : « res

(1) L. 12. § 4. De pactis dotalibus Dig.

inter alios acta aliüs neque nocere, neque prodesse potest. »
Toutefois, pour bien comprendre cette première partie, il faut
étudier séparément les diverses hypothèses qui peuvent se
présenter.

Supposons d'abord que le père, ayant fait un pacte avec
son gendre, meure *constante matrimonio*, et qu'ensuite le divorce arrive. La femme demandera la restitution de sa dot.
Quel sera, relativement à elle, l'effet du pacte intervenu entre
son mari et son père ? Il restera sans effet vis-à-vis d'elle, répond le jurisconsulte dans la loi 7 ; par suite elle ne pourra
l'invoquer, non plus qu'on ne pourra le lui opposer : « Si solâ
filia agat, neque nocebit, neque proderit ei (pactum conventum) ».

Il peut se faire que le père vivant encore, le mariage soit
dissous par la mort de la femme. Dans ce cas, le pacte produira tout son effet, il pourra donc être opposé au père ou
invoqué par lui : « Ei soli nocebit et proderit partum conventum ».

A côté de ces deux premières hypothèses, prévues et régies
par la loi 7 *De pactis dotalibus*, il en est une troisième que ce
texte n'a pas visée spécialement. Le père seul a fait un pacte
avec son gendre, puis le père et la fille vivant encore, le divorce est survenu. Dans ce cas, le Droit romain admet qu'une
sorte de copropriété existe sur la dot au profit du père et de la
fille : « Quod si in patriâ protesta est et dos ab eo profecta sit,
ipsius et filiæ dos est. Denique pater, non aliter quam ex vo-
lontate filiæ, petere dotem, nec per se, nec per procuratorem
potest » (1). Par conséquent, le concours de sa fille sera néces-

(1) L. 2, § 1, Dig. Sol. matrim.

saire au père et il ne pourra réclamer la dot que *adjunctâ filiæ persona* : « *Non solum autem in exigendâ*, sed etiam in solvendâ dote *quæ communis est patris et filiæ, utruisque voluntas exquiritur* nec alter alterius deteriorem conditionem facere potest » (1). Ulpien dit de même : « *Divortis facto...* si in potestate patris sit, pater, adjunctâ filiæ personâ, habet actionem » (2). Ce principe de la copropriété de la dot est donc une dérogation remarquable à la règle d'après laquelle les acquisitions faites par un fils ou une fille de famille vont au *paterfamilias*.

Quel sera, dans cette troisième hypothèse, l'effet du pacte intervenu entre le gendre et son beau-père ? La solution de cette question, non directement prévue par notre texte, peut cependant s'induire des termes de la loi 7 *De pactis dotalibus*, lesquels sont généraux : « Quo casù, dit le jurisconsulte Paul, si solus pater pactus esset sine filiâ, sive solus agat, sive adjunctâ filiæ persona ei soli nocebit et prodorit pactum conventum ». Par suite, ici encore, nous trouvons l'application du principe que les conventions sont sans effet à l'égard de ceux qui n'y ont pas été parties. Cette règle se fortifie encore par le principe de co-propriété qui existe, sur la dot, entre le père et sa fille, principe d'après lequel les actes d'un communiste sur la chose commune ne peuvent nuire à son communiste. Or, autoriser le mari à se prévaloir du pacte intervenu entre lui et son beau-père, dans le cas où ce pacte serait onéreux pour la femme, serait aggraver la situation de celle-ci et diminuer son droit de co-propriété sur sa dot, ce qui n'est pas permis ;

(1) L. 3. Dig. Sol. matrim. XXIV, 3.

(2) Reg. Tit. 6, § 6.

le pacte ne pourra donc lui être opposé. Elle ne pourra pas davantage l'invoquer en sa faveur : « ei soli (patri) proderit pactum conventum, » et il en serait encore de même si la fille agissait seule : « Si sola filia aga, neque proderit, neque nocebit ei. » (L. 7 h. t.)

Cette idée de copropriété de la dot, le principe d'après lequel le pacte fait par le père ne peut être opposé à la fille ni invoqué par elle, se trouvent, du reste, confirmés par les textes. C'est d'abord la L. 3. Dig. sol matrim., que nous avons déjà citée. C'est ensuite un fragment d'Ulpien (1) : « Si ergo promittendum erit, dit le jurisconsulte, cui uterque jusserit cæterum si solus pater jussit, dotis actio filiæ non erit adempta, quandoque sui juris filia facta fuerit, item si voluntate solius filiæ promittatur, remanebit dotis actio, integra patri. » C'est encore un rescrit de l'empereur Dioclétien (2) : « Filiæ pecuniam adimare quam habes in potestate, minoris prohibere. Nam si pro ea dotem dedisti, hanc, constante matrimonio, ne consentiente quidem ipsâ, matrimonio autem dissoluto, eadem invitâ repetere non potes. » Notre doctrine se trouve donc justifiée.

En résumé, lorsque le beau-père seul a fait *de dote* un pacte avec son gendre, ce pacte peut lui être opposé lorsque le mariage est dissous par la mort de la femme. Le père meurt-il pendant le mariage, le pacte est sans effet vis-à-vis de sa fille. Le mariage se dissout-il par le divorce pendant la vie du *paterfamiliâs*, la femme ne peut ni invoquer, ni redouter d'avoir à subir les effets du pacte, qui conserve toute son

(1) L. 2, § 1 Dig. Sol. matrim.

(2) L. 7. Code Sol. matrim. V, 18.

énergie vis-à-vis du père de famille. Telle est l'économie de la première partie de la loi 7, Dig. *De pactis dotalibus,* XXIV, 3.

Dans la seconde partie de cette loi, Pomponïus étudie les effets d'un pacte intervenu entre le mari et la femme *seule.* Quels seront les effets d'un tel pacte ? Ici il faut combiner le principe : « res inter alios acta, aliis neque nocere, neque prodesse potest, » avec la règle romaine qu'on acquiert par les personnes placées sous sa puissance, mais qu'on ne peut être obligé par elles. Dès lors, la question se résout par une distinction.

La fille *seule* a-t-elle fait un pacte avec son mari, il faut examiner si ce pacte est avantageux ou onéreux pour le *pater familias.*

Est-il avantageux ? il profitera non-seulement à la fille, mais encore au père, sous la puissance duquel elle se trouve : « proderit et patri quoniam patri per filiam acquiri potest. » — Est-il, au contraire, onéreux pour le père ? il ne pourra lui être opposé ; seule, la fille en subira les effets : « ipsi quandoque filiæ agenti nocebit pactum, patri vero nullo modo nocebit. » Tels sont les effets de ce pacte, lorsque la fille *seule* ou le père *seul* agira en restitution de la dot.

Toutefois une troisième hypothèse peut se présenter : il peut arriver, en effet, que le père agisse avec le concours de sa fille, *adjunctâ filiæ personâ.* Quel sera dans ce dernier cas l'effet du pacte ? Pomponius, dans notre loi 7 *De pactis dotalibus,* répond à cette question : « patri vero nullo modo nocebit (pactum) *nisi adjectâ quoque filiæ personâ experiatur.* » Dans cette dernière hypothèse, par conséquent, qu'ils lui profitent ou qu'ils lui nuisent, le père devra subir les effets du

pacte. Toutefois, cette solution ne semble pas avoir été unani-
mement admise. Nous trouvons, en effet, tant au Digeste
qu'au Code, plusieurs textes qui la contredisent, Javolenus (1),
Ulpien (2), l'empereur Dioclétien, expriment en effet une
opinion opposée à celle de Pomponius, et Paul (3) écrit :
« Post nuptias, pater non potest deteriorem causam filiæ
facere quia nec reddi ei dos invitâ filiâ potest. » Prévoyant
le cas où la femme seule a fait promettre par son mari de restituer la dot à un tiers, Ulpien dit (4) : « Si voluntate solius
filiæ promittatur, remanebit dotis actio integra patri... Et puto
nec eam actionem amissam quam, adjuntâ filiæ personâ, potest
habere » (5). Les mots « et puto, » montrent bien que la question était controversée et qu'Ulpien exprime là un sentiment
que ne partageaient pas tous les jurisconsultes. Il faut le reconnaître toutefois, cette opinion était plus en harmonie avec
les principes romains sur l'effet des actes accomplis par un fils
de famille, que la doctrine professée par Pomponius et comme
telle devait réunir un plus grand nombre de suffrages.

7. — Tels sont les effets du consentement donné par la
femme ou le *paterfamilias* à la modification de la composition de la dot. L'étude de cette première condition requise
pour une *permutatis dotis*, pendant le mariage, serait ter-
minée si nous n'avions à étudier les effets de ce consentement
en les combinant avec la disposition de la loi Julia, relative
l'aliénation du fonds dotal.

(1) L. 1, § 1. Dig. De pactis dotal.
(2) L. 29, Dig. Sol. mat.
(3) L. 28. Dig. De jure dotium.
(4) L. 7. Code. De jure dotium.
(5) L. 2. Dig. Sol. matrim.

Votée sous Auguste, cette loi défendait au mari d'aliéner l'immeuble dotal sans le consentement de sa femme. Cette disposition fut conservée jusqu'à Justinien. La femme consentait-elle à la vente de son immeuble, cette aliénation était valable et elle emportait de sa part acceptation de la modification de l'assiette de sa dot. Immobilière à l'origine, celle-ci se trouvait donc maintenant composée des objets ou de la somme qui avaient servi à payer le fonds aliéné. Par conséquent, dans le cas où une femme *sui juris* a consenti à l'aliénation de son fonds, la vente ne peut être attaquée et elle emporte, à l'encontre de la femme, acceptation de la modification de l'assiette de sa dot.

A côté de cette première hypothèse, il en est d'autres, toutefois, qu'il faut passer en revue. Afin de les étudier avec plus de clarté, nous allons les examiner séparément.

Passons au cas de l'aliénation du fonds dotal consentie par une femme *alieni juris*.

Ici la difficulté augmente ; elle naît de la combinaison des règles de la puissance paternelle avec les principes relatifs à la dot. Papinien (1) dit en effet : « Soceri voluntas in distrahendo dotali prædio nulla est » (2). Ce texte prévoit évidemment

(1) L. 12, § 1. Dig. De fundo dotali XXIII, 5.

(2) M. Demangeat, *De la condition du fonds dotal en Droit romain*, p. 306, fait remarquer que, nécessaire avant Justinien, ce texte n'a plus sa raison d'être dans le droit de cet empereur. Lorsque la femme est *alieni juris*, c'est en effet le consentement du *paterfamilias* et non le sien qui est requis, d'après le Droit commun, pour la validité de l'aliénation. Sous l'empire de la loi Julia, on déroge à ces principes. Le consentement de la femme est nécessaire pour la validité de la vente, sans qu'il y ait à distinguer si la femme est *sui juris* ou *alieni juris* ; le consentement du père est insignifiant. Sous Justinien, le

le cas où un fonds appartenant à une *filiafiamilias* est aliéné
et il décide qu'ici comme dans l'hypothèse d'un fonds appartenant à une femme *sui juris*, le consentement de celle-ci est
nécessaire pour valider l'opération ; mais que l'adhésion donnée par le beau-père seul à une telle vente serait insuffisante.
La règle posée par ce texte est-elle en contradiction avec
les principes que nous avons rencontrés en étudiant la loi 7
De pactis dotalibus et 2, § 1, *Sol matrimonio*, relativement
aux parties ?

Nous ne le pensons pas. La loi Julia avait admis des principes spéciaux, relativement à l'inaliénabilité du fonds dotal ;
il faut combiner ces principes avec les règles générales relatives aux pactes modifiant l'assiette de la dot, en ce qui touche la restitution.

Nous avons déjà vu qu'en cas d'aliénation du fonds dotal,
consentie par une femme *sui juris*, l'aliénation était valable
et ne pouvait être attaquée. En est-il de même dans l'hypothèse où le consentement a été donné par une femme *alieni
juris ?* Des distinctions sont nécessaires pour résoudre cette
question.

Supposons d'abord qu'étant *filiafamilias* au moment où
elle a consenti à l'aliénation, la femme soit devenue *sui juris*,
postérieurement à cet acte, mais antérieurement au fait qui a
amené la dissolution du mariage. La solution sera ici la même
que dans l'hypothèse précédente, l'aliénation sera valable et
ne pourra être attaquée.

Mais il peut arriver qu'*alieni juris* au moment où elle a con-

fonds dotal ne pouvant plus être aliéné, même avec le consentement
de la femme, on ne peut expliquer que par une inadvertance des
commissaires de Justinien la conservation de ce texte.

senti à l'aliénation, la femme ait conservé cette condition juridique au moment de la dissolution du mariage. La vente du
fonds sera encore ici opposable et à la femme et au *paterfamilias*. En ce qui touche la restitution toutefois, une distinction, que nous avons déjà rencontrée en étudiant la loi 7 *De
pactis dotalibus*, doit recevoir son application. L'aliénation
a-t-elle été un acte avantageux, le fonds a-t-il, par exemple,
depuis cette époque, diminué de valeur? Le père, pour qui sa
fille est un instrument d'acquisition, est admis à demander le
prix obtenu par la vente, alors même que la valeur de l'immeuble, au moment de la dissolution du mariage, serait inférieure à celle qu'il avait au jour de l'aliénation. L'aliénation
a-t-elle été, au contraire, un acte onéreux, le fonds a-t-il, par
exemple augmenté de valeur depuis la vente? Dans ce cas, l'a-
liénation ayant eu lieu avec le consentement de la femme, est
inattaquable, mais vis-à-vis du père, le mari devant l'immeuble
est, par suite, contraint d'en restituer la valeur actuelle.

Nous avons jusqu'à présent supposé que l'aliénation avait
eu lieu avec le consentement de la femme. Qu'arrivera-t-il si
ce consentement n'a pas été donné? Le mari continue à rester
débiteur du fonds ainsi induement vendu, quelle que soit, du
reste, la personne qui intente l'action *rei uxoriæ*, que ce soit
le *paterfamilias* ou sa fille. Une différence existe cependant
entre ces deux voies : la fille peut exiger soit l'immeuble lui-
même, soit sa valeur. Le père, au contraire, agissant sans le
concours de sa fille, ne pouvait avoir recours qu'au second
moyen.

Donc, si en étudiant l'effet des pactes intervenus, soit entre
le mari et son beau-père, soit entre le mari et sa femme, nous
avons appliqué le principe « res inter alias acta, aliis neque

nocere, neque prodesse potest, » nous devons pour résumer
en une seule règle les effets de l'aliénation du fonds dotal, vis-
à-vis du *paterfamilias* ou de la femme, dire que l'inaliénabilité de ce fonds est relative, qu'elle a été introduite dans l'intérêt de la femme et que, seule, celle-ci peut renoncer au bénéfice de la règle destinée à la protéger.

8. — Deux conditions, nous l'avons dit, sont requises pour
l'accomplissement d'une *permutatio dotis* ; il faut : 1° que la
femme consente à cette transformation ; 2° que celle-ci, *mulieri utile sit*. Nous avons terminé l'étude de la première de
ces conditions. Nous allons maintenant aborder l'examen de
la seconde.

La nécessité d'une convention se trouve indiquée par
Paul (1) ; Modestin (2) mentionne la seconde : « Ita, constante
matrimonio, dit-il, permutari dotem dicimus *si hoc mulieri
utile sit.* » Julien (3) écrit de même : « Constat posse inter
virum et uxorem conveniri ut dos quæ in pecuniâ numerata
esset, permutaretur et transferatur in corpore, *cum mulieri
prodest.* »

Pendant le temps qui sépare la constitution de dot de la
célébration du mariage, des pactes pouvaient intervenir entre
les futurs époux ; ils avaient également la faculté d'en conclure postérieurement à la célébration de l'union conjugale.
Mais quelle que fût l'époque à laquelle ils intervenaient, une
distinction (4) devait être faite entre eux. Les uns, dont nous

(1) L. 25. Dig. De jure dotium, XXIII, 3.
(2) L. 26. h. t.
(3) L. 21 *in fine.* Dig. De pactis dotalibus, XXIII, 4.
(4) L. 12, § 2. Dig. XXIII, 4.

n'avons pas à nous occuper ici, étaient abandonnés à la libre
volonté des parties : « alia ad voluntatem pertinent. » La loi
12 donne plusieurs exemples de telles conventions. Les autres,
outre la nécessité du consentement des parties, sont encore
soumises à des règles déterminées « alieni ad jus pertinent. »
Nous trouvons également plusieurs exemples de tels pactes
dans la loi précitée : tous ont trait à des questions relatives à
la dot. Nous pouvons donc en conclure, en rapprochant ces
exemples des conditions exigées par les lois 25 et 21 citées
plus haut, que les *permutationes dotis* étaient soumises à des
règles déterminées: consentement, utilité.

Ce mot *utilité* a besoin d'être expliqué. Il ne signifie pas
que la femme doit retirer de la modification un avantage et
surtout un avantage acquis aux dépens du mari. Comme le
fait remarquer M. Pellat (1), « quand Modestin dit : *si hoc
mulieri utile sit*, cela ne veut pas dire que la femme doive
toujours y gagner, car il est de règle qu'en matière de dot un
époux ne doit pas s'enrichir aux dépens de l'autre. S'il fallait
prendre la proposition de Modestin dans ce sens, une pareille
convention n'aurait pu être valablement faite pendant le mariage, parce que ce serait une donation, qui est interdite entre
époux. La pensée du jurisconsulte ne saurait être que celle-ci:
que la femme ne doit pas être lésée par cette convention. »
Scœvola (2) donne un exemple de pactes de cette nature. Voici
l'espèce : un mari a reçu en dot des *prædia æstimata*, lesquels
sont par conséquent à ses risques. Pendant le mariage, il fait

(1) Textes sur la dot, p. 132.

(2) L. 29, Dig. De pactis dotalibus, XXIII. 4.

avec sa femme un pacte aux termes duquel ces *prædia æsti-mata* deviennent *inæstimata* (1), mais il fait ce pacte, dit le jurisconsulte, « circumscribendæ mulieris gratiâ, » de façon à n'être plus responsable des détériorations ou de la perte qui pourraient diminuer la valeur du fonds ou le faire disparaître entièrement. Interrogé sur la valeur d'un tel pacte et sur le point de savoir, si, conformément aux premières conventions dotales, le fonds conservait la condition de fonds estimé et était par suite aux risques et périls du mari, Scœvola répond que la rédaction du pacte, pendant le mariage, n'est pas une raison suffisante pour l'empêcher de sortir effet « si deteriore loco dos non esset. » Par conséquent, d'après ce jurisconsulte, la validité du pacte est subordonnée à cette circonstance que la condition de la dot ne sera pas empirée. Il n'exige pas qu'un tel pacte soit pour la femme une cause d'enrichisse-ment.

Tel ne semble pas être pourtant, à première vue, le sens des deux lois que nous avons déjà citées et qui toutes deux exigent comme condition de la validité du pacte « hoc mulieri utile sit, » « mulieri prosit. » Un examen plus attentif de ces deux textes prouve cependant, croyons-nous, que l'interprétation donnée plus haut est exacte. Une modifi-

(1) *Le prædium inæstimatum* étant un corps certain, était, comme tous les autres objets de cette nature, aux risques et périls de la femme : c'est elle qui profitait de ses augmentations de valeur, comme c'est elle aussi qui subissait les détériorations ou même la perte totale d'un tel fonds. Il n'en était plus de même lorsque le *prædium* avait été estimé. Dans ce cas, en effet, l'estimation valant vente, le mari demeurait, à tout événement, débiteur du prix d'esti-mation.

cation quelconque de la dot n'aura jamais lieu, en effet, sans amener avec elle des chances de perte ou de gain. Un bien d'une valeur mathématiquement égale à celui qu'il remplace, sera bien difficile à rencontrer ; il y aura toujours dans les opérations de ce genre un peu d'aléa d'un côté ou de l'autre. La *permutatio dotis* présentera donc presque toujours un avantage. Par conséquent, « dos deteriore loco non erit » que s'il y a un bénéfice et par suite une utilité pour la femme, si, en un mot, elle n'est pas lésée dans ses intérêts. Tel nous paraît être le sens des deux lois précitées.

Rapproché de la règle contenue dans la loi 7, *De pactis dotalibus*, le principe que nous venons de poser peut faire naître une difficulté. Au nombre des hypothèses prévues par cette loi, nous trouvons, en effet, celle-ci : la femme, encore sous la puissance de son père, a fait seule un pacte avec son mari ; ce pacte lui est désavantageux. Dans ce cas, le jurisconsulte donne cette solution : « Si vero sic pacta sit filia ut noceat, ipsi quandoque filiæ agenti nocebit pactum, patri vero nullo modo nocebit. » Bien loin d'exiger que le pacte soit utile à la femme, ou tout au moins ne lèse pas ses intérêts, ce texte semble considérer comme valable un pacte onéreux pour elle. N'y a-t-il pas dès lors contradiction entre la loi 7, *De pactis dotalibus*, d'une part, et la loi 26, *De jure dotium*, et 21, *De pactis dotalibus*, de l'autre ?

Nous ne le pensons pas ; les hypothèses visées par ces lois ne sont pas, en effet, les mêmes. Les lois 26 et 21 se placent à l'instant où la convention est passée ; elles n'envisagent que cette époque. A ce moment, le nouvel état de choses créé par la convention ne doit laisser prévoir aucun dommage probable ou possible pour la femme ; dès qu'il n'est pas inficié de ce vice le pacte est valable, peu importent les circonstances qui adviendront ensuite. La loi 7, *De pactis dotalibus*, vise, au contraire, les effets du pacte conclu antérieurement.

Cette interprétation des textes précités se trouve, du reste, confirmée par un fragment de Scœvola (1). Après avoir dit que le pacte recevrait son effet, « si deteriore loco dos non erit, » le jurisconsulte ajoute : « Nihilominus eo pacto admisso, si deteriora prædia faceret, eo etiam nomine dotis actionem tenere ». Le pacte restera donc sans valeur, s'il a pour effet d'empirer la condition de la femme. Malgré le pacte, le mari restera tenu par l'action *rei uxoriæ* d'indemniser la femme. Vainement lui opposerait-il l'exception *pacti conventi*. Celle-ci n'aurait besoin de faire insérer dans la formule aucune *replicatio*, car l'action *rei uxoriæ* est de bonne foi, et dans les questions relatives à la dot, plus que dans toutes autres peut-être, il est enjoint au juge d'appliquer les principes d'équité, puisque au lieu des mots *ex fide bonâ*, contenus dans la formule des actions de bonne foi, celle-ci renferme les termes *œquiûs melius*, encore plus énergiques.

10. — Par conséquent, deux conditions sont requises pour la *permutatio dotes* : il faut que la femme consente à la modification de l'assiette de sa dot ; 2° que cette modification lui soit utile ou tout au moins ne soit pour elle la cause d'aucune lésion. Nous allons examiner maintenant comment s'opèrent en pratique les *permutationes dotis*.

Modestin (2) indique deux façons de modifier la dot : ou bien on transforme des sommes d'argent en objets déterminés,

---

(1) L. 29 pr. *In fine*. Dig. De pactis dotalibus.
(2) L. 26, *In fine*. De Jure dotium, XXIII, 3.

ex pecuniâ in rem, ou bien on transforme des corps certains en sommes d'argent, *ex re in pecuniam*. Etudions successivement ces deux modes :

1° *Ex pecunia in rem*. — Nous avons déjà cité un exemple d'une semblable modification dans la loi 29, *De pactis dotalibus* : un mari a reçu en dot des *prædia æstimata* ; il est donc débiteur de leur valeur, c'est-à-dire d'une somme d'argent. C'est cette somme qui, en réalité, est *in dote*. Au cours du mariage et sous l'accomplissement des conditions que nous avons examinées ci-dessus, il convient avec sa femme que ces *prædia æstimata* deviendront *inæstimata*, c'est-à-dire qu'au lieu d'une somme d'argent, il devra des corps certains ; il y a donc bien là une transformation de la dot *ex pecunia in rem* (1).

Un texte de Julien (2) nous fournit un autre exemple d'une semblable modification. Une femme a promis d'apporter en dot à son mari une certaine somme d'argent, 100 par exemple. Au lieu et place de cette somme, elle donne à celui-ci, qui accepte, un certain nombre d'esclaves, sous la condition que ceux-ci seront aux risques et périls de la femme et que les enfants qui pourraient en naître, seront sa propriété. Anté-

---

(1) L'acte qui consiste à transformer pendant le mariage et sous l'accomplissement de certaines conditions, une somme d'argent apportée en dot, en corps certains destinés à la remplacer, s'appelle un *emploi* dans notre droit civil. Or, qui ne remarque l'analogie qui existe entre notre emploi et l'opération que nous indiquons, laquelle doit, ce nous semble, en être considérée comme l'origine. Nous établirons ce point en étudiant dans notre droit français, l'historique de l'emploi et du remploi.

(2) L. 21. Dig. De pactis dotalibus.

rieurement au pacte, le mari était débiteur d'une somme d'argent, par conséquent d'un genre qui ne peut périr, les risques étaient donc à sa charge. Par l'effet du pacte, cette somme d'argent se trouve transformée en des corps certains, dont la perte incombera à la femme appelé à bénéficier également des améliorations qu'ils pourraient recevoir.

2° *Ex re in pecuniam.* Pomponius (1) donne un exemple de cette seconde espèce de transformation de l'assiette de la dot ; elle est ainsi conçue : « Si ex lapicidinis dotalis fundi, lapidem, vel arbores quæ fructus non essent, sive superficiem voluntate mulieris vendiderit ; nummi ex ea venditione recepti sunt dotis ». Si les pierres extraites du fonds dotal, ou les arbres arrachés du sol, étaient des fruits, la disposition précédente n'aurait pas sa raison d'être ; dans ce cas, en effet, ils appartiendraient en pleine propriété au mari qui pourrait en disposer selon son bon plaisir ; il faut donc supposer que ces objets n'ont pas le caractère de fruits. Ulpien (2) détermine dans quels cas les arbres et les pierres doivent être considérés comme fruits ; sans doute, même n'ayant pas ce caractère, les arbres pourraient encore être aliénés par le mari, car détachés du sol, ils sont des meubles et nous savons que ceux-ci peuvent être vendus par le mari seul. Il n'est pas toutefois indifférent de savoir si le mari les a cédés avec ou sans le consentement de la femme. Dans le premier cas, en effet, c'est réellement le prix obtenu qui est *in dote* ; le mari devra, dès lors, le restituer, comme les autres sommes, c'est-à-dire, *annuâ, bima, trimâ die.* Si, au contraire, la vente a lieu sans

(1) L. 32. Dig. De jure dotium.

(2) L. 7, §§ 12 et 13. Dig. Sol. matrim.

le consentement de la femme, comme en réalité le mari, quoique propriétaire, doit restituer, au moment de la dissolution
du mariage, les choses mêmes qu'il a reçues sans estimation,
il en résulte que, dans ce cas, le mari devra rendre immédiatement le prix obtenu par l'aliénation. La femme devait donc
consentir à l'aliénation pour que « nummi dotis essent. »

Le texte vise ensuite le cas de vente de la superficie d'un
édifice dotal. On appelle à Rome *superficies* le droit de jouir
à perpétuité, ou tout au moins pour un très-long temps, d'un
bâtiment élevé sur le terrain d'autrui. Sans entrer dans l'examen de la controverse qu'avait soulevée la nature du droit de
superficie, que les uns considéraient comme une servitude
d'une nature particulière tandis que d'autres y voyaient une
propriété distincte du sol, nous pensons que la superficie for-
mait une sorte de propriété prétorienne, protégée par des actions utiles, et que le mari n'aurait pu aliéner sans le consentement de sa femme pour que les deniers provenant de la vente
devinssent dotaux (1).

Nous connaissons donc maintenant deux modes de transfor-

(1) M. Demangeat, *De la condition du fonds dotal en droit romain*,
p. 208, note 3, pense qu'aux divers exemples qu'il mentionne, Pomponius devait ajouter celui de la vente du fonds dotal faite par le
mari avec le consentement de la femme. Mais, très-probablement,
dans le but de mettre le texte d'accord avec le droit nouveau, créé
par Justinien (L. unic. § 15, C. De rei uxoriæ actione, V. 13), les
commissaires de ce prince supprimèrent cette mention. Faut-il en
conclure que, sous ce droit nouveau, la vente de la superficie d'un
édifice dotal pût avoir lieu avec le consentement de la femme? Cujas
admet l'affirmative. M. Demangeat croit, au contraire, qu'il ne faut
voir là qu'une inadvertance des commissaires de Justinien, qui auront peusé que ce prince n'avait entendu assimiler à la constitution
d'hypothèque que l'aliénation du fonds dotal lui-même.

mation de la dot : *ex re in pecuniam, ex pecuniâ in rem.* Ces deux procédés étaient-il les seuls ? Cela n'est pas probable. L'énumération donnée par Modestin n'a rien de limitatif et il devait, en mentionnant les deux procédés indiqués plus haut, statuer seulement sur les faits les plus fréquents en pratique ; ainsi il ne semble guère douteux que, sous le bénéfice des observations présentées plus haut, l'échange d'un bien dotal contre une autre chose ait pu servir à modifier l'assiette de la dot.

11. — Dans les différents cas de *permutatio dotes* examinés ci-dessus, nous avons vu la modification survenue dans la composition de la dot s'accuser d'une façon évidente, presque tangible. Une somme d'argent étant apportée en dot, un corps certain lui était subrogé ; ou bien encore l'inverse se produisait et une somme d'argent venait prendre la place d'un corps certain, antérieurement aliéné ; enfin une chose déterminée pouvait se trouver substituée à une autre chose ; tels sont les transformations de l'assiette de la dot étudiées jusqu'ici. A côté de ces hypothèses, il peut toutefois s'en présenter une autre, où la modification, ne se manifestant pas d'une façon apparente, existe cependant. Ce fait se produit lorsque des choses *inæstimatæ* sont, par la suite, soumises à une estimation. La loi 29 Dig. *De pactis dotalibus*, nous a déjà montré plusieurs exemples de transformations obtenues par ce procédé. L'estimation peut, suivant les circonstances, produire des résultats divers que nous allons maintenant examiner.

L'estimation peut avoir lieu, soit avant, soit pendant le mariage. Mais quelle que soit l'époque à laquelle elle intervient, ses effets sont toujours les mêmes. Avant d'en aborder l'examen, il faut toutefois poser une distinction sans laquelle les texte que nous allons commenter demeureraient inintelligibles.

L'estimation peut d'abord avoir lieu en termes purs et simples. Par exemple, le fonds Cornélien, apporté en dot par la femme a été estimé 100. Dans ce cas, ainsi que nous l'avons déjà vu plus haut, l'estimation vaut vente « æstimatio venditio est. » Mais à cette forme on peut ajouter d'autres clauses qui en restreignent l'étendue. Par exemple, en faisant l'estimation, on a stipulé que cette chose estimée devra être rendue lors de la dissolution du mariage. Dans ce cas, l'estimation ne vaut pas vente (1). C'est la chose elle-même qui est dotale, avec toutes les conséquences résultant de ce caractère ; ainsi, si c'est un immeuble qui a été estimé de cette façon, c'est cet immeuble même qui devra être rendu au moment de la restitution de la dot. Une telle estimation a pour but de déterminer, dès à présent, la responsabilité pécuniaire du mari en cas de perte de la chose arrivée par sa faute (2). Le bien estimé a-t-il

(1) Pomponius (L. 69 § 7. Dig. De jure dotum) dit en effet : « Com res in dotem æstimatas, soluto matrimonio, reddi placuit, summa debitur, non venditio contrahitur. » Alexandre (L. 5 C. De jure dotum V. 12) pose aussi la même règle : « Quoties res æstimatæ in dotem dantur, maritus dominium consecutus summæ velut pretii debitor efficitur. Si itaque non convenit ut, soluto matrimonio restiturentur et jure ætimatæ sunt, retinebit eas si tibi pecuniam offerat. »

(2) L'estimation des choses apportées en dot produit encore un autre résultat : augmenter la responsabilité du mari, en ce qui touche l'administration et la garde de ces choses. Lorsque, en effet, le mari reçoit les choses dotales sans estimation, il n'est tenu que de sa *culpa in concreto* ; il ne doit fournir, par conséquent, que la diligence qu'il apporte dans ses propres affaires. Quand, au contraire, une estimation a eu lieu, il est responsable de sa *culpa levis in abstracto* ; il doit, par conséquent, donner à ces choses les soins d'un bon père de famille très-diligent. Les seuls faits, dont il ne

péri en totalité, le mari devra l'estimation tout entière. A-t-il péri en partie seulement, il devra une partie de l'estimation correspondant à la portion de la chose qui a péri. Une semblable clause a donc pour effet de fixer le prix qui devra être payé par le mari. Aussi les interprètes disent-ils que, dans ce cas, l'estimation a lieu *taxationis causâ*. Vinnius l'appelle *intertrimenti causâ*.

Nous trouvons un exemple de cette seconde espèce d'estimation dans un fragment de Javolenus (1). Une femme a constitué un fonds en dot; ce fonds est estimé 100. Au cours du mariage (nous pouvons supposer ce cas qui convient le mieux à notre espèce, puisque le texte du jurisconsulte ne fixe pas l'époque à laquelle a lieu l'estimation et que même il emploie les mots *vir, uxor*, lesquels supposent nécessairement la célébration du mariage), les époux font un pacte aux termes duquel, en cas de divorce, le fonds lui-même devra être restitué à la femme, la valeur de ce fonds restant, d'ailleurs, fixée à sa valeur primitive (eodem pretio), 100. L'effet d'un tel pacte est,

sera pas tenu, sont les cas fortuits et de force majeure. Cette différence s'explique. Lorsqu'on livre une chose sans estimation, on est, par là même, présumé s'en remettre à la diligence de celui à qui la chose est donnée et cette présomption existe tant en faveur qu'à l'encontre de celui qui reçoit la chose. Quand, au contraire, on estime la chose avant d'en opérer la remise, on montre bien à celui[1] qui la reçoit que, quoiqu'il arrive (sauf bien entendus ces cas exceptionnels où les événements, plus forts que la volonté humaine, rendent illusoires les précautions prises), on entend le rendre responsable de la perte de la chose. Cette décision est tirée par analogie de la loi 52 § 3 Dig. pro socio. Comp. Paul (L. 17 pr. Dig. De jure dotium) et Gaius (L. 18, pr. *in fine* XIII, 6 Dig. Commod. vel contrâ).

(1) L. 32, pr. Dig. De pactis dotalibus.

sans doute, de laisser subsister l'estimation, mais en la trans-
formant toutefois. Pure et simple et valant vente, elle devient
estimation *taxationis causâ*, par conséquent, le mari qui, à
l'origine, pouvait vendre ce fonds sans le consentement de la
femme, puisque l'estimation lui avait transféré ce droit, voit
ses pouvoirs diminués. Le fonds étant *in dote*, le mari ne
pourra plus l'aliéner qu'avec le consentement de sa femme. Or
le jurisconsulte suppose que celle-ci consent à l'aliénation de
ce fonds, qui est vendu 200. Ensuite arrive le divorce. Que
devra restituer le mari ? est-ce le fonds ? est-ce 100 ? est-ce
200 ?

Ce n'est pas le fonds. En effet, par l'estimation intervenue,
lors de la constitution de dot, le mari avait acquis le droit de
vendre l'immeuble sans le consentement de la femme, en restant débiteur du prix d'estimation. C'est celui-ci qui était *in
dote*. Par conséquent, au moment de la restitution, c'est 100
qui auraient dû être rendus. — Le pacte conclu pendant le
mariage a modifié cet état de choses : il a transformé, en les
restreignant, les pouvoirs du mari sur le fonds ; celui-ci a, en
effet, repris sa qualité d'immeuble dotal, c'est lui qui est *in
dote*, c'est lui qui devra être rendu lors de la restitution de la
dot. Etant dotal, il ne pourra être aliéné par le mari qu'avec le
consentement de sa femme, mais ce consentement une fois
donné, la vente sera valable et, par conséquent, si le divorce
arrive, la femme ne pourra exiger la restitution de cet immeuble. En ce qui touche le fonds, le pacte a donc eu pour
effet de restreindre les pouvoirs du mari : antérieurement à ce
pacte le mari pouvait vendre seul le fonds estimé, depuis le
pacte, il lui faudra, pour pouvoir l'aliéner valablement, obtenir
le consentement de sa femme.

Mais si ce n'est pas le fonds, ne sera-ce pas au moins l'estimation primitive 100, que le mari devra rendre à sa femme ? La raison de douter vient ici du consentement donné par celle-ci à l'aliénation de l'immeuble. En acquiesçant à la vente, la femme semble, en effet, avoir renoncé au bénéfice du pacte intervenu pendant le mariage ; elle paraît avoir voulu remettre les choses dans leur état antérieur et rendre au mari ses pouvoirs primitifs. Cette interprétation de la volonté présumée de la femme n'est pas exacte. Labéon la repousse : la modification de la dot est chose trop importante pour qu'on puisse l'induire d'un consentement équivoque ; du reste, la femme eût-elle voulu renoncer au pacte que cela lui eût été impossible, cette renonciation lui eût été trop préjudiciable ; l'admettre eût été se placer en contradiction flagrante avec le principe posé plus haut, qu'une modification de la dot ne peut avoir lieu que si elle est utile à la femme. Le consentement donné par celle-ci à la vente du fonds s'explique d'une façon beaucoup plus naturelle : l'immeuble ayant pris la qualité d'immeuble dotal, ne pouvait, aux termes de la loi Julia, être aliéné d'une façon valable par le mari qu'avec le consentement de sa femme. En le donnant, celle-ci a simplement voulu valider l'aliénation, sans entendre renoncer au bénéfice du pacte. Dès lors, les 100 qu'offrirait le mari n'éteindraient pas la dette dont il est tenu envers sa femme. Par conséquent, ayant vendu le fonds avec le consentement de sa femme, le mari devra le prix obtenu par l'aliénation, ici 200. Tout au plus pourrait-on dire que le fonds est *in facultate solutionis* ; si la vente avait eu lieu sans le consentement de la femme, ce serait le fonds et le fonds seul qui devrait être restitué.

Dans les textes que nous venons d'analyser, l'estimation

avec les clauses additionnelles dont elle est affectée produit son effet à tout évènement. A côté de cette hypothèse, il peut s'en présenter d'autres où l'estimation, et par suite la transformation qu'elle opère dans la dot, est subordonnée à la réalisation de certaines conditions dont l'accomplissement doit seul lui faire sortir effet.

Une constitution des empereurs Dioclétien et Maximien nous fournit un exemple de ce genre (1). Le mari et la femme font un pacte aux termes duquel si, pour une cause quelconque, le mariage vient à se dissoudre dans le délai de cinq ans, les choses données en dot avec estimation seront restituées suivant le prix pour lequel elles ont été estimées. Quel sera l'effet d'un tel pacte ? *A priori*, il est impossible de le savoir, car cet effet dépend de la durée du mariage. Dépasse-t-il le temps prévu, ici cinq ans ? Le pacte sera sans valeur et la situation sera la même que si l'estimation avait été pure et simple. Par conséquent, la restitution aura pour objet le prix d'estimation et non les objets eux-mêmes. — Le mariage a-t-il, au contraire, une durée inférieure à cinq ans ? Dans ce cas, ce sont les objets eux-mêmes et non le prix d'estimation qui doivent être restitués : « manifestum est non pretia specierum dari, sed *ipsas species* debere restitui... » Si donc les objets venaient à disparaître par la faute du mari, il serait responsable envers sa femme, non pas du dommage que leur perte lui aurait causé, mais du prix fixé par l'estimation originaire.

Scœvola (2) donne encore un exemple d'estimation produi-

(1) L. 21 C. De jure dotium.
(2) L. 50. Dig. Sol. matrim.

sant des effets divers suivant les circonstances. Des choses ont été apportées en dot avec estimation, puis les époux font un pacte, aux termes duquel, pour quelque cause que la dot doive être restituée, les choses qui existeront encore seront rendues ; pour les choses n'existant plus, c'est l'estimation originaire qui sera due par le mari à sa femme. Ici, l'estimation a un caractère mixte : pour les choses péries par cas fortuit ou force majeure, l'estimation a valu vente et le mari la doit. Pour les choses existant encore, l'estimation a eu lieu *taxationis causâ*. Supposons maintenant que le mari vende, sans le consentement de sa femme, une ou plusieurs de ces choses et que celle-ci existent encore au moment de la restitution de la dot, devra-t-il la chose ou l'estimation ? Le jurisconsulte répond que les choses seules seront dues : « perinde reddindas atque si nulla æstimatio intervenisset. »

SECTION II

MODIFICATIONS SE PRODUISANT EN DEHORS DE TOUT CONSENTEMENT DES ÉPOUX ET RÉSULTANT *ex causâ necessariâ*.

SOMMAIRE :

12. — Dans les différents cas de *permutatio dotis* passés en revue jusqu'ici, le consentement de la femme nous a tou-

jours apparu comme une condition nécessaire de la transformation de la dot. Nous allons maintenant nous trouver en
face de modifications se produisant en dehors de tout consentement des époux.

Le partage du fonds dotal va nous fournir un premier
exemple de transformation de l'assiette de la dot, survenue *ex
causâ necessariâ*. Elle a sa source dans l'idée que les Romains
s'étaient faite du partage. A Rome, en effet, le partage était
attributif de propriété ; les communistes, en y procédant,
faisaient un échange. Or tout échange implique aliénation
d'une part, acquisition de l'autre. Dès lors, celui qui intente
l'action en partage aliène volontairement sa part indivise. Par
conséquent, depuis la loi Julia, le mari ne pouvait figurer
seul, comme demandeur, dans l'action *communi dividundo*.
Etait-ce, au contraire, le copropriétaire qui agissait en partage
contre le mari ? Dans ce cas, celui-ci, étant obligé de soutenir
le procès et de subir l'aliénation résultant du partage, avait
qualité pour y défendre. Cette distinction est, du reste, nettement établie par un rescrit de l'empereur Gordien (1).

Après avoir posé le principe, examinons-en les conséquences. Un fragment de Tryphoninus les indique (2) : « Si
fundus communis in dotem datus erit et socius egerit cum
marito communi dividundo , adjudicatusque fundus socio
fuerit : *in dote erit quantitas quâ socius damnatus fuerit*
aut si omissâ licitatione (3) extraneo addictus is fundus fuerit,

___

(1) L. 2, C. de fundo dotali V, 23.

(2) L. 78 § 4. Dig. De jure dotium.

(3) M. Pellat (*Textes sur la dot*), p. 409, note 1) fait remarquer
qu'il existe deux lectures de ce texte qui, au fond, aboutissent toutes
deux au même résultat. Suivant Haloander, il faudrait lire : « *ad-*

præetii portio quæ distracta est sed ita ut corpore non vice habeatur; nec divortio secuto, præsenti die, quod in numero est restituatur; sed statuto tempore, solvi debeat. »

La portion du texte que nous venons de citer prévoit deux hypothèses :

1° Le fonds est adjugé à deux copropriétaires;

2° Le fonds est acquis par un étranger.

A côté de ces deux premiers cas, deux autres peuvent se rencontrer :

3° Le mari a acquis le fonds tout entier;

4° Le fonds a été partagé et chaque copropriétaire a reçu sa part en vertu de l'*adjudicatio* prononcé par le juge.

Ecartons immédiatement, comme n'amenant pas une modification de l'assiette de la dot, le cas où le mari s'est rendu acquéreur du fonds tout entier. Ici la portion du fonds apportée en dot restera dotale. Quant à la portion acquise pendant le mariage, elle devrait semble-t-il, appartenir en propre au mari, qui pourrait en disposer selon son bon plaisir. Telle était l'opinion de Julien et de Tryphoninus. Toutefois à cette règle de droit pur un tempérament avait été apporté. Pour des raisons d'utilité, afin de ne pas rétablir, lors de la dissolution du mariage entre le mari et la femme une indivision toujours

missá licitatione, » c'est-à-dire qu'on aurait procédé à une licitation à laquelle on aurait admis les étrangers, l'un deux se serait porté adjudicataire de l'immeuble licité. — Suivant les [Florentines, au contraire, il y avait dans le texte : « *omissá licitatione,* » c'est-à-dire qu'aucun des copropriétaires n'ayant enchéri, c'est un étranger qui s'est porté acquéreur. Donc, dans les deux cas, le fonds a été adjugé à un étranger. M. Pellat fait remarquer que le scholiaste des Basiliques adopte la leçon des Florentines par la manière dont il traduit le texte et par les développements qu'il lui donne.

préjudiciable, on admit que la femme pourrait et devrait réclamer le fonds tout entier, sauf, bien entendu, à payer au
mari la somme qu'il aurait déboursée pour arriver à l'acquisition de la portion du fonds achetée pendant le mariage.

Le cas où chaque copropriétaire a reçu sa part, en vertu de
l'*adjudicatio* prononcée par le juge, ne présente aucune difficulté. Lors de la dissolution du mariage, le mari restituera à
la femme cette portion déterminée, qui prendra, dans la dot,
la place de la part indivise qui s'y trouvait antérieurement.

Arrivons maintenant aux hypothèses prévues par le
fragment du texte de Tryphoninus que nous avons cité.

Que le fonds ait été adjugé à un copropriétaire du mari ou
à un étranger, la solution est la même. Dans ces deux cas, en
effet, une somme d'argent sera payée au mari en échange de
la portion indivise qui lui avait été apportée par sa femme.
Cette somme sera *in dote* ; elle sera subrogée à la portion du
fonds qui existait auparavant. Toutefois cette subrogation n'est
pas complète : en effet, tandis que le fonds aurait dû être restitué immédiatement, la somme pourra l'être dans le délai fixé
à cet effet, *annuâ*, *bimâ*, *trimâ die* et elle restera toujours la
même, que le fonds vienne ensuite à augmenter ou à diminuer
de valeur.

13. — Une modification *ex causâ necessariâ*, résultant de
la substitution d'une somme d'argent à l'immeuble apporté en
dot, peut encore se produire au cours du mariage. Supposons,
en effet, que pendant la durée de celui-ci, le mari revendique
un immeuble contre un tiers *in causâ usucapiendi*. Le mari
triomphe et le défendeur est condamné à restituer l'immeuble.

4

S'il se conforme à l'ordre du juge, aucune difficullté ; la composition de la dot ne sera soumise à aucune transformation. *Quid juris*, au contraire, s'il refuse d'obéir : le demandeur pourra-t-il se faire restituer l'immeuble *manu militari*, ou devra-t-il se contenter de la somme fixée par lui sous la foi du serment et que le défendeur devra lui payer ? Bien que la question soit discutée, nous croyons devoir admettre l'opinion d'après laquelle le demandeur ne pourra exiger le fonds lui-même et devra se contenter d'une simple condamnation pécuniaire. Par conséquent, ici encore, la transformation aura lieu en dehors de la volonté du mari et, lors de la restitution, la femme devra, au lieu de son immeuble, accepter la somme d'argent qui est désormais *in dote*.

APPENDICE.

14. — A l'étude des différentes transformations que peut subir l'assiette de la dot, pendant le mariage, se rattache un texte, la loi 54 Dig. *De jure dotuem*, dont l'explication a donné lieu à de sérieuses difficultés.

Ce texte est ainsi conçu : « Res quæ ex dotali pecuniâ comparatæ sunt, dotales esse videntur (1). »

Quelle est la portée de cette loi ? Dans l'étude que nous venons de faire des transformations possibles de la dot pendant le mariage, nous avons vu que les choses acquises du *consentement* de la femme, avec les sommes provenant de la vente des biens dotaux, *sont* dotales et qu'elles ne *paraissent* pas seulement l'être, comme le dit la loi 54. Dès lors, cette loi semblerait viser le cas de choses acquises avec l'argent apporté en dot par la femme, mais *sans le consentement* de celle-ci. Toutefois, si nous admettons cette seconde interprétation, nous nous trouvons en opposition manifeste avec les textes et les explications relatées plus haut, explications qui nous ont mon-

(1) Ce texte porte comme *inscriptio* : Ad edictum pretoris urbani, titulo de prœdiatoribus.

tré le consentement de la femme comme une condition essen-
tielle d'une *permutatio dotis*. En outre, un rescrit de Dioclétien et de Maximien (1) semble encore la contredire : « Si
pecunia dotali, dit ce texte, fundus a marito tuo comparatus
non tibi quæritur, quum neque maritus uxori actionem empti
possit adquirere et dotis tamtum actis competit. Unde aditus
præses provinciæ, si non transegisse repererit ; sed ex ma-
jore parte dotem consecutam residuum restitui providebit. »
Ce texte, quoiqu'on en ait dit, n'est pas en contradiction avec
la loi 54. Nous ne donnerons actuellement aucun développement sur ce point, qui fera l'objet d'une position.

Ce n'est donc pas en nous appuyant sur les règles relatives
aux modifications de l'assiette de la dot, que nous pouvons
arriver à résoudre les difficultés soulevées par l'interprétation
qui doit être donnée à la loi 54. Cette solution nous semble
se rencontrer dans les principes qui régissent la restitution de
la dot.

Nous allons essayer d'établir ce point. Pour cela, nous dis-
tinguerons entre l'époque classique et celle de Justinien: prenant d'abord la loi 54 avec la forme générale qu'on ne saurait
lui méconnaître dans le dernier état du Droit, nous nous de-
manderons quelle est sa portée sous la législation de ce
prince, il nous sera ensuite possible de donner sa signification
au temps de Gaïus.

Justinien acccorda à la femme, pour la restitution de sa
dot, des garanties solides et quelquefois excessives. Par une
constitution de 529, l'exercice de la reprise des biens dotaux
fut garantie par une hypothèque privilégiée sur les choses

(1) L. 12, Code *De jure dotium.*

dotales (1). Un rescrit du même empereur, de l'année 530, lui conféra, toujours pour la restitution de sa dot, une hypothèque tacite, non-seulement sur les *res dotales*, mais encore sur les biens de son mari (2). Enfin, en 531, la loi *Assiduis* (3), par une faveur tout-à-fait exorbitante, munit cette hypothèque d'un privilège qui la rendait opposable aux créanciers du mari.

Dans cette dernière Constitution, l'empereur compara le Droit antérieur au Droit nouveau qu'il crée, et, par analogie, il accorde à l'action réelle le privilège qui garantissait déjà l'action personnelle : « Quum enim in personalibus actionibus tali privilegio utebatur res uxoria, qua propter non in hypotheca hoc mulieri etiam nunc indulgemus beneficium, *licet res dotalis vel ex his aliæ comparatæ non extent.* » Les termes de la Constitution de 529, donnant à la femme, pour la restitution de sa dot, une hypothèque privilégiée sur toutes les *res dotales*, eussent pu, malgré la généralité des termes de ce rescrit, laisser planer le doute sur le point de savoir si cette hypothèque privilégiée devait s'étendre aux choses achetées par le mari seul de l'argent dotal. Le passage que nous venons de transcrire, doit faire disparaître toute hésitation et nous faire admettre l'affirmative.

L'une des tendances de Justinien, lorsqu'il innove, est d'établir un parallèle entre le Droit préexistant et celui qu'il crée, de façon à justifier la disposition légale qu'il édicte. Or tout semble faire supposer que Tribonien n'avait en vue que

(1) L. 30. C. De jure dotium, V. 12.

(2) L. unic. § I, C. V. 13. De rei uxoriæ actione.

(3) L. 12. C. VIII, 18. Qui potiores.

la décision nouvelle (1) lorsqu'il empruntait à Gaïus le fragment qui forme la loi 54, *De jure dotium*, Dig., phrase conçue en termes généraux et à laquelle sa forme et son isolement allaient donner une si grande étendue.

Et ce n'est pas seulement en ce qui touche l'action hypothécaire que nous devons admettre la disposition de la loi 54 *De jure dotium* ; celle-ci doit encore être appliquée à l'action *in rem* utile, accordée à la femme pour revendiquer les choses dotales, lors de la dissolution du mariage. Là encore, en insérant la loi 54, Tribonien avait dû reconnaître une sorte d'analogie entre les choses dotales proprement dites et celles achetées *pecunia dotali*. M. Demangeat, il est vrai (2), ne reconnaît pas à la femme le droit de revendiquer les choses données au mari avec estimation. Dans ce cas, en effet, il y a vente consentie par elle au profit de celui-ci ; la femme ne peut, par conséquent, exiger la chose elle-même, lorsqu'on lui offre ce qui est réellement dû, le prix d'estimation. Mais dans le cas de choses achetées *ex pecuniâ dotali*, et en face des constitutions de Justinien, tout porte à croire qu'on devait reconnaître une subrogation réelle de l'argent à la chose, subrogation dont nous trouvons un exemple dans la L. 22, § 13, XXIV, 3, Dig. Sol. matr. (3).

Tel nous paraît être au temps de Justinien le sens de la loi 54, *De Jure dotum. Dig.*

Mais il n'en était pas de même à l'époque de Gaïus. Au temps de ce jurisconsulte, en effet, l'action *rei uxoriæ* était

(1) Constitution de 531, qui forme la loi 12 C. VIII, 18.
(2) Demangeat. *Du fonds dotal*, p. 98 et suiv.
(3) Demangeat. Du fonds dotal, p. 100 note.

une action personnelle, munie d'un privilège, qui donnait à la femme un simple droit de préférence sur les autres créanciers chirographaires de son mari ; celle-ci n'avait donc, sous le Droit classique, ni l'action hypothécaire, ni l'action en revendication : le Droit civil, pas plus que le Droit prétorien, ne lui avait accordé de semblable prérogatives.

Tout confirme cette assertion et indique que Justinien innove, en établissant l'action hypothécaire et la revendication au profit de la femme. Dans la loi 30, V, 12 C. *De Jure dotium* ; l'empereur dit, en effet, relativement à la revendication : « ..... mulierem in his vendicandis omnem..... prærogativam habere *jubemus*. » Puis, plus loin, en ce qui touche l'action hypothécaire et la revendication il ajoute : « *Volumus* itaque eam *in rem* actionem in hujusmodi rebus quasi propriis habere et hypothecariam omnibus anteriorem possidere. » Si déjà la femme avait pu disposer de ces deux actions, la loi 30 serait complètement inutile. Les termes de ce rescrit montrent, du reste, que Justinien édicte une disposition nouvelle. *Volumus, jubemus*, dit l'empereur. Et pour justifier cette innovation, il n'invoque d'autre motif que l'équité naturelle, qui, en réalité, a laissé à la femme la propriété de ces choses dont la subtilité du Droit semble avoir fait passer la propriété au mari. Nous devons donc en conclure que les écrits des jurisconsultes étaient muets sur ce point. Un autre argument milite encore, du reste, en faveur de notre opinion. Lorsqu'il édicte une disposition nouvelle, Justinien cherche sans cesse, comme nous l'avons dit plus haut, à la justifier par les dispositions de l'ancien Droit. Manquerait-il donc de le faire dans le cas actuel, si les écrits de quelqu'un des jurisconsultes classiques contenait sur le point qui nous occupe,

une doctrine pouvant servir de point de départ à la disposition
de la loi 30 ? Du reste, le silence, sur ce point, des textes relatifs à la dot, vient encore corroborer, ce nous semble, les
arguments que nous venons d'exposer. Par conséquent, ni
l'action *in rem*, ni l'action hypothécaire n'existaient au temps
de Gaïus, au profit de la femme, sur les choses achetées de
l'argent dotal.

Ce point admis, il nous reste à déterminer la portée de la
loi 54. C'est là une question discutée, dont plusieurs systèmes
ont cherché à donner la solution.

Pour déterminer la signification de la loi 54, un premier
système s'attache à l'ordre numérique des textes du Digeste.
Dans cette doctrine, la loi 54 serait la confirmation de la loi 53
qui la précède. Voici l'hypothèse prévue par ce dernier texte :
« un mari, qui veut faire une donation à sa femme, accepte la
délégation que celle-ci lui fait d'un débiteur peu solvable, se
trouvant actuellement dans l'impossibilité de payer la totalité
de sa dette. Au moment où sa dot devra être restituée, le mari
sera rendu responsable de la somme qu'il aurait pu obtenir du
débiteur ; il le sera en outre des sommes que celui-ci, revenu
à une meilleure fortune, aurait pu lui payer, quoique ensuite
il soit devenu insolvable. Telle est l'économie de la loi 53.
Comme conséquence de cette disposition, la loi 54 permettrait
au mari de revendiquer comme étant dotales les choses que le
débiteur aurait achetées avec l'argent qu'il a possédé à un
moment donné, et qui aurait dû être versé entre les mains du
mari.

Cette explication est inadmissible. Ceux qui la donnent
nous semblent commettre deux erreurs. D'abord *pecunia dotalis*
ne veut pas dire argent détenu par un débiteur délégué par la

femme à son mari pour payer la dot : *pecunia dotalis* signifie argent remis directement, comme dot, par la femme à son mari. — En second lieu, il ne semble guère possible, de tirer dans le cas actuel, un argument sérieux de l'ordre numérique des textes. Sans doute, lorsque les commentateurs transportent une loi de la place qu'elle devrait normalement occuper à la suite d'un autre texte auquel elle se rattache directement, on peut et on doit en induire que, dans ce cas, le premier texte ainsi rapporté confirme le second ou y déroge. Ici rien de semblable ne se produit, les compilateurs du Digeste ont suivi l'ordre qu'ils adoptent habituellement : à la série sabinienne ils ont fait succéder la série édictale ; rien donc ici ne prouve que la loi 54 confirme la loi 53 et le rapprochement inten- tionnel qu'on prête aux commissaires de Justinien nous paraît se réduire à la valeur d'un fait accidentel, complètement indé- pendant de leur volonté.

D'après une seconde opinion, deux voies seraient ouvertes à la femme, au moment de la restitution de sa dot ; elle aurait la faculté de demander soit le fonds acheté avec l'argent ap- porté en dot, soit, si cela lui paraît plus avantageux, le mon- tant de la somme qui a servi à le payer. La loi 54. D. *De jure dotium* lui permettrait de prendre le premier parti ; la loi 12 C. V. 12, lui laisserait la liberté de recourir au second.

Un argument qui semble décisif doit nous conduire à re- pousser ce second système comme le premier. Les termes de la loi 54 ne nous paraissent pas d'abord assez explicites pour qu'on puisse en induire le droit, pour la femme, de revendi- quer le fonds acheté *pecuniâ dotali*. En second lieu la loi 12 doit, croyons-nous, être interprêtée dans un sens diamétrale- ment opposé à celui qu'on lui donne. Ce texte dit, en effet, que

le fonds acheté avec l'argent dotal n'est pas acquis à la femme...
mais qu'elle a seulement l'action *rei uxoriæ* pour arriver à la
restitution de sa dot. Le fonds n'étant pas acquis à la femme,
bien loin de lui reconnaître le pouvoir de le revendiquer, nous
devons, au contraire, lui dénier ce droit et ne lui accorder que
le pouvoir de demander une somme d'argent. L'argument *a
contrario* que fait naître le rapprochement des deux fragments
du passage que nous venons de citer, impose cette solution.

Une troisième doctrine cherche, comme la précédente, à
expliquer la loi 54 D. *De jure dotium* en la comparant avec la
loi 12 C. h. t. ; elle distingue deux catégories de sommes
d'argent : en premier lieu, la *pecunia æstimata* ou *numerata* : c'est l'argent estimé, remis au mari comme quantité,
dont il dispose à condition de rendre une semblable somme à
l'époque de la restitution de la dot ; dans ce premier cas, une
dette de genre naît à la charge du mari ; en second lieu la
pecunia inæstimata : c'est l'argent remis au mari comme corps
certain ; celui-ci devra restituer les pièces mêmes qui lui ont
été données, il ne pourra se libérer en rendant une égale
quantité de pièces semblables. Dans ce second cas, la femme a
sur l'argent ainsi remis un droit qui lui permet de le suivre
dans ses transformations successives et de le saisir dans sa
dernière forme ; ici la chose achetée prend la place de l'argent
dotal. C'est à cette hypothèse que s'appliquerait la loi 54. Dans
le cas de *pecunie æstimata*, la femme n'a pas ce droit de suite;
ce cas serait régi par la loi 12.

On conçoit difficilement la distinction entre deux espèces
de sommes d'argent faite par ce système. Sans doute, un dé-
positaire, une commodataire, à qui on remet des pièces d'argent *ad pompam et ostentationem*, doivent restituer les pièces

qui leur ont été soit remises en dépôt, soit livrées comme prêt à usage. Mais que signifierait pour un mari une dot en argent, à laquelle il lui serait défendu de toucher, qu'il devrait enfermer dans un compartiment soigneusement séparé du reste de sa caisse, l'y laisser pendant toute la durée du mariage pour ne l'en sortir qu'au jour de la restitution de la dot ? Bien imprudent, pour ne pas dire plus, serait le mari qui accepterait une dot de ce genre. Le droit de suite qu'on veut, du reste, accorder ici à la femme, ne se justifie pas non plus ; si, en effet, le mari dépensait la *pecunia inæstimata*, la femme aurait non pas un droit de suite sur les objets achetés avec cet argent, mais une action en dommages-intérêts contre son mari, qui se serait mis, par sa faute, dans l'impossibilité de restituer ce qu'il devait.

Comme on a pu le voir par l'examen des différents systèmes que nous venons d'exposer, il est difficile, sinon impossible, d'expliquer, en tant que règle générale la disposition de la loi 54. Ne serait-il pas, dès lors, plus logique de croire que cette généralité n'est qu'apparente et que nous nous trouvons dans l'un de ces cas où, ayant détaché des écrits d'un jurisconsulte un fragment qui n'y avait que la valeur d'une règle particulière, Tribonien en a voulu faire une disposition pouvant s'appliquer en toutes circonstances ; c'est ce que, dans l'état actuel de la science, tout doit nous porter à croire. Nous trouvons dans deux hypothèses la confirmation de cette assertion.

M. Pellat (1) cite d'abord une espèce où, selon lui, la règle contenue dans la loi 54 peut s'appliquer. Le savant auteur déclare, du reste, ne hasarder cette explication qu'avec beaucoup

(1) Pellat. Textes sur la dot, p. 248.

de défiance. C'est dans l'*inscriptio* de la loi 54 que M. Pellat en trouve le commentaire. En tête de ce fragment on lit en effet : « *Ad edictum prætoris urbani, titulo de prædiatoribus.* » « Les prædiatores, dit-il, dont s'occupait le titre de l'édit du préteur commenté par Gaïus, étaient les acheteurs de fonds (prædia) engagés ou hypothéqués à l'Etat et vendus par celui-ci quand le débiteur ne les avait pas dégagés en payant. D'après la loi Julia, le mari ne pouvait aliéner un fonds dotal sans le consentement de la femme, ni l'hypothéquer même de son consentement ; par conséquent, l'hypothèque accordée par le mari à l'Etat sur le fonds dotal et l'aliénation qui en aurait été la suite serait sans effet, et le mari, ayant conservé la propriété, pourrait, à la dissolution du mariage, la tranférer à la femme qui revendiquerait le fonds dotal contre le *prædiator* adjudicataire. Peut-être Gaïus disait-il que si le fonds hypothéqué par le mari était, non un fonds dotal, c'est-à-dire un fond reçu en dot, mais un fonds acheté avec l'argent dotal, la femme pourrait s'opposer à ce qu'il fût mis en vente par l'Etat, ou même agir contre le prædiator, comme s'il était dotal. »

A côté de cette première explication, un peu conjecturale, il faut le reconnaître, nous en trouvons un autre, confirmée par les textes du Digeste. Ulpien (1) cite, en effet, un cas où la règle posée par la loi 54 reçoit son application. Ce texte est ainsi conçu : « Si mulier in conditione mariti erraverit, putaveritque esse liberum quum servus esset, concedi oportet quasi privilegium in bonis viri mulieri, videlicet ut, si sint et alii creditores, hæc præferatur circa de peculio actionem et si forte domino aliquid debeat servus non præferatur mulieri

---

(1) L. 22 § 13, Dig. Sol. mat.

nisi in his tantum rebus quæ vel in dote datæ sunt, vel ex dote comparatæ, quasi et hæ dotales sint. »

Pour comprendre l'hypothèse prévue par ce texte, rappelons quelques règles relatives à la dot.

La dot, étant donnée au mari pour l'aider à subvenir aux charges résultant du mariage, ne pouvait exister que s'il y avait mariage. Par conséquent, celui-ci venait-il à manquer ou à être frappé de nullité, les biens remis par la femme au mart ne constituaient pas une dot et la femme ne pouvait les réclamer par l'action *rei uxoriæ*, elle ne pouvait recourir qu'à la *condictio ob rem doti*, *re non seculâ* ou *sine causâ*, action par laquelle on réclame une chose livrée pour un but qui n'a pas été atteint ; à cette condictio, comme à l'action *rei uxoriæ*, était attaché un privilège qui permettait à la femme de primer les créanciers chirographaires de son mari.

Or, le texte cité plus haut suppose qu'une femme a épousé un esclave, croyant s'unir à un homme libre ; reconnaissant ensuite son erreur elle demande la nullité du mariage et intente contre le maître de son prétendu mari la *condictio sine causâ*, jusqu'à concurrence du pécule. Il ne serait pas équitable que le maître fut préféré à la femme, sur les objets par elle apportés en dot ; il ne le serait pas davantage qu'il le fût sur les objets achetés avec l'argent remis par elle à son mari, à titre de dot (si du reste l'acquisition avec de telles sommes est prouvée), car, ici encore, ces objets proviennent certainement de la femme. Par conséquent, ces choses achetées *pecuniâ dotali* sont ici considérées comme dotales et traitées comme telles. La décision d'Ulpien n'est qu'une application de la loi 54.

Cette solution doit être étendue au cas où une femme,

ayant épousé un fils de famille et lui ayant remis sa dot, demande ensuite la nullité de son mariage. En effet, le privilège attaché à la *condictio sine causâ* n'était autre que celui qui garantissait l'action *rei uxoriæ* dans le Droit classique (1). Par conséquent, si cette femme intente contre le père l'action *rei uxoriæ de peculio*, elle sera préférée à tous les autres créanciers, sauf le père ; toutefois, elle devra primer celui-ci sur les choses apportées par elle ou achetées de l'argent dotal. Donc ici encore, Gaïus pouvait dire que les *res pecuniâ dotali comparatæ, dotales esse videntur*.

(1) L. L. 17 § 1, 18, 19 pr. Dig., XLII, 5.

DROIT CIVIL FRANÇAIS

De l'emploi et du remploi sous le régime de communauté

(Articles 1434 et 1435. C. civ.)

INTRODUCTION

Le régime de la communauté légale, sous lequel se placent les articles 1434 et 1435, que nous allons étudier, est quelquefois, malgré les solutions équitables qu'il semble contenir, la cause d'injustices manifestes ; les dettes, comme les créances, y sont en effet communes, ce qui peut amener ce résultat regrettable que l'apport mobilier de l'un des époux soit en tout ou en partie, employé à payer les dettes de son conjoint (1).

(1) Il est à remarquer qu'antérieurement à la célébration du mariage, les époux jouissant d'une complète liberté, peuvent se faire telles libéralités, directes ou indirectes, qu'ils jugent convenable, sauf toutefois le respect dû aux dispositions prohibitives des articles 1094 et 1097. Ces donations, étant faites par contrat de mariage, sont irrévocables, comme toutes les conventions insérées dans cet acte (Art. 1395, C. civ.)

Les pouvoirs presque illimités qui appartiennent au mari sur les biens de la communauté augmentent encore ces inconvé-nients, car celui-ci pouvant, d'une part, et sauf quelques restrictions édictées par les articles 1422 et 1423 du Code civil, disposer en maître des biens communs et, d'autre part, la communauté devenant quasi-usufruitière des sommes qui sont tombées dans son actif, il pourra arriver que non-seulement les biens acquis en commun auront été dissipés, mais que de plus, le prix des propres de la femme aura eu le même sort. De là, on le comprend sans peine, la diminution des ressources pécuniaires des époux, la misère peut-être, avec elle bien souvent les discordes conjugales et dans tous les cas des difficultés de liquidation auxquelles le législateur s'est efforcé d'apporter un remède en permettant aux époux de conserver l'intégrité de leur patrimoine, en substituant, pendant le mariage, au propre qui a été aliéné, un bien destiné à le remplacer.

L'opération par laquelle l'un des époux acquiert ainsi, avec les deniers provenant du prix d'un propre un autre bien destiné à en tenir lieu, s'appelle un *remploi* ; elle offre une légère différence avec un autre fait qu'on appelle *emploi*. Cette différence tient à l'origine des deniers : dans le remploi, ils proviennent du prix d'un immeuble propre, vendu pendant le mariage ; dans l'emploi, représentent le prix d'un meuble propre, ou bien, ces deniers ont été apportés par l'un des conjoints lors de la célébration du mariage ; cet époux les affecte ensuite à l'achat d'un bien qui sera propre, comme les deniers qui ont servi à l'acquérir. A part cette différence, des règles identiques régissent le remploi et l'emploi, et s'il nous arrive d'user plus fréquemment du mot remploi, nous n'entendrons pas appliquer à lui seul les règles que nous poserons ; celles-ci devront aussi s'étendre à l'emploi (1).

Lorsqu'on étudie quelles choses composent l'actif commun, on voit que tous les biens acquis à titre onéreux pendant le mariage, quelle que soit leur nature, quelle que soit même l'origine des deniers qui ont servi à les payer, tombent dans la communauté. Aucune restriction n'est apportée à cette règle générale (art. 1401, C. civ). Il résulte de là qu'en appliquant rigoureusement la règle édictée par le texte précité, il faudrait dire que les biens achetés pendant le mariage, avec les deniers provenant de l'aliénation d'un propre, même d'un propre de la femme, tombent dans la communauté ; que, par suite, le mari peut en disposer selon son bon plaisir ; qu'il peut les hypothéquer, les vendre, en dissiper le prix. — Toutefois la loi a apporté à cette règle un tempérament et elle a permis aux époux de stipuler, sous des conditions déterminées, que le bien acquis à titre onéreux appartiendrait en propre à l'époux de qui provenaient les deniers avec lesquels il a été acheté ; elle les a, en un mot, autorisés à faire un remploi, mais par là même qu'il est une exception au droit commun, le remploi ne se suppose pas : il doit être clairement exprimé,

---

(1) Dans le cas d'*emploi*, il faut supposer : ou bien que les époux sont mariés sous le régime de la communauté conventionnelle, par exemple, qu'ils ont adopté la communauté réduite aux acquêts, auquel cas les deniers apportés par eux leur restent propres ; ou bien que les époux, quoique mariés sous le régime de la communauté légale, ont fait un contrat de mariage aux termes duquel il a été convenu que lesdits deniers leur resteraient propres, car sous le régime de la communauté légale, toutes les valeurs mobilières tombent dans la communauté (Art. 1401. 1° C. civ.)

5

et pour être valable, il doit remplir toutes les conditions auxquelles il est subordonné.

C'est surtout à cause des avantages qu'il présente que le
remploi a été admis dans notre législation. Ces avantages
existent tant à l'égard de la femme que du mari. Examinons-
les tant en ce qui touche la femme qu'en ce qui regarde le
mari.

Un bien propre appartenant à la femme ayant été aliéné,
le prix en provenant est tombé dans la communauté où il se
trouve à la disposition du mari, qui peut en faire ce que bon
lui semble, et, sans souci de l'avenir, le consacrer aux plus
folles dépenses ; sans doute à la dissolution du mariage, la
femme pourra bien exercer son action en reprise : une récompense lui sera due par la communauté, celle-ci, toutefois,
peut être insolvable. Sans doute encore, elle pourra, à défaut
d'actif commun, poursuivre le paiement de sa créance sur les
biens de son mari et invoquer son hypothèque légale à l'effet
de primer les autres créanciers ; mais ce recours peut lui-
même être inefficace si d'autres hypothèques priment celle de
la femme (1), ou si le mari a dissipé ses biens propres. La

(1) Cette hypothèse pourra se présenter quelquefois en pratique,
et il arrivera maintes circonstances où l'hypothèque légale de la
femme pourra être rendue illlusoire par la priorité qu'auront sur
elles certaines autres hypothèques conventionnelles, légales ou judiciaires. Il peut se faire, en effet, qu'antérieurement à la célébration
du mariage, le mari ait contracté un emprunt à la garantie duquel il
a affecté hypothécairement tous ses biens. Cette hypothèque primera
celle de la femme, de sorte que la garantie hypothécaire, destinée à
assurer la restitution de sa dot, n'aura de valeur que si le montant
des biens du mari dépasse la somme due au créancier primitif. De
même, si, antérieurement au mariage, le mari devenait tuteur, l'hypothèque de la femme serait encore primée par celle du mineur. Si

femme a un moyen d'échapper à de pareils dangers : c'est d'employer le prix de l'immeuble qu'elle a aliéné à en acquérir un autre qui lui restera propre, et dont, par conséquent, le mari ne pourra disposer sans son consentement. Agissant de cette façon, elle évitera aussi certaines difficultés qui pourraient se produire lors de la liquidation de la communauté.

Pour le mari aussi le remploi offre certains avantages, car il est débiteur du prix de vente et il peut, en cas d'insuffisance de l'actif commun, être poursuivi sur son propre patrimoine et voir sa fortune personnelle servir au paiement de la dette contractée par la communauté envers sa femme ; de plus, par le remploi, l'immeuble passe aux risques et périls de celle-ci, tandis que les deniers étaient auparavant à ceux de la communauté et par suite du mari.

Enfin pour chacun des époux, la substitution d'un bien à un autre peut offrir des avantages. C'est pour le conjoint pro-

la tutelle ne s'ouvrait que durant le mariage, l'hypothèque de la femme primerait celle du mineur, pour la restitution de ses apports matrimoniaux et de ses créances contre son mari nées avant l'ouverture de la tutelle ; mais elle serait primée par le mineur pour les successions et donations qui lui adviendraient postérieurement à cette date, car l'hypothèque du mineur prend rang, pour toutes les sommes à lui dues par son tuteur, du jour où celui-ci est entré en fonctions, tandis que l'hypothèque de la femme étant, en quelque sorte successive, ne prend rang qu'aux diverses dates où sont nées les différentes créances. Quant à l'hypothèque judiciaire, on comprend sans peine, qu'étant générale et sortant son effet du jour où le jugement est devenu définitif, elle puisse, soit avant le mariage, soit au cours de celui-ci, primer les sûretés données à la femme. Nous croyons, à l'aide de ces exemples qui pourraient être multipliés, avoir suffisamment démontré combien, dans certains cas, le recours de la femme sur les biens de son mari peut être inefficace (V. art. 2135 C. civ.)

priétaire et non pour la communauté que l'immeuble augmentera de valeur ; les époux pourront aussi quelquefois remplacer
un bien peu productif et d'une exploitation difficile par un autre
donnant des revenus plus considérables ou plus faciles à re-
couvrer. Inutile de chercher à prouver combien le mari et la
femme auront intérêt à une semblable transformation.

Il semble que de tels avantages auraient dû faire admettre
de tout temps une disposition aussi utile ; il n'en fut rien cependant, ainsi que nous allons le voir en étudiant les différentes phases qu'a traversées l'institution du remploi.

PREMIÈRE PARTIE

ANCIEN DROIT FRANÇAIS.

CHAPITRE Ier.

HISTORIQUE. — NOTIONS GÉNÉRALES.

SOMMAIRE :

1. — Terminologie et définitions.
2. — Le remploi n'existait pas à Rome ; seule une institution ayant quelques-uns des caractères de l'emploi du Droit français y était connue.
3. — Le remploi était peu usité dans la législation antérieure à la réformation des coutumes.
4. — Réforme tentée par Dumoulin et introduite dans la coutume de Paris.
5. — Cette innovation s'étend ensuite à d'autres coutumes.
6. — Parallèle entre le remploi légal et le remploi actuel.
7. — Le remploi des biens aliénés et l'emploi des deniers appartenant à l'un des époux, était une application de la théorie de la subrogation des propres.
8. — Double déclaration requise pour que le remploi ou l'emploi puisse s'effectuer.
9. — Quelques coutumes toutefois exigeaient en outre d'autres déclarations.

1. — L'une des préoccupations du législateur doit être d'employer des termes dont la signification soit précise et bien délimitée, de façon à éviter toute équivoque. Cette règle si sage n'avait pas toujours été suivie dans notre ancien Droit

et nous allons trouver, à propos de l'institution dont nous commençons l'étude, l'exemple de termes divers exprimant la même idée, ou du même mot ayant des significations différentes.

Sous l'ancien Droit français, les mots : *récompenses, reprises, remploi, emploi,* eurent une signification à peu près analogue et furent souvent confondus. Peu à peu cependant, la terminologie devint plus précise et la synonymie de ces différents termes cessa pour faire place à la langue mieux faite de notre Droit actuel. Ainsi que nous allons le voir, du reste, cette transformation ne s'accomplit pas immédiatement. « Le mot de *récompense,* dit Renusson, se dit ordinairement pour les dettes des conjoints, par eux dues avant leur mariage, qui ont été acquittées pendant leur communauté, ou pour les augmentations faites sur l'héritage propre de l'un ou de l'autre des conjoints. » (C'est ce que l'on entend actuellement par récompense due à la communauté) (1). Quant aux mots *remploi* et *reprise,* on tendait souvent à les confondre ; quelques auteurs cependant cherchèrent à réagir contre cet abus. « On dit reprise ou remploi des propres aliénés, comme étant ces deux termes synonymes ; quelques-uns néanmoins veulent faire différence entre ces deux termes : ils disent *reprise* lorsqu'il s'agit des deniers dotaux de la femme et particulièrement de ce qu'elle a mis dans la communauté, lorsqu'il y a clause par son contrat de mariage qu'elle pourra renoncer à la communauté et, renonçant, reprendre. Ils disent *remploi* quand il y a eu des propres aliénés. » (2).

(1) Renusson. — Traité de la Communauté, 2° partie, Ch. III, n° 6, p. 132. Edition de 1780.

(2) Renusson. — Traité de la Communauté, n° 1, p. 132, *ibid.*

Par conséquent, pour la majorité des auteurs de cette époque, le mot remploi avait encore une double signification : celle que nous donnons actuellement au même terme et celle de récompense due par la communauté aux conjoints ; tandis que les créances que celle-ci avait contre eux s'appelait plus spécialement *récompense*. Le remploi du Code civil était encore désigné d'une autre façon, on l'appelait aussi *emploi* ou *remploi actuel* ; par conséquent, la même idée était exprimée par trois termes qui avaient en même temps d'autres significations, c'était la confusion.

Nous n'avons pas à nous occuper spécialement de la théorie des récompenses, que nous rencontrerons, du reste, maintes fois, au cours de cette étude. Notre attention doit, au contraire, se porter particulièrement sur le remploi organisé par les articles 1434 et 1435 du Code civil et sur les nombreuses questions auxquelles ces textes donnent naissance. Nous allons immédiatement commencer notre étude par l'examen des différentes phases qu'a traversées la théorie du remploi.

2. — Nous ne trouvons pas, dans le Droit romain, trace d'une institution analogue au remploi sous le régime de la communauté, et cela pour deux raisons : d'abord le régime de communauté, tel que nous le concevons aujourd'hui, n'existait pas à Rome ; le régime matrimonial adopté alors étant celui de la dotalité ; nulle part, en effet, nous ne voyons, ni dans les textes de l'époque classique, ni dans ceux du Droit de Justinien, une institution ayant quelque ressemblance avec notre communauté, dont l'origine paraît se trouver, pour les uns, dans le Droit celtique ou gallique, pour d'autres, au contraire, dans le Droit des tribus germaines qui vinrent se

fixer en Gaule, au moment de l'invasion. Un autre motif
s'oppose encore à ce que nous rencontrions à Rome la théorie
du remploi : c'est que d'abord, sous Auguste, le fond dotal,
quoique étant aliénable avec le consentement de la femme, il
n'était pas dans les mœurs d'employer le prix en provenant à
l'acquisition d'un autre immeuble destiné à le remplacer :
nulle part on ne trouve trace d'un pareil souci ; et, qu'en second lieu, sous Justinien, les immeubles dotaux étant frappés
d'inaliénabilité, il ne pouvait être question de remploi.

Mais si nous ne rencontrons à Rome, ni communauté, ni,
par suite, remploi sous ce régime, nous trouvons, sous le régime dotal, une institution qui offre avec notre emploi actuel
certaines analogies et qui peut en être considérée comme l'origine. Julien, en effet (L. 21, Lib. XXIII, tit. 4. De pactis
dotalibus. Dig.), s'exprime ainsi : « Si mulier, dotes causa, pro-
miserit certam summam, et, pro ea, mancipia in dotem dederit,
ea conditione : *ut periculo ejus essent, et si quid ex his na-
tum esset ad eam pertineat* ; stari pacts convento oportebit. »
Le mari était donc débiteur d'une somme d'argent, c'est-à-dire
d'un genre qui ne peut périr ; par le fait du pacte, il le devient
d'un corps certain, lequel passe aux risques et périls de la
femme. Scœvola, dans la loi 29, au même titre, nous offre un
autre exemple : ce sont des *prœdia æstimata*, c'est-à-dire, pouvant être vendus et, par suite, transformés en argent, qui deviennent, par un pacte conclu au cours du mariage, *inæstimata*, et par suite, passent encore, comme dans la précédente
hypothèse, aux risques et périls de la femme. Or, qui ne voit
quelle ressemblance existe entre ces faits et l'*emploi* du Droit
français ? De part et d'autre, n'est-ce pas la substitution d'un
corps certain à ce qui avait auparavant nature de somme d'ar-

gent? Et ce n'est pas seulement à cette époque qu'on rencontre
une pareille opération, car Cicéron (Pro Cœcina) nous montre
un mari colloquant sur un fonds immobilier le montant de la
dot de sa femme, afin d'en assurer la restitution d'une façon
plus efficace et plus sûre ; il dit, en effet, : « Cum uteretur
dote uxoris numerata quo mulieri esset res cautior curavit
ut, in fundo dos collocaretur. » L'origine de l'emploi paraît
donc remonter jusqu'au Droit classique de la législation romaine.

3. — Si nous passons maintenant à notre ancien Droit, à
celui qui régissait la France avant la réformation des coutumes, nous n'y trouvons aucune disposition analogue au
remploi, des articles 1434 et 1435. La règle alors admise était
que les époux sont communs en biens meubles. Appliquant ce
principe et le poussant jusqu'à ses conséquences les plus rigoureuses, on en concluait que les deniers provenant de la
vente d'un immeuble propre, ayant une nature essentiellement mobilière, devaient, comme tous les autres meubles,
tomber en communauté et, à la dissolution de celle-ci, être
partagés par moitié entre chacun des époux. On ne pouvait
déroger à ce principe qu'en vertu d'une disposition législative
formelle ou d'une convention expressément stipulée. Or les
anciennes coutumes, et en particulier celle de Paris, ne contenaient à cet égard aucune règle restrictive du droit commun ;
le remploi n'était donc pas dû en vertu de la loi. Quant à la
convention, c'était un moyen souvent inefficace ; car la négligence ou l'imprévoyance des parties faisait qu'on ne songeait
guère à insérer dans le contrat de mariage une clause obligeant les époux à consacrer à l'acquisition d'autres immeubles,
devant être propres à l'époux aliénateur, la somme provenant

du bien aliéné, de sorte que, bien souvent, le prix du propre vendu devenait commun (1). Cette législation avait, pour la femme surtout, des conséquences désastreuses, car, sous l'empire des obsessions de son mari, elle consentait à des aliénations qui, en l'appauvrissant de la moitié du prix de l'immeuble aliéné, enrichissaient d'autant son conjoint. De là d'amères critiques, trop fondées malheureusement, et dont on trouve comme un résumé dans ce brocard de Loysel : « Le mari ne peut se lever assez matin pour vendre les biens de sa femme. »

On conçoit dès lors quelle importance on donna, dans la pratique, aux clauses qui obligeaient les époux à opérer le remploi du prix de leurs propres aliénés ou qui exigeaient que, si cette condition n'était pas remplie, récompense fût due par la communauté à l'époux aliénateur ; c'est là l'origine de notre sujet.

Il devait, du reste, en être ainsi et l'ancien Droit ne pouvait subsister bien longtemps, car une disposition légale qui entraîne des conséquences aussi injustes doit, tôt ou tard, se transformer et faire place à une législation plus équitable. C'est ce qui arriva ici. Dumoulin, frappé des inconvénients de

(1) Lebrun (Traité de la Communauté. Liv. III, ch. II, sect. I, dist. II, n° 8). Cette doctrine était de plus en opposition flagrante avec l'esprit du Droit coutumier, lequel étant inspiré par un esprit éminemment conservateur, cherchait avant tout, à faire retourner aux familles les biens qui en provenaient et ne permettait le partage que des choses acquises en commun. Lebrun dit en effet : « On a considéré pour cela (Raison du remploi de plein droit, *loc. cit.*) que, naturellement, les propres ne sont pas destinés à entrer dans la communauté qui n'est composée que des meubles et des fruits du travail commun et des fruits des immeubles.

ce système, essaya de l'améliorer. L'origine de la réforme, dont il se fit le promoteur, se trouve dans une note que ce jurisconsulte écrivit sur l'article 238 de la coutume de Bourbonnais, note ainsi conçue : « Maritus etiam poterit, ex intervallo, bonam fidem agnoscendo, recompensare uxorem. » Ainsi, alors qu'aucune clause du contrat de mariage n'oblige les époux à faire le remploi, alors même que, lors de la vente, il n'avait pas été convenu non plus qu'un autre immeuble serait acquis avec les deniers provenant du prix du propre aliéné, le mari pouvait *ex intervallo*, en reconnaissant que l'intention des parties n'a pas été d'enrichir la communauté du prix de vente, déclarer vouloir en indemniser sa femme, ou employer le prix obtenu par la vente à l'acquisition d'un bien qui lui restera propre. Remarquons, du reste, que cette reconnaissance du mari n'est soumise à aucune condition de délai ou de solennité et qu'elle peut être faite même dans un testament : « Maritus poterit etiam ex intervallo, bonam fidem agnoscendo etiam in testamento, recompensare uxorem. » (Art. 238 coutume de Blois).

Il faut pourtant reconnaître que, si juste que puisse paraître l'innovation tentée par Dumoulin, elle ne fut pas consacrée par la jurisprudence de cette époque. Et cependant il faut encore remarquer que si la théorie alors admise était en opposition avec l'équité, elle était aussi en contradiction avec un principe qu'on considérait comme en étant la conséquence : la prohibition des avantages entre époux, si ce n'est par don manuel (art. 156 de la coutume de Paris). Or, avec la doctrine admise à cette époque, rien n'était plus facile que de tourner la prohibition dont nous venons de parler. L'époux qui voulait avantager son conjoint vendait un de ses propres, le prix tombait en communauté et à la dissolution de celle-ci, par la force même des choses, l'autre époux bénéficiait de la moitié du prix du propre aliéné. Enfin Lebrun invoque encore une autre raison pour faire admettre la réforme de Dumoulin et par suite la théorie du remploi qui en est la conséquence : « C'est, dit-il, le seul moyen de conserver aux femmes de quoi subsister (1). »

4. — Les lois ne se modifient pas en un jour. Inspirées et dictées par les mœurs (2), naissant des besoins que révèlent chaque jour la pratique et les relations des hommes vivant en société, elles se transforment peu à peu. Une législation dont les inconvénients graves se font sentir, est sans cesse battue en brèche par les contractants, qui tendent par des clauses spéciales, insérées dans leurs conventions, à tourner la loi ; ces clauses, peu usitées d'abord, deviennent plus fréquentes. Considérées à l'origine, comme élément accidentel du contrat, elles tendent bientôt, par leur insertion sans cesse répétée, à sembler faire partie de sa nature. La jurisprudence, plus encore que la doctrine, prête son concours à l'innovation ; c'est qu'en effet, mis sans cesse en présence des difficultés que font naître les affaires, les magistrats sont plus à même que tous autres de comprendre et d'apprécier les transformations devenues nécessaires : ils les consacrent dans leurs arrêts, leurs décisions font loi jusqu'au jour où le législateur, reconnaissant l'utilité d'une telle modification, lui donne force légale en la santionnant. Ce fait général de la transformation des lois,

(1) Lebrun. — Traité de la Communauté, loc. cit.

(2) ..... Quid leges sine moribus
Vanæ proficiunt (Horace. Od III, 24).

qu'on rencontre dans toutes les législations, se produisit ici. L'innovation tentée par Dumoulin ne fut pas tout d'abord acceptée, les clauses de remploi furent alors insérées dans les contrats de mariage, leur utilité les y rendit bientôt fréquentes, sinon générales. La jurisprudence intervint alors et les Parlements décidèrent que, même en l'absence de toute stipulation de remploi, celui-ci devrait avoir lieu en cas d'aliénation forcée ou d'expropriation d'un bien appartenant à l'un ou à l'autre des époux. On admit ensuite que, même en dehors de ce cas, le remploi devrait toujours être fait au profit de la femme parce que, étant sous la puissance de son mari, et pouvant céder aux obsessions de celui-ci, elle avait besoin d'une protection plus énergique. Arriva ensuite, en 1580, la réformation des coutumes ; dans celle de Paris, fut inséré un article, le 232ᵉ, relatif au sujet qui nous occupe ; ce nouvel article est ainsi conçu : « Si durant le mariage est vendu aucun héritage ou rente propre appartenant à l'un ou à l'autre des conjoints par mariage, ou si ladite rente est rachetée, le prix de la vente ou rachat est repris sur les biens de la communauté au profit de celui auquel appartenait l'héritage ou rente, encore qu'en vendant, n'eût été convenu de remploi ou de récompense et qu'il n'y ait aucune déclaration sur ce fait. » Comme on le voit par la généralité des termes de cet article, le remploi est dû ici aussi bien au mari qu'à la femme. D'autres coutumes, au nombre desquelles nous rencontrons celles d'Orléans et de Calais, adoptèrent la réforme contenue dans l'article 232 de la coutume de Paris (1).

5. — L'innovation toutefois ne fut pas générale et plusieurs

---

(1) Ferrière. — Coutume de Paris, t. II sous l'art. ccxxxii.

coutumes n'admirent pas la réforme introduite dans celles que nous venons de citer. Une distinction est toutefois ici nécessaire. Certaines coutumes prohibaient formellement le remploi, s'il n'avait été expressément stipulé dans le contrat de mariage ou lors de l'aliénation. D'autres, au contraire, étaient complètement muettes à cet égard.

Parmi les premières, on rencontre celle de Bourbonnais (art. 238), Metz (tit. VI, art 11), Sens (art. 285), Bar (tit. VII, art. 83), Blois (art. 165). Devait-on ou non, en face des dispositions de ces coutumes admettre le remploi légal ? Lebrun (1) admet l'affirmative. Benusson (2) est d'une opinion contraire, et la doctrine qu'il enseigne semble avoir été admise par la jurisprudence de cette époque.

Quant aux coutumes qui ne contenaient sur le remploi aucune disposition, soit impérative, soit prohibitive, la jurisprudence hésita quelque temps (3) ; mais elle finit par appliquer la disposition de l'article 232 de la coutume de Paris. La ré-

(1) Lebrun, Traité de la communauté, liv. III, ch. II, sect. 1, dist. II, n° 19, cité à l'appui de la doctrine qu'il défend, l'arrêt des Arondeaux du 16 mai 1629, rendue sous la coutume de Blois. On ne doit pas toutefois considérer ce document de jurisprudence comme faisant loi et en voici la raison : la coutume de Blois se montrait, relativement au remploi, beaucoup moins sévère que les coutumes indiquées au même paragraphe. Coquille, sur la coutume de Nivernais, rapporte en effet l'article 164 de la coutume de Blois, lequel est ainsi conçu : « Si constant le mariage de deux conjoints, l'un vend son héritage propre, l'autre des conjoints peut accorder au vendeur que les deniers qui en proviennent seront employés en héritage qui sera propre du vendeur ou que les deniers seront premiers pris par le vendeur ou ses hoirs après le décès de l'un d'eux. »

(2) Renusson, Traité des propres, chap. IV, sect. III, n° 9.

(3) Renusson, cod. loc., n° 12.

forme fut d'abord introduite dans les coutumes qui défendaient les avantages entre époux, parce qu'il y avait même
raison que dans la coutume de Paris ; on l'admet plus difficilement au contraire dans les coutumes qui permettaient aux
conjoints de s'avantager pendant le mariage, car dans ce cas
l'époux vendeur usait de son droit : *donasse videbatur*. Toutefois, ici encore la réforme finit par triompher. Lebrun (1)
invoque à l'appui de cette doctrine les motifs qu'il fait valoir
en faveur du remploi de plein droit. Pothier (2) nous dit qu'on
avait pendant quelque temps suivi l'ancien Droit, « mais depuis, ajoute-t-il, cette disposition de la coutume de Paris a été
étendue à toutes les coutumes. Cette disposition de la coutume
de Paris est principalement fondée sur ce principe : qu'il n'est
pas permis à l'un des conjoints par mariage d'avantager l'autre
à ses dépens durant le mariage. » Enfin Renusson (3) complète
les motifs déjà invoqués par Lebrun et Pothier : « La raison
sur laquelle on s'est fondé est que si les conjoints veulent s'a-
vantager dans ces coutumes, ils le peuvent faire par des dispositions expresses... Mais quand il n'y a point eu de dispositions expresses, on présume qu'ils n'ont point voulu donner...
Autrement les contrats d'aliénation et les contrats de vente seraient des donations qu'il faudrait insinuer. »

Les coutumes prohibant les avantages entre époux permettaient le remploi. Celles au contraire, qui toléraient les donations *inter conjuges*, ne l'autorisaient que s'il avait été stipulé

(1) Lebrun, cod. loc., n° 8.

(2) Pothier, Traité de la communauté, 4e partie, ch. I, art. 1er,
n° 585.

(3) Renusson, Traité de la communauté, n° 13.

dans le contrat de mariage ou lors de l'aliénation ; telle est la distinction que nous avons suivie ; mais à côté de celle-là, il en existait une autre : l'aliénation avait-elle été forcée ? remploi était dû. Etait-elle volontaire ? le prix était, sans récompense, acquis à la communauté. D'autres voulaient, au contraire, qu'en cas d'aliénation des biens de la femme, il fût fait remploi du prix, alors qu'aucune stipulation ou déclaration n'avait rendu celui-ci obligatoire. Quant au prix des propres du mari, ils tombaient purement et simplement en communauté. On finit toutefois par lui accorder, comme à sa femme, le droit d'en opérer le remploi (1).

Duplessis (2) propose une autre distinction. Le remploi est toujours dû à la femme. « Quant à celui du mari, ajoute cet auteur, je distingue. Dans les coutumes qui portent prohibition aux conjoints de s'avantager, cette seule disposition est suffisante pour établir la nécessité du remploi de part et d'autre ; mais dans celles qui permettent aux conjoints de se faire des donations pendant le mariage, je tiens que le remploi n'a pas lieu sans stipulation ou réserve en vendant ». Cette distinction ne semble pas avoir prévalu (3).

(1) Duplessis. Œuvres complètes. Traité de la communauté des biens, édition de 1726, liv. II, chap. IV, sect. II, page 445.

(2) Duplesssis. *Loc. cit.*

(3) On trouve dans les écrits de Bouhier, président du Parlement de Bourgogne, la confirmation de ce que nous avancions plus haut relativement à la transformation que fait subir aux lois la jurisprudence inspirée par les nécessités sociales. L'auteur que nous citons dit en effet à propos du sujet qui nous occupe : « L'on a vu ci-dessus que l'action de remploi sur les biens du mari, prétendue par la femme pour ses propres qui avaient été aliénés pendant la communauté conjugale, était entièrement opposée à l'esprit de l'ancien Droit cou-

6. — Le droit au remploi du prix d'un propre aliéné fut donc admis pour chacun des époux. Il semble dès lors que les clauses de cette nature, insérées dans les contrats de cette nouvelle époque, devinrent de véritables clauses de style dénuées de tout effet juridique. Il n'en fut rien cependant. Le remploi qu'admettait la jurisprudence de ce temps, appelé *remploi légal*, n'était qu'un droit à une *récompense*, d'une valeur égale au prix du propre aliéné, un simple droit de créance, soumis à toutes les vicissitudes pécuniaires de la société conjugale, et qui pouvait devenir illusoire si celle-ci, au moment de sa dissolution, ne renfermait aucun actif. La clause du remploi, insérée dans les contrats de mariage, avait pour effet de forcer le mari à remplacer par un bien d'une valeur équivalente celui qui avait été aliéné. Un droit de propriété, délimité et certain, opposable à tous, un droit réel, en un mot, avec toutes les énergiques garanties qui le sanctionnent, se substituait au droit de créance, soumis à tant d'éventualités fâcheuses. C'était le *remploi actuel* ; il pouvait appartenir aussi bien au mari qu'à la femme.

Des différences que nous allons immédiatement faire ressortir existaient entre le *remploi légal*, ou droit à la récom-

tumier et à ce qui se pratiquait en ce parlement, il y a un siècle. Mais enfin la fréquence des stipulations de remploi dans la plupart des contrats de mariage, jointe à son équité et à l'exemple de la coutume de Paris, nous a insensiblement accoutumé à voir cette action de meilleur œil, à l'étendre aux cas où elle n'était pas stipulée. On en trouvera la preuve dans ceux qui ont traité du dernier état de notre jurisprudence et l'on n'en doute plus aujourd'hui ». (Rouhier, œuvres, tome 1er, page 448 ; Observations sur la coutume du duché de Bourgogne, chap. XIII, no v.

6

pense, et le *remploi actuel* ou plus simplement *remploi* ; elles ont leur origine dans les caractères qui séparent le droit de propriété du simple droit de créance, combinés avec les principes du contrat de mariage en ce qui touche l'administration de la communauté.

REMPLOI ACTUEL.

1° La femme est propriétaire du fonds acheté par remploi ; elle n'a pas à redouter la saisie de ce bien par les créanciers du mari.

2° Du jour où le remploi est accepté, l'héritage acquis sous cette modalité est aux risques et périls de la femme ; il augmente ou diminue de valeur ou même périt pour son compte, sans aucun recours contre le mari ou la communauté.

REMPLOI LÉGAL.

1° La femme n'est que créancière, par suite, il peut se faire que, malgré son hypothèque légale, son recours soit illusoire, car son hypothèque, qui prend rang au jour de la célébration du mariage ou au jour où sa créance a pris naissance (1), peut être primée par l'hypothèque antérieure d'un autre créancier.

2° La femme ne peut espérer aucune plus-value; elle n'a pas non plus à redouter les chances de détérioration ou de perte. Créancière d'une somme d'argent égale au prix de son propre vendu, elle n'a jamais d'action que jusqu'à concurrence de ce prix.

(1) Voir Introduction, note, page 3.

REMPLOI ACTUEL.

3° Le mari ne peut disposer de l'immeuble acquis en remploi sans le consentement de sa femme ; il n'a sur lui aucun pouvoir et ne peut qu'en percevoir les fruits pour le compte de la communauté qu'il administre.

4° Après la dissolution de la communauté, l'immeuble acquis en remploi se partageait entre les enfants de la femme, dans des proportions variables. — Il fallait tenir compte du droit d'aînesse.

REMPLOI LÉGAL.

3° Administrateur et maître de la communauté, le mari a un droit de disposition à peu près illimité sur les biens communs, et comme le prix du propre vendu, chose essentiellement mobilière, tombe en commuuauté, le mari peut en user sans contrôle.

4° Les meubles se partageaient par égales portions entre les enfants, or, l'action en remploi étant mobilière, appartenait par parts égales à chacun des enfants.

7. — Si le remploi actuel, malgré ces divergences, a une connexité manifeste avec la théorie des récompenses, il a des points de contact, non moins sensibles avec la théorie de la subrogation des propres dans notre ancien Droit.

Le but de cette fiction de la subrogation était de maintenir dans les familles les biens qui en provenaient, d'empêcher leur disparition du patrimoine de celles-ci, et si ce fait pourtant venait à se produire, de chercher, par un moyen énergique, à maintenir l'intégrité du patrimoine en substituant, au bien qui avait été aliéné, une autre chose destinée à le remplacer ; autant que faire se pouvait, on donnait à ce nouveau

bien les caractères essentiels de la chose disparue, on lui attri-
buait la nature que celle-ci aurait eue si elle était restée aux
mains du propriétaire originaire. C'était, en un mot, une substitution, ou pour être plus exact, une subrogation d'une chose
à une autre.

Reconnue et sanctionnée pour les propres de succession,
cette théorie était encore admise pour les propres de communauté et elle recevait son application dans deux circonstances :
acquisition d'un bien en échange d'un autre, acquisition
d'une chose avec les deniers provenant du prix du propre
aliéné (1).

Malgré l'assimilation établie entre ces deux cas, on est
forcé de reconnaître que des différences assez profondes les sé-
paraient. Que dans l'échange, le bien nouvellement acquis
soit subrogé à la chose aliénée, cela se comprend sans peine ;
il y a là une opération unique : l'objet nouvellement acquis
vient immédiatement, sans intervalle, remplacer celui qui a été
aliéné ; l'acquisition nouvelle a pour cause directe et immédiate l'aliénation qui vient d'avoir lieu. Il n'en est pas de
même, au contraire, dans la seconde hypothèse, celle où une
chose est acquise avec les deniers provenant de la vente antérieure, éloignée peut-être, d'un autre objet ; car d'abord, rien
ne prouve que l'acquisition nouvelle est payée avec les deniers
versés par l'acquéreur de la chose primitivement vendue,
cela fût-il même établi d'une façon irréfutable, rien ne
permet de croire que l'acquisition est faite au profit du propriétaire du bien aliéné, et pour lui en tenir lieu. « Il est
certain, dit d'Aguesseau (27e plaidoyer), que dans les règles

(1) Pothier. Traité de la Communauté, 1re partie, no 197.

du Droit, celui dont les deniers sont employés à acquérir un héritage n'en devient point propriétaire. »

Or, la fiction, portant atteinte à l'ordre habituel des faits et créant un nouvel état de choses, doit être interprêtée restrictivement et remplir, pour pouvoir s'appliquer, toutes les conditions auxquelles elle est subordonnée. Rappelant ce principe, Renusson (1) déclare que la fiction de subrogation n'avait aucun effet « hors les cas prévus par la loi ou par la convention. » Par conséquent, relativement à notre étude et en exécution des dispositions de la loi sur ce sujet, cette fiction ne devait recevoir son application que si l'acte d'acquisition mentionnait le nouveau bien comme acquis avec les deniers provenant de la vente du propre aliéné et pour tenir lieu de ce propre.

Des règles identiques régissaient un autre fait : l'emploi, qui a avec le remploi la plus grande analogie ; il était, en effet, admis dans notre ancien Droit, que si la loi peut faire des propres, le contrat de mariage a une semblable puissance ; dès lors, on rencontrait souvent, sous le Droit coutumier, des contrats où il était stipulé que tel objet mobilier, par exemple, telle somme d'argent, aurait nature de propre. Cette somme était-elle employée avec les deux conditions que nous venons de relater, l'immeuble qui en était acquis restait propre à celui qui avait apporté les deniers, lesquels, par l'énergie de la stipulation dont nous venons de parler, ne tombaient pas en communauté et restaient immeubles par destination (art. 93 de la coutume de Paris). Pothier (art. 19 de la coutume d'Or-

---

(1) Renusson. — Traité des propres, chap. I, sect. x n° 2.

léans), admettait cette théorie, que défendait également Duplessis (1) et Coquille (2).

L'admission de cette fiction avait toutefois fait naître des doutes dans l'esprit des auteurs et des juriconsultes sur le point de savoir si, à la dissolution de la communauté, ces propres par subrogation conservaient leur nature et devaient être considérés comme des immeubles, ou si, au contraire, ils reprenaient leur caractère de meubles et devaient, comme tels, se partager entre les héritiers mobiliers. Des discussions et des arrêts en sens divers, que nous ne pourrions relater ici sans nous écarter du cadre de cette étude, avaient laissé planer le doute sur cette question ; elle fut cependant résolue conformément à la réalité des faits, par des décisions déclarant que ces propres reprenaient leur nature mobilière.

Il est toutefois à remarquer que cette stipulation de propres ne pouvait contraindre le mari à acheter des héritages avec les deniers donnés sous cette condition ; elle les empêchait seulement de tomber en communauté, à moins que le mari ne fût obligé à acquérir des immeubles, auquel cas il devait remplir cet engagement.

8. — Le fait qu'un bien avait été aliéné, qu'un autre bien avait été acquis ultérieurement, même avec les deniers provenant du prix de vente, ne suffisait pas, à lui seul, pour que la chose nouvellement achetée le fût par remploi et comme telle devînt propre à l'époux dont le patrimoine se trouvait

(1) Duplessis. — Traité de la Communauté, tit. II, ch. IV, sect. II.

(2) Coquille. — Sur la coutume de Nivernais des Droits des mariés, institution au droit des Français, p. 70.

diminué par l'aliénation primitive. Certaines déclarations, que nous allons étudier, étaient en outre exigées pour arriver à un tel résultat. Nous trouvons la preuve de ce fait dans les écrits de plusieurs jurisconsultes coutumiers. Duplessis (1), dans son Traité de la Communauté, dit en effet : « Pour former le remploi, il faut que le mari, par le contrat d'acquisition qu'il fait, déclare que c'est des deniers stipulés propres à lui ou à sa femme, ou provenant de tel propre de lui ou d'elle vendu, ou de telle rente propre rachetée, et qu'il stipule en même temps que ces héritages ou rentes, nouvellement acquis, demeureront propres à celui-là, pour lui servir de remploi, sans laquelle déclaration le mari et la femme ne sauraient prétendre le remploi sur cet immeuble. » Lebrun (2) n'est ni moins affirmatif, ni moins explicite : « Le mari fait le remploi, dit-il, en acquérant un autre héritage et faisant la déclaration que c'est des deniers de celui qui a été vendu auparavant, et pour tenir lieu de propre au conjoint du côté duquel était l'héritage aliéné. En effet, il ne suffit pas que les deniers aient été employés, il faut que la déclaration de remploi soit marquée de la part des conjoints. » Denisart n'est pas moins précis. Il exige une déclaration d'origine des deniers, il veut ensuite l'intention formellement exprimée d'opérer le remploi. Renusson (3) ne se montre pas moins exigeant.

Il semble qu'en présence d'auteurs aussi nombreux et aussi précis, jouissant, de l'aveu de tous, d'une aussi grande auto-

---

(1) Duplessis.— Traité de la Communauté, tit. II, ch. iv, sect. ii.

(2) Lebrun. — Traité de la Communauté, liv. III, ch. ii, sect. Ire, dist. ii, no 69.

(3) Renusson. — Traité des propres, ch. IV, sect. v, no 1.

rité, aucune discussion n'ait pu se produire relativement aux déclarations exigées pour la valadité du remploi ; il n'en est rien cependant et ici comme sur beaucoup d'autres points des doutes se sont élevés dans l'esprit des auteurs. Un passage de Pothier (1) leur a donné naissance. Ce jurisconsulte écrit en effet : « Lorsque j'achète pendant la communauté un héritage avec déclaration que c'est des deniers qui m'étaient propres, *putà*, ou qui provenaient du prix de la vente que j'avais précédemment faite durant la communauté d'un héritage propre, *ou* lorsqu'il est dit que c'est pour me tenir lieu de remploi du prix de cet héritage, l'héritage acquis avec cette déclaration, quoique acquis durant la communauté, a, par la subrogation, la qualité de propre de communauté, qu'avaient les deniers provenus du prix de la vente de mon héritage. »

Par conséquent, tandis que Duplessis, Lebrun, Denisart et Renusson exigeaient dans l'acte deux déclarations : origine des deniers, volonté clairement manifestée de faire par le remploi un propre de la chose nouvellement acquise ; Pothier se contente d'une seule de ces déclarations et chacune d'elles prise isolément a, selon lui, une énergie suffisante pour faire du bien acheté avec cette mention un propre de communauté destiné à maintenir l'intégrité du patrimoine de l'époux aliénateur. De là est né le doute.

Il nous semble toutefois qu'on a donné à ce passage de Pothier une importance qu'il ne comporte pas réellement, et voici pourquoi. Dans le paragraphe 197, où il expose la théorie de la subrogation des propres et ses effets, cet auteur indique

(1) Pothier.—Traité de la Communauté, 1re partie, ch. II, no 198.

par quel mécanisme on peut arriver à ce résultat, quels objets en sont susceptibles. Prenant ensuite un exemple dans lequel la fixion reçoit son application, Pothier voit dans le remploi matière à étudier sa théorie; mais ce n'est pas le remploi qu'il examine spécialement, c'est la théorie de la subrogation qu'il analyse. On comprend dès lors qu'il n'ait pas attaché aux conditions exigées pour la validité du remploi toute l'attention que pouvait réclamer leur examen puisque, à ce moment, elles n'étaient pas l'objet principal de son étude. De plus, la théorie émise par ce jurisconsulte étant en contradiction avec celle des autres auteurs, il n'est pas probable qu'il ait ignoré ce fait et il semble alors étrange que voulant faire disparaître une donnée qu'il croit fausse, il se borne à indiquer sa doctrine sans essayer de la faire triompher, but qu'il eût cherché à atteindre en prenant un à un les arguments de ses adversaires, en les exposant et les discutant pour les réfuter ensuite, si cela était possible. Cette façon d'agir de Pothier est d'autant plus étonnante que, sur d'autres points de la théorie du remploi, où il professe une opinion différente de celle de ses contemporains ou de ses devanciers, cet auteur combat dans une discussion approfondie les arguments présentés par ceux-ci.

Ce serait du reste aller plus loin que ce jurisconsulte et lui prêter une théorie qu'il n'a point enseignée, que de considérer, dans tous les cas, comme suffisante pour l'acquisition par remploi, la simple déclaration de l'origine des deniers en faisant insérer dans l'acte qu'ils sont propres à l'un des époux. Nous trouvons la preuve de ce fait en opposant Pothier à Pothier lui-même. Dans sa coutume d'Orléans, il dit en effet (1) : « Lorsque

(1) Pothier. Cout. d'Orléans, tit. X, ch. 1. De la Communauté coutumière, art. 1, n° 19.

le mari acquiert durant le mariage de ses deniers stipulés propres ou provenus de son propre, un héritage; si, par le contrat, il fait déclaration qu'il l'acquiert *pour lui tenir lieu d'emploi de ses deniers propres*, l'héritage lui sera propre. » Dans son traité de la communauté, il se place toujours, à propos du remploi, dans l'hypothèse que la déclaration est faite « pour tenir lieu de remploi ». C'est donc à la première déclaration que s'attache Pothier, c'est-à-dire à l'intention d'effectuer le remploi. La déclaration de l'origine des deniers ne suffira pour l'opérer que si elle est corroborée par d'autres circonstances, tendant à établir que telle a bien été l'intention des parties, et cela arrivera souvent, car aucune forme sacramentelle n'est exigée pour prouver que les conjoints ont entendu faire une acquisition par remploi (1).

Par conséquent, la doctrine de Pothier nous semble pouvoir se résumer en ces deux propositions : 1° la déclaration de l'intention d'effectuer le remploi est suffisante pour que celui-ci s'opère ; 2° quand l'origine des deniers aura seule été indiquée, il faudra, pour que le bien soit propre à l'époux aliénateur, la preuve résultant des termes de l'acte que l'acquisition a été faite en vue du remploi.

Donc, d'après la généralité, on pourrait presque dire l'unanimité des auteurs, puisque Pothier paraît seul avoir professé l'opinion qu'il émet, deux déclarations sont nécessaires : 1° intention d'effectuer le remploi ; 2° mention de l'origine des deniers. Aucune forme sacramentelle n'était imposée pour

---

(1) Pothier, Traité de la communauté, n° 202, indique une hypothèse particulière, où la déclaration d'origine des deniers a été jugée suffisante. Ce fait, étant une exception, vient plus énergiquement encore confirmer la règle générale.

faire connaître l'intention d'acquérir par remploi, il suffisait que la volonté des parties fût clairement exprimée ; on pouvait même avoir recours à des équipollents. Quant à la seconde déclaration, celle de l'origine des deniers, il n'aurait pas suffi de relater que l'acquisition était faite de sommes appartenant à l'un des époux, il fallait préciser leur origine en déclarant, soit qu'ils avaient été stipulés propres dans le contrat de mariage, soit qu'ils provenaient de la vente de tel bien ou de telle rente (1). C'eût été toutefois exagérer cette doctrine que d'exiger l'*identité* des deniers, aussi l'ancien Droit n'a-t-il jamais poussé le rigorisme jusque-là.

9. — Les déclarations que nous venons de mentionner étaient-elles les seules exigées par les coutumes, ou bien l'époux aliénateur devait-il déclarer, lors de la vente, semblant ainsi préparer le remploi, que les deniers formant le prix de vente seraient consacrés à l'acquisition d'un autre immeuble destiné à remplacer le bien vendu ? C'est là un point sur lequel on rencontre des solutions diverses.

Certaines coutumes étaient affirmatives sur ce point, d'autres complètement muettes. Au nombre des premières, nous trouvons celle de Bourbonnais, dont l'article 239 dit : « affirmation devant être faite lors de la vente ou auparavant, pardevant le juge compétent ou pardevant deux notaires, du dessein d'acheter un autre immeuble en remploi. » Les deux déclarations mentionnées plus haut venaient compléter celle-

---

(1) Duplessis, Traité de la communauté, liv. II, ch. II, sect. II, est formel en ce sens : « Il faut, dit-il, que le mari... déclare que c'est de deniers *stipulés propres*, à lui ou à sa femme, ou provenant de *tels* propres de lui ou d'elle vendus ou de *telle* rente propre rachetée. »

ci et lui faire produire effet. Coquille (1) toutefois se montre plus rigoureux encore. Selon lui, l'acquisition du nouveau bien doit être faite « tôt après la vente... car la proximité du temps fait présumer que ce soient les mêmes deniers. » La coutume de Nivernais se montre aussi exigeante, « elle veut expressément, dit Renusson, que l'affirmation soit faite en justice et qu'elle soit faite non seulement au temps de l'aliénation, mais encore lors de l'acquisition » (2). La coutume de Melun (art. 224) ordonnait aussi la déclaration lors de la vente « et convient, dit cet article, que telles paroles soient dites devant notaire et juge compétent ; tellement que, si après la vendition du premier héritage, les paroles étaient dites, elles n'auraient aucun effet. » Les coutumes de Sens (art. 276 et 285), de Bar (t. V, art. 83), de Nivernais (ch. 23, art. 31) (3), demandent des affirmations à peu près semblables.

En présence de textes aussi précis, aucun doute n'est possible relativement aux coutumes que nous venons de citer ; la déclaration que nous avons indiquée plus haut y était donc exigée. En était-il de même dans les autres coutumes, muettes sur ce point ? Pothier, dont le peu de formalisme en cette matière nous est connu, n'en demandait aucune. Lebrun n'exige cette déclaration que dans les coutumes où elle est requise par un texte (4). Duplessis (5), plus explicite, dit bien

(1) Guy Coquille. Coutume du Nivernais, des Droits des mariés. Institution au Droit français, coutume du Bourbonnais.

(2) Renusson. Traité des propres, ch. I., sect. X, n° 31. — Comp. Lebrun, loc. cit. n° 70.

(3) Renusson, loc. cit.

(4) Lebrun. Traité de la Communauté, loc. cit. n° 70.

(5) Duplessis. Traité de la Communauté de biens, loc. cit. p. 447.

que les deux déclarations dont il est question plus haut suffisent pour le remploi effectué au profit du mari, mais que
pour celui opéré au profit de la femme, il faut de plus le consentement de celle-ci ; nulle part, il ne mentionne une déclaration à faire lors de la vente.

Renusson paraît professer, à première vue, une opinion
différente de celle des auteurs que nous venons de citer. Toutefois, un examen plus attentif de la question prouve que
l'espèce qu'il entend résoudre diffère de celle que nous étudions. Comme on se le rappelle, il existait dans l'ancien Droit
des propres de communauté et des propres de succession ; le
législateur s'était montré facile pour la constitution des premiers ; il exigeait, au contraire, des conditions plus rigoureuses pour celle des seconds, dès lors un bien pouvait être
propre de communauté sans être pour cela propre de succession : les deux premières déclarations suffisaient dans le premier cas, seule la troisième était exigée pour les propres de
succession qui sont propres d'une façon absolue. Or c'est jus-
tement sur cette dernière hypothèse que Renusson entend
raisonner et le rigorisme qu'il affecte s'explique facilement
par les graves conséquences qu'entraînait pour les héritiers le
point de savoir si un bien est propre ou non (1). La doctrine
des autres jurisconsultes reste donc entière, et Renusson, loin
de la combattre, vient lui prêter l'appui de son autorité.

Une remarque est ici nécessaire. C'est précisément dans
les coutumes qui n'admettaient pas le remploi, que nous
voyons exigée la dernière des trois déclarations indiquées
plus haut. Ce fait s'explique : sous les coutumes interdisant

(1) Renusson. Traité des propres, ch. IV, sect. v, nᵒ 2.

le remploi, le prix du propre vendu tombait sans récompense dans la communauté. En dehors de toute stipulation, pour que le remploi restât possible, il fallait une manifestation de volonté qui ne laissât aucun doute sur l'intention des parties. La déclaration faite à l'époque de la vente prévenait toute équivoque à cet égard et montrait clairement, chez l'époux aliénateur, l'intention de conserver l'intégrité de son patrimoine, en effectuant le remploi.

CHAPITRE II.

EMPLOI ET REMPLOI DES PROPRES DU MARI.

1. — Nous venons de voir que, sinon sous toutes les coutumes, au moins dans le plus grand nombre d'entre elles, une
double déclaration mentionnant : 1° l'origine des deniers destinés à payer la chose nouvellement acquise ; 2° l'intention de
faire de cette chose un propre pour l'époux dont le patrimoine
avait été amoindri par une vente antérieure, était exigée tant
pour le remploi des biens du mari que pour celui des biens de
la femme. Quant au mari, cette double déclaration était tout
à la fois nécessaire et suffisante, car « il est le maître de ses
actions » et il n'a nullement besoin du consentement de sa
femme, « simple spectatrice de l'administration. » Mais cette
double déclaration devait être insérée dans l'acte même d'acquisition. Faite dans un acte postérieur, elle n'aurait eu aucune

puissance et le bien nouvellement acquis aurait été un conquêt de communauté et destiné comme tous les autres à être partagé entre les époux à la dissolution de celle-ci. Pothier donne la raison juridique de cette exigence : « Il faut, dit-il, que cette déclaration soit faite *in continenti* par le contrat de l'héritage nouvellement acquis ; si l'acquisition avait été faite sans cette déclaration, inutilement la ferait-on *ex intervallo*, car l'héritage ayant été fait conquêt lorsqu'il a été acquis faute de cette déclaration, la communauté ne peut plus, par cette déclaration qu'on ferait *ex intervallo*, être privée d'une chose qui lui a été une fois acquise » (1). A cette raison de droit, Lebrun (2) en ajoute une autre, inspirée par les circonstances de fait. « Il n'est pas juste, dit-il, qu'il (le mari) voye venir la suite des temps, pour prendre cette terre si elle est augmentée et pour la refuser si elle est diminuée par la vicissitude des choses ; il doit donc déclarer sur-le-champ s'il entend que la terre lui serve de remploi, autrement il a son remploi (droit à la récompense) et la terre est conquêt.

Il semble qu'en face de déclarations aussi claires et laissant si peu prise à l'équivoque, le doute cesse d'être possible sur la nécessité de l'insertion dans l'acte des deux mentions indiquées plus haut. L'opinion contraire a cependant trouvé des partisans qui invoquent, en faveur de leur système, la maxime de Dumoulin : Maritus poterit, etiam *ex intervallo*, bonam fidem agnoscendo, recompensare uxorem. » Par application de cette règle si précise, dit-on, les déclarations peuvent

(1) Pothier. Traité de la Communauté, n° 198, in fine.

(2) Lebrun. Traité de la Communauté, liv. III, ch. II, sect. 1. Dict. II, n° 75.

être faites *ex intervallo*. Ce passage ne nous semble pas avoir la portée qu'on lui prête, et les auteurs qui l'invoquent comme base du système d'après lequel l'intention, manifestée dans un acte postérieur à l'acquisition, de donner à la chose nouvellement acquise par remploi, le caractère de bien propre, nous paraissent faire une confusion manifeste. Un simple examen de l'ordre chronologique des faits suffira pour nous en convaincre. Au moment où Dumoulin écrivait sa maxime, le remploi n'était pas admis, et c'est seulement plus tard, après des résistances plus ou moins vives, qu'il fut reconnu et sanctionné. A l'origine, l'époux aliénateur n'avait même pas droit à une récompense, le système de Dumoulin tendit à la faire accorder à la femme. Ce jurisconsulte n'a donc pas entendu poser les règles d'une institution qui n'existait pas encore et à laquelle on ne devait arriver que plus tard ; son but, en demandant l'application de la maxime que nous avons citée tout à l'heure, fut de permettre au mari d'indemniser sa femme du prix de son propre aliéné, qui, auparavant devenait commun, si ni le contrat de mariage, ni, à son défaut, l'acte de vente ne contenait aucune clause à ce sujet. La réforme demandée par Dumoulin tendit donc simplement à créer pour la femme le droit à la récompense. Cet auteur n'a pas voulu poser les règles du remploi et le système de nos adversaires nous semble manquer de base.

2. — Supposons maintenant que le remploi s'effectue. Un nouveau bien est acquis au lieu et place de celui qui a été aliéné ; il faut le reconnaître, il arrivera rarement que la chose achetée soit payée un prix égal à celui obtenu par la vente

7

primitive, elle pourra être ou d'un prix moindre ou d'un prix plus élevé ; trois hypothèses peuvent donc se présenter.

PREMIÈRE HYPOTHÈSE. — La chose nouvellement acquise est d'un prix égal à celle qui a été vendue. — Ici, pas de difficulté : la chose achetée par remploi est propre pour le tout à l'époux dans le patrimoine duquel elle entre. Il n'y a lieu à aucune récompense ni en faveur de l'époux, ni en faveur de la communauté.

SECONDE HYPOTHÈSE. — La chose acquise est payée un prix inférieur à celui qui a été obtenu par la vente. — Pas de difficulté encore : le bien acheté est propre de l'époux pour le tout; de plus la communauté est débitrice envers lui d'une récompense égale à la différence du prix de vente et du prix d'acquisition.

TROISIÈME HYPOTHÈSE. — La chose acquise a été payée un prix supérieur à celui obtenu par la vente. Pothier (1) a traité et résolu la question. Deux sous-hypothèses doivent être envisagées :

1° Le prix du nouveau bien dépasse de beaucoup celui qui a été obtenu par la vente ;

2° Il ne lui est supérieur que d'une somme peu considérable.

« Dans le premier cas, dit Pothier, il ne sera propre de communauté par subrogation que jusqu'à concurrence du prix pour lequel j'ai vendu mon héritage propre ; il sera conquêt pour le surplus. Par exemple, si j'ai vendu mon héritage propre pour le prix de 12,000 livres et que j'en aie acheté un autre pour le prix de 24,000 livres, avec déclaration que c'était pour me tenir lieu de remploi du prix qui m'était dû de celui que j'ai

(1) Pothier. Traité de la Communauté, 1ʳᵉ partie, ch. II, n° 129.

vendu 12,000, cet héritage nouvellement acquis ne sera propre de communauté par subrogation que jusqu'à concurrence de 12,000 livres, c'est-à-dire pour la moitié, il sera conquêt pour le surplus ; je suis censé, dans ce cas, avoir fait l'acquisition pour moitié pour mon compte particulier et pour me tenir lieu de remploi et l'avoir faite pour l'autre moitié pour le compte de la communauté. »

Si, au contraire, le prix de l'héritage nouvellement acquis dépassait peu celui obtenu par la vente ; si par exemple, on a payé le nouveau bien 13,000 livres alors que l'immeuble précédemment vendu ne l'a été que 12,000, « je pense, dit Pothier, que je devais être censé avoir fait l'acquisition entièrement pour mon compte à la charge de récompenser la communauté de ce que j'ai mis, pour cette acquisition, de plus que la somme dont le remploi m'était dû », c'est à dire, dans l'espèce, 1,000 livres.

3. — A part ces quelques restrictions, le mari a pour le remploi de ses propres un pouvoir absolu. Lebrun (1) en donne la raison : « Il a de l'avantage, dit-il, car s'il se présente une bonne fortune, il ne manquera pas de faire préférablement le remploi du prix de ses propres et frustrera par là sa communauté et sa femme d'un profit qui les regardait.... Aussi, d'autre part, le mari ne court-il pas assez de risques, n'est-il pas assez chargé de remplois (2) et de reprises qui s'exercent même sur ses propres pour avoir ce léger avantage, qui est limité à ses deniers réalisés, et dont il s'est réservé de faire un emploi, et au prix de ses propres aliénés. »

(1) Lebrun. Traité de la Communauté, liv. III, ch. II, sect. I, dist. II, n° 77.

(2) Ce mot signifie ici récompense.

CHAPITRE III.

EMPLOI ET REMPLOI DES PROPRES DE LA FEMME.

1. — L'emploi ou le remploi des propres de la femme exigeaient, comme celui des biens du mari, la mention de la double déclaration que nous avons relatée plus haut, savoir : celle de l'origine des deniers et de l'intention de faire de la chose nouvellement acquise un propre de la femme. En l'absence de l'une ou de l'autre de ces déclarations le remploi ne pouvait avoir lieu. Aussi Lebrun (1) en conclut-il que : « quand l'acheteur du propre de la femme aurait été délégué au vendeur du nouveau conquêt, la subrogation n'aurait pas lieu, et le remploi

---

(1) Lebrun. Traité de la Communauté, liv. III, ch. II, sect. Dist. II, n° 69.

serait par suite impossible. Duplessis (1) n'est pas moins formel en ce sens. Du reste, ici comme dans le cas de remploi effectué au profit du mari, la double déclaration doit être faite dans l'acte d'acquisition. Pothier (2), Lebrun (3), Duplessis (4) ne nous indiquent nulle part qu'une controverse ait eu lieu sur ce dernier point.

Cependant des doutes se sont encore élevés à ce sujet et c'est la maxime déjà citée de Dumoulin qui leur a donné naissance : « Maritus poterit, etiam ex intervallo, bonam fidem agnoscendo recompensare uxorem. » On s'appuie sur ce passage du célèbre jurisconsulte pour soutenir qu'au cas de remploi des biens de la femme, comme dans l'hypothèse de celui des propres du mari, les déclarations pourraient être faites *ex intervallo.* Nous ne reviendrons pas sur ce que nous avons dit plus haut pour réfuter cette opinion (5). Nous nous bornerons à faire un simple rapprochement de dates : Dumoulin mourut en 1566, la Coutume de Paris, la première qui ait admis le remploi, fut réformée en 1580 ; Dumoulin n'a donc pu poser les règles d'une institution née après son décès. Nous croyons inutile d'insister davantage.

2. — Outre les deux déclarations que nous venons de mentionner, déclarations exigées, du reste, aussi bien vis-à-vis du mari que vis-à-vis de la femme, une troisième condition était

(1) Duplessis. Traité de la Communauté de biens, liv. II, chap. IV, sect. II, p. 447.

(2) Pothier. Traité de la Communauté, 1re partie, nos 119 et 120.

(3) Lebrun. Loc. cit.

(4) Duplessis. Loc. cit.

(5) V. page 105.

encore nécessaire pour la perfection du remploi opéré au profit de celle-ci, c'était de sa part acceptation donnée au remploi qu'on lui proposait. Cette faculté accordée à la femme, d'accepter ou de refuser l'offre qui lui était faite par son mari, s'explique du reste facilement. Dans la société conjugale, le rôle du mari, relativement aux biens de la femme, est celui d'un simple administrateur : apte à accomplir les actes les moins importants, il ne peut, cela se conçoit sans peine, modifier par sa seule volonté le patrimoine de son conjoint ; il peut prsposer à sa femme une opération qu'il croit avantageuse, mais c'est à elle qu'il appartient de décider, en dernier ressort, si elle croit devoir ou non accepter l'offre qui lui est faite et en profiter. Le fait que nous avançons trouve sa confirmation dans les écrits de nos anciens auteurs. Lebrun (1) dit, en effet, en parlant du remploi des propres de la femme : « Elle y doit consentir expressément, s'agissant de subroger un héritage à la place de son propre et à lui faire courir le risque de la plus-value ou de la moins-value, de l'augmentation ou de la diminution de cet héritage, et quand elle n'a pas consenti au remploi, elle le peut refuser lors de la dissolution de la communauté. » Pothier (2) dit de même : « Il faut outre cela que la femme consente que cet héritage lui serve de remploi. » Duplessis (3) s'exprime d'une façon analogue : « Il faut aussi nécessairement qu'elle parle au contrat, pour consentir ou accepter le remploi ou qu'elle le ratifie auparavant la dissolution de la communauté. » Aucun doute ne semble donc avoir

(1) Lebrun. Ibid. n° 79.

(2) Traité de la Communauté, loc. cit., n° 199.

(3) Duplessis. Ibid. p. 447.

existé dans l'ancien droit sur la nécessité de l'acceptation du remploi par la femme.

Cette règle toutefois souffrait quelques exceptions. Lebrun (1) en cite deux dans lesquelles l'acceptation expresse de la femme n'était pas requise. Ces deux cas sont : 1° celui où la femme échangeait son propre contre un autre bien ; 2° celui où elle le baillait à rente. Du reste, il faut bien le reconnaître, ces deux hypothèses ne rentrent pas absolument dans la théorie du remploi ; on est, de plus, obligé d'avouer que s'il n'y a pas ici consentement exprès de la femme, il y a au moins adhésion tacite de sa part : en consentant à l'aliénation de son propre, dans chacune de ces deux hypothèses, elle a accepté en échange de celui-ci, soit la rente, soit le bien qui est venu le remplacer.

Pothier (2) indique une hypothèse où nous rencontrons une véritable exception à la nécessité de l'acceptation de la femme. Ce cas, relativement récent, se produit en 1720. Une rente propre à la femme a été rachetée et payée en billets de la banque royale au temps où ils avaient cours ; une déclaration du roi autorise les maris à employer ces billets en rentes sur l'Hôtel-de-Ville ou en rentes provinciales : « En conséquence, ces rentes qu'un mari a acquises en ce temps durant son mariage avec déclaration faite par le contrat de constitution « que les billets de banque pour lesquels elles sont constituées, proviennent du rachat qu'il a reçu des rentes propres de la femme, tiennent lieu du remploi de la femme, sans qu'il ait été nécessaire pour cela que le consentement de

(1) Lebrun. Eod. loc. n°s 72, 75, 36 et 37.
(2) Pothier. Traité de la Communauté, 1re partie, Ch. II, n° 202.

la femme intervînt et elles lui sont propres de communauté par subrogation. »

3. — A part les exceptions que nous venons de mentionner, le consentement de la femme était toujours requis et le remploi n'était parfait que lorsqu'elle l'avait donné, soit dans l'acte même d'acquisition, soit plus tard, pendant un certain laps de temps, dont nous aurons, tout à l'heure, à étudier la durée. Tant que la femme ne donnait pas sa ratification à l'acte de son mari, tant qu'elle n'acceptait pas l'offre faite par celui-ci, le bien ne lui devenait pas propre, il était conquêt et restait aux risques et périls de la communauté. Si la femme consentait au remploi dans l'acte même d'acquisition, le bien lui appartenait immédiatement en propre ; si, au contraire, son acceptation était donnée dans un acte postérieur, elle rétroagissait au jour de l'acquisition et l'immeuble était censé, dès cette époque, avoir appartenu à la femme. Pothier (1) dit en effet : « Il n'est pas de même nécessaire que le consentement que la femme doit donner soit donné par le contrat ni dans le même temps ; la femme peut le donner *ex intervallo*.... Si la femme ratifie et consent cette déclaration, les ratifications ayant un effet rétroactif, suivant la règle de droit : *ratihabitatio mandato comparatur*, l'héritage sera censé avoir été, dès l'instant de son acquisition, acquis pour tenir lieu de remploi à la femme et avoir toujours été en conséquence propre de communauté de la femme par subrogation. » D'Aguesseau (27ᵉ plaidoyer), dit de même : « Le mari est considéré en cette matière comme le procureur de sa femme ; la ratification, faite en quelque temps que ce soit, a un effet

(1) Pothier. Eod. loco, n° 200.

rétroactif qui remonte au temps de l'acte ; si cela est vrai par rapport à celui qui a seulement géré les bien d'autrui, il l'est à plus forte raison à l'égard de celui qui est censé avoir eu procuration. »

Une fois la ratification donnée par la femme, le bien acquis avec les déclarations déjà indiquées devenait propre.à celle-ci et le mari n'avait sur lui, comme sur tous les autres propres de la femme, qu'un simple droit d'administration au lieu du droit de disposition qui lui appartenait sur les biens communs. Le nouveau propre de la femme était à ses risques et périls, et seule elle bénéficiait de la plus-value qu'il pouvait acquérir ; comme seule aussi elle supportait les détériorations ou même la perte totale qui pouvaient survenir. Toutefois, pour un cas spécial, une discussion s'était élevee entre nos anciens auteurs. Voici l'espèce : un mari a acquis pour tenir lieu de remploi à sa femme, qui l'a acceptée, une rente devenue caduque par l'insolvabilité du débiteur. Qui supportera la perte ? Pothier (1) voulait que ce fût la femme seule. Lebrun (2) et Duplessis (3) pensaient, au contraire, que cette perte devait être supportée par la communauté, et que la femme avait contre elle une action en reprise. Lebrun, toutefois, se montrait moins rigoureux que Duplessis et limitait la responsabilité du mari à la solvabilité du débiteur au moment de la dissolution du mariage.

4. — Une question controversée était celle de savoir si l'acceptation de la femme pouvait ou non se produire encore

(1) Pothier. Loc. cit., n° 199.
(2) Lebrun. Eod. loco, n° 84.
(3) Duplessis. Ibid.; p. 447.

après la dissolution de la communauté. Lebrun et Duplessis optent pour la négative et, selon eux, l'acceptation de la femme ne pouvait plus être donnée après la dissolution de la communauté. Lebrun (1) écrit en effet : « On doit dire de plus que ce consentement doit être prêté pendant le mariage, car il n'est pas juste que la femme qui n'a pas consenti en ce temps ait la faculté de prendre l'héritage si la subrogation lui est avantageuse et d'y renoncer si elle lui est désavantageuse. Et quand la subrogation n'a pas eu tout son effet pendant le mariage par le défaut du consentement de la femme, il ne lui appartient qu'une action en remploi (ce mot veut dire ici récompense). » Duplessis (2) dit de même : « Il faut aussi nécessairement qu'elle le ratifie auparavant la dissolution de la communauté, car il n'est pas juste que la femme puisse prendre le remploi pour elle s'il a augmenté de valeur et le répudier s'il a diminué. » Sans doute, il faut bien le reconnaître, cet inconvénient se produira, quoique à un moindre degré, pendant la durée de la communauté, en ce sens que la femme pourra attendre avant de prendre parti, que les chances de plus ou de moins-value se soient dessinées. Duplessis répond à cette objection : « Quand une chose est sujette à cette incertitude et qu'il est en la liberté des parties d'exécuter un contrat ou de ne l'exécuter pas, il est vrai de dire qu'il n'y a pas de contrat jusqu'à ce que les parties se soient liées les mains par une acceptation ou exécution formelle qui ne peut plus être faite ici, où les choses ne sont plus entières, à cause de la dissolution de la communauté qui acquiert droit à chacun. »

(1) Lebrun. Eod. loc., n° 74.

(2) Duplessis. Ibid., p. 447.

— 115 —

Prévoyant une autre objection, Duplessis en donne encore la
solution. Vainement objecterait-on qu'en France on admet la
maxime : *alter alteri stipulari potest,* que la ratification en
tout état de cause peut donner vie à la convention, on répon-
drait, dit-il, que la ratification qui pourrait faire valoir une
telle stipulation, s'entend *rebus adhuc integris* et non point
après une dissolution de la communauté (1).

Selon d'autres auteurs, l'acceptation de la femme pouvait
se produire même après la dissolution de la communauté et
malgré les héritiers du mari, car les déclarations portées à
l'acte équivalaient à une offre faite par le mari à sa femme et
ses héritiers ne pouvaient retirer cette offre. Pothier est muet
sur la question et il se borne à relater les différents systèmes
auxquels elle a donné lieu sans essayer de la trancher (2).

5. — Quelle forme devait revêtir l'acceptation de la femme ?
C'est encore là une question qui divisa nos anciens auteurs.
Hâtons-nous de le dire toutefois, aucune forme sacramentelle
n'était exigée et la discussion portait seulement sur le point
de savoir si l'acceptation devait nécessairement être expresse
et formelle, ou si elle pouvait au contraire n'être que tacite.
Cherchant à favoriser le remploi (nous avons constaté ce fait
en étudiant les déclarations requises, point sur lequel il se
montre moins rigoureux que ses contemporains et ses devanciers), Pothier (3) admet qu'une acceptation tacite suffit et
qu'on peut l'induire des circonstances : « La présence ou la
souscription de la femme, où cette déclaration (que l'immeuble

(1) Duplessis. Eod. loco.

(2) Pothier. Communauté, loc. cit. n° 200.

(3) Pothier. Loc. cit., n° 200.

est acquis pour tenir lieu de remploi à la femme) est portée, en est une suffisante acceptation. » Duplessis et Bourjon se montrent plus rigoureux et exigent une acceptation expresse. » Mais à l'égard de celui de la femme, dit Duplessis (1), il faut aussi nécessairement qu'elle *parle* au contrat pour consentir au remploi ou qu'elle le ratifie auparavant la dissolution de la communauté. » Il faut qu'elle *parle*... , c'est-à-dire qu'elle exprime son consentement par des paroles, non par des faits, d'une nature plus ou moins équivoque, d'où on pourrait l'induire d'une façon plus ou moins douteuse. Il nous semble, du reste, qu'il faut se montrer aussi exigeant pour la ratification ultérieure que pour celle donnée dans l'acte même d'acquisition. Les mêmes motifs, dictés par l'analogie des situations, existent ici pour le décider.

Bourjon, qui adopte le système de Duplessis, est peut-être encore plus précis: « A l'égard de la femme, dit-il, son action de remploi ne cesse que lorsqu'elle a accepté le remploi du prix de son propre aliéné, et il faut que cette acceptation soit formelle ; sans elle, l'action de remploi subsiste dans toute sa force. » Au numéro suivant, Bourjon ajoute que si le mari avait fait seul la déclaration de remploi lorsque celui-ci est opéré au nom de la femme, l'action de celle-ci subsisterait toujours parce qu'elle « ne peut cesser que par une acceptation formelle de la femme ; mais l'acceptation formelle consomme le remploi ; l'assujettir à d'autres formalités serait s'écarter de la loi. » Donc l'acceptation de la femme doit être donnée en règle ; elle doit être formelle et elle doit être exprimée par des paroles ; en un mot, elle doit être expresse. Lebrun, tout

(1) Duplessis. Traité de la Communauté de biens, loc. cit., p. 447.

en partageant cette manière de voir, nous semble moins explicite que Duplessis et Bourjon.

Nous avons relaté, il n'y a qu'un instant, un passage de Pothier, d'après lequel la simple présence de la femme au contrat, sans acceptation expresse de sa part, suffisait pour établir le remploi à son profit. Malgré l'autorité dont jouissait son auteur, il faut reconnaître que cette opinion ne fut pas adoptée par la jurisprudence de l'époque ; nous trouvons la preuve de cette assertion dans un arrêt du 6 septembre 1701 rapporté dans Lebrun (1).

Le même auteur prévoit, dans le même paragraphe, une autre hypothèse : Un mari achète un immeuble pour sa femme avec déclaration de remploi au profit de celle-ci, la femme ne signe pas l'acte ; plus tard le mari et la femme conjointement vendent l'immeuble. Ce fait constituera-t-il de la part de la femme une acceptation du remploi offert ? Lebrun tient la négative. L'intervention de la femme s'explique par un autre motif que son acceptation : c'est pour la sûreté de l'acquéreur qu'elle a paru au contrat et cela dans le but de renoncer à son hypothèque sur l'immeuble, qui n'était autre chose qu'un conquêt (Même arrêt du 6 septembre 1701) (2).

(1) Lebrun. Traité de la communauté. Loc. cit, n° 73.

(2) Un arrêt de la cour de Bruxelles du 10 fév. 1818 (Dall. Alph., v° Contrat de mariage n° 1428), décide que, sous l'empire des anciennes coutumes de Hainaut, lorsque la femme a été partie au contrat d'acquisition dans lequel il était dit que l'immeuble nouvellement acheté l'était avec les deniers provenant de la vente d'un propre aliéné et pour lui tenir lieu de remploi, cette intervention suffit sans qu'il faille, de la part de la femme, une acceptation en termes exprès. Dans l'espèce la femme avait signé le contrat d'acquisition (Caroly. C. Buzine).

CHAPITRE IV

DES CLAUSES D'EMPLOI ET DE REMPLOI

1. — Nous en avons fini maintenant avec l'étude de l'emploi et du remploi, dont nous avons tracé les principaux caractères dans l'ancien Droit français. Cette théorie, qu'on rencontre dans les ouvrages des auteurs coutumiers, s'y trouve souvent mêlée à une autre : celle des récompenses ; toutefois, s'inspirant de ce qui se passe le plus fréquemment en pratique, c'est surtout au point de vue du remploi de la femme que la question y est traitée, et il semble que deux clauses, qui étaient comme le moule où venaient se fondre toutes les autres, aient surtout attiré l'attention des jurisconsultes coutumiers : on stipulait souvent en effet, ou bien que les deniers déclarés

propres à la femme ou provenant de biens propres à elle qui auraient été aliénés « seraient employés en achat d'héritages dont on chargeait le mari » (1), ou bien on convenait encore que les premières acquisitions qui seraient faites après l'aliénation d'un propre de la femme « lui serviraient de remploi. »

2. — La première de ces deux clauses avait fait naître la question de savoir si, en l'absence des déclarations prescrites (origine des deniers, intention d'effectuer le remploi, acceptation de la femme), les premières acquisitions qui suivaient, soit la célébration du mariage, soit l'aliénation du propre, serviraient de remploi à la femme. La jurisprudence (arrêt du 28 mai 1574 et du 31 janvier 1604) avait d'abord admis l'affirmative (2), et elle décidait qu'en l'absence des déclarations exigées et du consentement de la femme, l'immeuble acquis, soit des deniers dotaux, soit de ceux provenant de la vente d'un propre, lui servirait de remploi (Voir également en ce sens arrêt du 16 janvier 1610, qui n'exige pas le consentement de la femme). Cette jurisprudence fut toutefois abandonnée et on exigea, comme au cas de remploi ordinaire, les déclarations prescrites et le consentement de la femme. Lebrun (3) et Duplessis (4) sont d'accord sur ce point. Par conséquent, ce remploi était soumis à toutes les conditions examinées plus haut, et la clause que nous étudions, insérée dans le contrat de mariage, avait pour effet de rendre obligatoire pour le mari, un acte qu'auparavant il pouvait faire ou ne pas faire.

(1) Duplessis. Traité de la communauté, p. 448.
(2) Duplessis, loc. cit.
(3) Lebrun. Traité de la Communauté, loc. cit. n° 73.
(4) Duplessis. Loc. cit. page 448 note PPP.

3. — La seconde clause dont nous avons parlé tout à l'heure portant : « que les premières acquisitions faites après l'aliénation d'un propre de la femme, lui serviraient de remploi, » avait soulevé parmi nos anciens auteurs des discussions assez vives. Les uns admettaient la validité de cette clause; ils raisonnaient ainsi : le mari est présumé administrer conformément aux règles du contrat de mariage ; or la double déclaration exigée pour la subrogation réelle, aussi bien que l'acceptation de la femme, sont virtuellement effectuées par les termes de la clause dont il s'agit. Lebrun (1) qui n'a examiné que la seconde condition, c'est-à-dire la nécessité du consentement de la femme, dit en effet : « Cette décision souffre des exceptions (exception à la règle que le consentement doit être donné durant le mariage, loc. cit. nº 74), au cas qu'il y ait des clauses dans le contrat même de mariage qui équipollent à un consentement donné durant le mariage, comme s'il est dit qu'au cas qu'il soit aliéné des propres de la femme, le premier conquêt sera réputé un remploi nécessaire, car, en ce cas, la chose s'exécutant de bonne foi et sans soupçon de fraude, ni d'avantage indirect, le remploi a lieu jusqu'à concurrence de l'aliénation. »

Duplessis (2) n'admet pas l'opinion professée par Lebrun; il résout la question par une distinction en examinant la validité de la clause : 1º dans le rapport des époux entre eux ; 2º vis-à-vis des créanciers.

1º D'abord entre époux : à l'encontre du mari, il n'exige pas la déclaration de remploi, car celui-ci étant lié par la

(1) Lebrun. Loc. cit. nº 75.
(2) Duplessis. Traité de la Communauté. p. 449.

clause du contrat de mariage qui forme loi pour lui, ne peut opposer à la femme revendiquant l'immeuble sa négligence à exécuter la convention ; ses héritiers, succédant à ses obligations, ne le pourraient pas davantage. — Vis-à-vis de la femme, les auteurs qui adoptaient ce système n'admettaient pas que la clause du contrat de mariage lui fût opposable et emportât acceptation suffisante de sa part ; par conséquent, l'acceptation de la femme était encore exigée, mais il est à remarquer que, dans ce cas, elle pouvait être donnée même après la dissolution de la communauté ; on ne pouvait opposer à la femme que les choses n'étaient plus entières, ni lui imputer son défaut d'acceptation, car le mari et ses héritiers, représentants de sa personne, étant tenus de l'obligation d'assurer le remploi de la femme, ne pouvaient s'y soustraire. — Duplessis reconnaît toutefois que, si la femme avait acheté l'immeuble conjointement avec son mari, elle serait contrainte de l'accepter en remploi.

2° Vis-à-vis des créanciers : Duplessis (1) n'admet pas que cette clause leur soit opposable ; cela s'explique très bien du reste : les tiers ignoreront souvent les termes du contrat de mariage des époux avec lesquels ils traitent ; les connussent-ils même, comment sauront-ils si la nouvelle acquisition est ou non la première faite depuis la célébration du mariage ou l'aliénation du propre de la femme ? leur erreur sera donc légitime, invincible même, si, voyant un acte d'acquisition qui ne contient aucune des déclarations requises pour la validité du remploi, ils considèrent ce bien comme commun et devant,

(1) Duplessis. Traité de la Communauté, p. 449.

8

comme tel, leur servir de gage. Faisant application des principes généraux, on comprend donc que, vis-à-vis des tiers,
Duplessis exige l'acceptation de la femme avant la dissolution
du mariage, car si elle n'est pas requise vis-à-vis du mari et
de ses héritiers, c'est que ceux-ci sont personnellement tenus
d'assurer le remploi : ils ne peuvent, par suite, opposer la
nullité d'une acceptation tardive ; il n'en est pas de même
à l'égard des tiers, qui ne sont soumis à aucune obligation de
ce genre.

4. — Du reste, même vis-à-vis du mari, il ne semble pas
que la stipulation d'emploi ou remploi ait été sanctionnée par
une disposition légale, et elle paraît n'avoir créé pour lui
qu'une obligation morale, dépourvue de contrainte juridique :
« Le remploi stipulé, dit Lebrun (1), n'est que pour le temps
de la dissolution du mariage et cette stipulation ne donne
point d'action contre le mari pour l'obliger au remploi. »

On ne sanctionnait guère d'une façon plus énergique la
clause stipulant que le remploi devrait s'effectuer dans un
laps de temps déterminé. Ceux qui voulaient hâter le remplacement des propres recouraient à d'autres moyens : ou bien
l'on convenait que le premier acquêt servirait de remploi, ou
bien on stipulait une clause pénale. — On s'était également
demandé, si en cas d'aliénation de ses propres, la femme,
dont le remploi des biens n'aurait pas été fait en héritages,
pouvait stipuler qu'elle prélèverait la somme à elle due de ce
chef; non pas sur les biens de la communauté, mais sur la
moitié de ces biens appartenant au mari après le partage ?
Brodeau (2), qui admet l'affirmative, cite à l'appui de cette

(1) Lebrun. Traité de la Communauté, loc. cit. n° 4.
(2) Brodeau. Sur Louet, lettre D n° 64 et 1. R. n° 30.

doctrine un arrêt du 26 avril 1589. D'autres auteurs admettent l'opinion contraire et ils considèrent la doctrine de Brodeau comme dangereuse dans les coutumes qui interdisent les avantages entre époux, car il suffit alors que la femme vende l'un de ses propres, le prix en provenant tombera dans la communauté qui en sera alors enrichie, puis dans le partage de celle-ci, la femme prendra la moitié de ce prix et comme le remploi se fait tout entier sur les biens du mari, la femme bénéficiera de la moitié du prix du propre aliéné. En ce dernier sens, Lebrun (1) et Renusson observent que l'opinion de Brodeau n'était applicable que dans les coutumes permettant les avantages entre époux. De ce nombre était la coutume de Bourgogne.

5. — A la clause principale du remploi venaient quelquefois s'adjoindre des stipulations de diverses espèces. L'ancien Droit, nous avons déjà observé ce fait, avait un esprit éminemment conservateur et cherchait à maintenir dans les familles l'intégrité des patrimoines. C'est ainsi que, relativement aux successions, il considérait comme propre par subrogation le prix d'un propre aliéné (2). Quelques jurisconsultes avaient voulu étendre cette doctrine et proposaient de considérer comme propre le prix d'un bien propre qui aurait été aliéné, même lorsque celui-ci aurait été versé entre les mains du mari (3). Cette extension fut rejetée en cas de silence des parties ; on l'admettait, au contraire, en cas de stipulation

(1) Lebrun. Traité de la Communauté, loc. cit, n° 3. — Renusson. Traité des propres, ch. IV, sect. IV, n°s 7 et 8.

(2) Pothier. Traité de la Communauté, 1re partie, ch. II, n° 199.

(3) Bacquet. Traité des Droits de justice, ch. XXI, n° 306.

expresse que les deniers provenant de la vente ou du rachat sortiraient nature de propre au stipulant ; mais s'il était dit seulement que le mari devrait faire le remploi, ou que les deniers seraient remployés en achat d'héritages pour sortir nature de propres à l'époux aliénateur, le prix n'était plus subrogé à la chose et, par suite, ne devenait plus propre à l'époux qui avait vendu ; il tombait en communauté, et par suite l'action en remploi devenait mobilière, ce qui avait, au point de vue des successions, un intérêt que nous avons déjà indiqué. Toutefois, ici encore, on admettait des clauses contraires, qui donnaient aux stipulations un caractère immobilier et avaient pour effet de conserver aux familles les biens qui en provenaient.

La clause par laquelle on stipulait que la somme d'argent donnée serait employée en achat d'héritages produisait aussi des effets remarquables. L'ancien Droit y voyait une clause tacite de réalisation, ce qui donnait aux deniers le caractère d'immeubles par destination. (Art. 93, Cout. de Paris. — Coutumes de Nivernais, ch. XXIII, art. 17.)

CHAPITRE V.

FRAUDES POUVANT SE PRODUIRE DANS L'EMPLOI OU
DANS LE REMPLOI. — CAS DE NULLITÉ.

———

SOMMAIRE :

1. — L'emploi ou le remploi sont-ils du statut réel ou du statut
    personnel ?
2. — Les jurisconsultes coutumiers n'ont traité ni la question de
    responsabilité des tiers acquéreurs en cas de remploi, ni
    celle du remploi par anticipation.
3. — Fraudes auxquelles le remploi peut donner lieu.
4. — Le remploi subsista dans le droit intermédiaire.

1. — Une question qui présentait un grand intérêt sous
notre ancien droit, où des coutumes si nombreuses et quelquefois si opposées régissaient les diverses provinces du royaume,
était celle de savoir si le remploi est soumis à la loi du domi-
cile des époux ou à celle de la situation des biens ? s'il dérive
en un mot du statut personnel ou du statut réel ? Sur ce point,
les auteurs ont adopté la première opinion. Le remploi est en
effet une dépendance de la communauté. Or Dumoulin, suivi
en cela par Pothier et d'autres auteurs, admet que la communauté est du statut personnel. Un arrêt du Parlement de
Rennes du 28 novembre 1609 a consacré cette doctrine.

Cependant Basnage, sur l'art. 935 de la coutume de Normandie, semble donner une solution contraire : « Nous tenons

cette maxime, dit-il, qu'il ne se fait pas de remploi de coutume à coutume, de sorte que le bien d'une femme situé dans une autre province, ayant été vendu par son mari, elle ne pourrait en demander le remplacement sur ses immeubles situés en Normandie. » Ce texte nécessite une explication. Le remploi fait partie du régime de communauté, lequel était considéré comme le régime de droit commun de la France. Or la Normandie, bien loin d'admettre ce régime, ne permettait même pas qu'on le stipulât. Quelques rares coutumes avaient imité celle de Normandie, mais on comprend qu'on ne peut tirer argument contre le système précédent de ces dispositions exceptionnelles qui, loin de détruire la règle, ne font au contraire que la confirmer.

2. — Nos anciens auteurs, tout en faisant du remploi une étude approfondie, ont omis de traiter certaines questions relatives à ce sujet et discutées de nos jours. Nulle part, en effet, on ne voit agité le point de savoir si les tiers-acquéreurs d'un propre de la femme étaient responsables de son remplacement, non plus que celle du remploi par anticipation. Nous devons en conclure que, très-probablement, ces hypothèses se présentaient rarement, ce qui explique le silence sur ce point des jurisconsultes coutumiers.

3. — On comprend sans peine à quelles fraudes, souvent difficiles à établir, le remploi pouvait donner lieu. D'abord en ce qui touche le remploi du mari, il peut, on le conçoit, porter à l'acte un prix moindre que celui payé réellement, s'affranchir par là de la récompense qu'il devrait à la communauté si le prix du bien nouvellement acquis est supérieur à celui du propre aliéné, ou réclamer à la communauté une récompense plus élevée que celle à laquelle il avait droit. « Ce cas est le

plus suspect », dit Lebrun (1). « Il peut souvent arriver, dit Duplessis, dans ces remplois en essence, quand le mari achète l'héritage plus ou moins qu'il n'exprime, ou pour frauder sa femme ou pour s'avantager l'un l'autre de son consentement même » (2). On se le rappelle, la coutume de Paris, et beaucoup d'autres comme elle, défendaient les avantages entre époux. Aussi permettait-on aux héritiers de l'époux prédécédé, lors de la dissolution de la communauté, de prouver la fraude par tous les moyens de droit. Etait-elle établie, l'époux ne devait pas conserver le bien litigieux, même en fournissant le surplus du prix réel, le bien tombait en communauté, sauf récompense à l'époux.

4. — La loi du 17 nivôse an II maintint le remploi, qui continue à subsister dans le Droit intermédiaire.

(1) Lebrun. Traité de la Communauté, loc. cit, n° 85.

(2) Duplessis. Traité de la Communauté, loc. cit., liv. II, ch. iv, sect. ii, p. 449.

DEUXIÈME PARTIE

DROIT ACTUEL

INTRODUCTION

SOMMAIRE :

1. — Définition et terminologie.
2. — Division du sujet sous le Code : 1° Emploi et remploi facultatifs ; 2° Emploi et remploi conditionnels.

1. — Nous en avons fini maintenant avec l'étude de nos
anciens auteurs relativement à l'emploi et au remploi ; nous
avons vu les différentes phases par lesquelles a passé cette institution, les modifications qu'elle a subies à diverses époques,
sous l'empire des nécessités sociales ; il nous reste maintenant
à étudier le résultat de ces diverses transformations, en examinant quelle est actuellement, sous le Code civil, l'économie des
articles 1434 et 1435 qui régissent cette matière.

Confondue d'abord sous l'ancien Droit avec celle des récompenses, la théorie du remploi s'en sépare peu à peu pour
former une institution à part, ayant ses règles spéciales ; sous
l'empire du Code, il en est encore ainsi, et le remploi et les
récompenses sont deux choses parfaitement distinctes. Il y a

remploi lorsqu'un propre de l'un des époux ayant été aliéné, une autre chose est, sous certaines conditions que nous aurons à étudier, achetée pour tenir lieu et place du bien vendu ; il y a *emploi* lorsque des deniers étant par le contrat de mariage stipulés propres à l'un des époux, ou à lui donnés ou légués sous cette condition, sont ensuite affectés à l'acquisition d'une chose qui, achetée avec certaines déclarations, sera propre à l'époux à qui appartenaient les deniers. Il y a lieu à *récompense* au contraire, lorsque des deniers, soit stipulés propres à l'un des époux, soit provenant du prix d'un propre aliéné, n'ayant pas été employés et étant par suite tombés dans la communauté, l'époux de qui ils proviennent prélève à la dissolution de celle-ci une somme égale à celle qui y est tombée de son chef. Hâtons-nous de le dire, il nous arrivera souvent de confondre les mots *emploi* et *remploi* et même de nous servir plus volontiers de ce dernier. Ceci, du reste, n'aura qu'un léger inconvénient, car beaucoup de règles sont communes à l'emploi et au remploi, et nous nous efforcerons, dans les hypothèses où des principes distinctes les régissent, d'indiquer nettement la terminologie.

2. — Aujourd'hui, comme dans l'ancien Droit, le remploi se produit, soit en dehors de toute convention spéciale insérée au contrat de mariage, soit en vertu d'une stipulation intervenue dans cet acte. Dans le premier cas, on dit que le remploi est *légal* ou *facultatif* ; dans le second, *conventionnel*. Quoique ces expressions se justifient difficilement, elles nous permettent de trouver une base commode pour la division de notre étude. C'est, du reste, la division suivie par la loi elle-même ; en effet, dans l'article 1433, le législateur suppose qu'un bien propre à l'un des époux ayant été vendu, le prix en a été versé

dans la communauté, et il décide que, dans ce cas, *si aucun remploi n'a été fait*, l'époux aliénateur prélèvera le prix de son immeuble avant le partage de celle-ci ; c'est donc que le remploi a pu ou non être opéré, donc il est *facultatif* ; mais, comme d'autre part, le contrat de mariage peut contenir des stipulations relatives à ce sujet, on peut dire que dans ce cas, il est *conventionnel*. Notre division se justifie donc.

Nous examinerons, dans une première partie, l'emploi et le remploi facultatifs ; dans la seconde, l'emploi et le remploi conventionnels.

1re PARTIE DU DROIT CIVIL FRANÇAIS ACTUEL

EMPLOI ET REMPLOI FACULTATIFS

CHAPITRE Ier

SOMMES POUVANT ÊTRE EMPLOYÉES. — BIENS DONT LE PRIX
PEUT SERVIR A OPÉRER UN REMPLOI OU UN EMPLOI.

SOMMAIRE :

1. — La théorie de l'emploi et du remploi constitue une exception
   au Droit commun du régime de la communauté. — Conséquences qui découlent de ce principe.
2. — Biens dont le prix peut former l'objet d'un emploi ou d'un
   remploi.
3. — Conditions requises pour que l'emploi ou le remploi puisse
   s'effectuer.
4. — Remploi dit par anticipation.
5. — Il est nécessaire qu'à l'époque où le remploi s'opère, les deniers
   formant le prix du propre aliéné aient été versés aux mains
   du mari. — Exception à ce principe.
6. — Etude de deux hypothèses.

1. — Sous le régime de la communauté, tous les biens
acquis pendant le mariage sont communs, telle est la règle.
Des exceptions y ont toutefois été apportées par le législateur,
nous n'avons pas à les étudier toutes ici, une seule doit fixer

notre attention : c'est celle où un bien propre à l'un des époux ayant été vendu, une autre chose est, sous certaines conditions, acquise pour remplacer le propre aliéné, c'est l'hypothèse du remploi.

Cette première exception peut revêtir une forme un peu différente de celle que nous venons de décrire ; il peut se faire, en effet, que les deniers, au lieu de provenir de la vente d'un propre, aient été apportés par l'un ou l'autre des époux, avec stipulation qu'ils lui resteront propres ; dans ce cas, l'acquisition qu'ils serviront à payer ne sera plus un *remploi*, mais un *emploi*. Nous l'avons déjà dit, du reste, des principes analogues régissent l'emploi et le remploi. Nous les étudierons donc simultanément.

Nous venons de voir que la théorie du remploi est une matière d'exception. Cette idée doit dominer toute notre étude ; elle doit guider l'interprétation dans les hypothèses qui peuvent faire naître des difficultés, et la conséquence de cette donnée, c'est que nous ne devons admettre ici, ni les arguments par analogie, ni les extensions par *a fortiori* ; nous devrons nous renfermer dans les limites apportées par le législateur à cette disposition, sans chercher à l'élargir au-delà des bornes qu'il lui a assignées, car les exceptions sont de droit étroit et doivent être interprétées restrictivement.

2. — Quels sont les deniers pouvant servir à un emploi ou à un remploi ? Seules les sommes stipulées propres, celles données ou léguées sous la condition qu'elles ne tomberont pas en communauté, ou bien encore celles provenant de la vente d'un bien appartenant à l'un des époux, peuvent être affectées à un tel usage. Il faut donc rechercher quels biens sont propres aux époux.

Les biens sont immobiliers ou mobiliers ; occupons-nous d'abord des immeubles.

A ne consulter que les principes de la communauté légale, il semble qu'eux seuls peuvent être propres aux époux. Leur vente pourra donc donner lieu au remploi, et il semblerait même qu'elle seule puisse en être la cause génératrice. Les articles 1434 et 1435 font l'application de ce principe.

Cette règle admise, il faut examiner plusieurs hypothèses qui ont soulevé des difficultés.

Supposons d'abord un immeuble appartenant par indivis à l'un des conjoints : le partage est impossible et la licitation est la seule voie qui permette à l'époux de sortir d'indivision. Deux solutions peuvent se présenter : 1° l'immeuble est acquis par un étranger. Dans ce cas, le prix de sa part, étant propre à l'époux contre lequel la vente est poursuivie, peut être employé à l'acquisition d'un autre bien et le remploi peut avoir lieu ; 2° C'est un cohéritier du conjoint qui se porte adjudicataire de l'immeuble indivis. Dans cette hypothèse, on s'est demandé si le remploi de la part indivise peut avoir lieu ? La raison de douter vient de la disposition de l'article 883. D'après ce texte, le partage étant non attributif, mais seulement déclaratif de droits préexistants, l'acquéreur est réputé avoir toujours été propriétaire de l'immeuble, dont, par suite, aucune partie n'a jamais appartenu en propre à l'époux ; dès lors, les deniers qui en proviennent ont même nature que le bien qu'ils représentent et le remploi ne peut avoir lieu.

Nous ne croyons pas devoir adopter ce système, qui ne nous semble pas fondé. L'article 883, qu'on lui donne pour base, ne doit pas recevoir ici son application ; nous préfé-rons suivre sur ce point l'opinion qui, pour fixer les droits respectifs de l'époux et de la communauté, distingue entre le cas où le partage a eu lieu en nature et celui où il s'est effectué au moyen d'une soulte ou d'une licitation.

Si le partage a lieu en nature, l'article 883 recevra son application et la communauté s'enrichira des meubles échus à l'époux par succession ou donation (à moins que le donateur n'ait exprimé une volonté contraire (art. 1401. — 1° C. civ.) à l'exclusion des immeubles. Si, au contraire, on n'arrive au partage qu'au moyen de soultes ou de licitations, l'article 883 devra être écarté, et le prix de l'immeuble vendu au cohéritier, étant subrogé à l'immeuble lui-même, reste propre à l'époux.

Ce système s'appuie d'abord sur l'autorité historique. Pothier l'enseignait dans son Traité de la Communauté (partie 1re, ch. II, n° 100 et partie V, ch. I, n° 629 et 630). Or, les rédacteurs du Code ont presque textuellement reproduit la formule de Pothier, ils ont donc entendu adopter son opinion sur cette question.

L'ordre des faits commande cette solution. Lorsque les meubles tombant en communauté, y arrivent par la transmission directe du défunt à l'héritier, on comprend l'application de l'article 883, qui est alors en harmonie parfaite avec l'article 1401 ; lorsque, au contraire, il s'agit d'un immeuble, qui, s'il avait pu être partagé en nature, serait propre à l'époux, il ne peut plus en être ainsi et il serait injuste qu'une circonstance tout-à-fait fortuite, complètement indépendante de sa volonté, tendît à l'appauvrir ; du reste, lorsqu'il y a licitation, les deniers qui en proviennent arrivent à l'époux, non pas du défunt, mais de l'adjudicataire : il n'y a plus transmission directe du *De cujus* à son héritier et l'article 1401 ne peut plus s'appliquer ; décider autrement serait violer ce texte.

En agissant ainsi, on simplifie le partage en terminan d'un seul coup une opération que, dans une solution contraire, on devrait recommencer ensuite entre l'époux héritier et la communauté.

On objecte contre ce système qu'admettre la solution qu'il propose, c'est permettre aux époux de violer les articles 1096 et 1437. Cette objection ne nous semble pas avoir toute la portée qu'on lui prête. L'ancien Droit, en effet, prohibait les libéralités indirectes et cependant il admettait la solution que nous défendons. Il est, du reste, à noter que si des fraudes étaient commises, elles porteraient atteinte à la validité du partage et entraîneraient son annulation (1).

Faisant à l'espèce qui nous occupe l'application du système qui vient d'être exposé, nous disons donc que la somme versée dans la communauté, ayant pour cause immédiate la vente d'un propre, conserve la même nature que le bien dont elle provient ; elle a été remise à l'époux en échange de l'immeuble sorti de son patrimoine, dès lors, elle est propre comme lui et le remploi est possible.

Par conséquent, dès qu'un immeuble propre à l'un des

(1) Cette question a donné lieu à deux autres systèmes : l'un qui, s'appuyant sur la généralité des termes de l'article 883, veut qu'on s'en réfère exclusivement aux résultats du partage, sans avoir à s'occuper de l'état de la succession pour déterminer les droits de l'époux et de la communauté ; l'autre, au contraire, qui fixe leurs droits respectifs d'après l'état de la succession, au moment où elle s'ouvre. Ce système s'appuie sur ce fait que l'article 883 est spécial à la matière des successions, et qu'il est destiné à régler les rapports des cohéritiers entre eux, non ceux d'un cohéritier avec la communauté dans laquelle il peut être intéressé ; on ajoute que décider autrement serait violer les articles 1096 et 1437 (M. Daniel de Folleville. De l'effet déclaratif du partage, nos 26, 26 bis, 26 ter).

époux est vendu, le prix peut en être affecté à l'acquisition
d'un autre bien qui remplacera le premier ; que la vente soit
volontaire ou forcée, il n'importe, dès lors le prix obtenu par
l'époux exproprié pour cause d'utilité publique, peut être en
totalité affecté à l'acquisition par remploi d'un immeuble
qui lui sera propre ; il en serait de même dans le cas où un
immeuble propre, saisi sur la poursuite des créanciers, serait
vendu. Si le prix obtenu était supérieur au montant des
créances colloquées, le surplus pourrait être affecté à un
remploi.

En résumé, dès qu'un immeuble est propre à un époux,
quelle que soit la cause qui l'a fait sortir de son patrimoine, le
prix en provenant peut servir à opérer un remploi.

Arrivons maintenant aux objets mobiliers.

Nous avons jusqu'à présent considéré comme admis que
les deniers obtenus par l'aliénation d'un propre sont propres
comme la chose qu'ils représentent. C'est un point qu'il faut
maintenant établir. Cette théorie, admise par Pothier (1) est passée dans notre Droit actuel et l'article 1433 la consacre d'une
façon certaine, sinon expressément au moins implicitement.
Il dit en effet : « S'il est vendu un immeuble appartenant à
l'un des époux et que le prix en ait été versé dans la communauté, le tout sans remploi, il y a lieu au prélèvement de ce
prix sur la communauté au profit de l'époux qui était propriétaire : Les pièces d'argent représentant le prix sont des
choses fongibles, tombées dans la communauté, qui en est
quasi-usufruitière, c'est-à-dire propriétaire à charge de restitution. Pendant la durée de celle-ci, le remploi n'ayant pas eu

(1) Pothier. Traité de la communauté, 1re partie, nos 99 et 137.

lieu, le droit de l'époux est resté inerte ; à la dissolution de la communauté ce droit reprend toute sa force, et ce qui indique bien la volonté de la loi de conserver à l'époux aliénateur la propriété des deniers provenus de la vente du propre, c'est le prélèvement de ce prix, qu'il peut exercer sur la communauté avant le partage de celle-ci. En sens inverse, si le prix n'a pas été payé, il reste propre à l'époux aliénateur, par conséquent le prix, payé ou non, appartient toujours à cet époux (1).

A ne considérer que les termes des articles 1434 et 1435 et l'esprit général du Code sur le contrat de mariage, il semblerait que, seule, l'aliénation des immeubles puisse donner lieu au remploi et qu'il n'en puisse être de même de la vente des meubles appartenant aux époux, et cependant, il faut bien le reconnaître, des meubles peuvent, dans certains cas, être propres à l'un ou à l'autre des conjoints. La loi elle-même le dit ; en effet, l'article 1401, 1° dispose que : les meubles acquis par succession ou donation sont communs, à moins que le donateur n'ait exprimé une volonté contraire. Donc, dans ce premier cas, les meubles sont propres à l'époux. L'article 1403 dit de même : sont propres toutes les parties détachées d'un propre et qui n'ont pas le caractère de fruits. Enfin, un troisième cas, qui n'est pas écrit dans la loi, mais qu'on doit déduire de son esprit, est celui où un propre, mobilier ou immobilier, est vendu : le prix est propre au conjoint aliénateur et, par subrogation, les meubles acquis avec ce prix deviennent propres à cet époux ; donc trois sources de propres

_____

(1) Rodière et Pont. Contrat de mariage, 2ᵉ édit., t. 1, nᵒ 648. — Dalloz. Rep. alph. Vᵒ Contrat de mariage, nᵒ 807. — Toullier, t. VI, nᵒˢ 151 et 152.

9

mobiliers. L'aliénation de ces biens peut-elle donner lieu au remploi? Sur ce point, il y a plusieurs systèmes.

1er Système. — L'aliénation des immeubles peut *seule* donner lieu au remploi; la vente des meubles n'autorise qu'un prélèvement à la dissolution de la communauté.

1° Ce système prend son point d'appui dans les termes des articles 1433, 1434 et 1435 qui visent tous trois le cas d'aliénation d'un immeuble et ne parlent du remploi que dans cette hypothèse; or, le remploi est une théorie d'exception, qui doit être interprétée d'une façon restrictive; les termes des articles précités ne peuvent donc être étendus par analogie. Cette doctrine s'appuie sur le texte de la loi.

2° M. Duranton (1), qui enseigne ce système, invoque encore d'autres considérations. Selon lui, si l'on permet à l'un des époux d'acheter une chose, avec des deniers qu'il a stipulé devoir lui rester propres ou qui lui ont été donnés ou légués sous cette condition qu'ils ne tomberont pas en communauté, on ne peut pas voir dans cette opération un remploi, c'est un emploi.

3° Admettre la théorie contraire, ce serait permettre aux époux de se créer des propres à volonté, ce qui est prohibé par l'art. 1403.

4° On invoque encore l'article 1553 du Code civil; d'après cet article, l'immeuble acquis, pendant le mariage, des deniers dotaux, n'est pas dotal, à moins que le contrat de mariage ne contienne à cet égard une stipulation expresse. Or, nous étudions le remploi facultatif. Si, dans l'hypothèse

(1) Duranton, t. XIV, nos 389 et 390. — Armand Dalloz, Dict. V° Remploi n° 3.

prévue par l'article 1553, l'immeuble n'est pas dotal, à plus forte raison, sous le régime de la communauté, ne peut-il être propre à l'un des époux.

5° La Cour de Douai, qui avait d'abord admis ce système, invoquait à l'appui de son arrêt le considérant suivant : « Si l'emploi de valeurs personnelles mobilières était possible, les époux et le mari surtout auraient un moyen de se faire payer, avant le terme, du montant des reprises à eux dues par la communauté, et de changer à leur gré les éléments dont se compose ladite communauté » (1).

M. Laurent s'est rallié à cette opinion (2).

Malgré l'autorité des auteurs qui enseignent cette doctrine, nous ne croyons pas devoir l'adopter pour les raisons suivantes :

1° L'art. 1470 placé sous la section V, Du partage de la communauté, dit, en effet : « Sur la masse des biens, chaque époux ou son héritier prélève : 1° ses biens personnels qui ne sont point entrés en communauté, s'ils existent en nature, ou ceux qui ont été acquis en remploi ; 2° le prix de ses immeubles qui ont été aliénés pendant la communauté et dont il n'a pas été fait remploi ». Le paragraphe 1er indique bien, par la généralité de ses termes, que tous les biens propres, qu'ils soient meubles ou immeubles, peuvent donner lieu à un remploi ; il ne fait aucune distinction entre les biens dont il autorise le prélèvement, qu'ils existent en nature ou qu'ils soient acquis en remploi ; il ne distingue pas

---

(1) Douai, 2 avril 1846 ; Sirey, 1847. 2. 413. — Rennes, 12 décembre 1846. D. P. 1847. 2. 199.

(2) Laurent. *Principes de Droit civil*, t. 21, n° 363.

si ce remploi a pour cause l'aliénation de choses mobilières ou immobilières. Bien plus, l'opposition qui existe entre le 1° et le 2°, entre les biens personnels, quels qu'ils soient, et les immeubles acquis par remploi, vient encore corroborer cette interprétation ;

2° L'article 1433 n'est pas, il est vrai, spécial au remploi ; il traite des récompenses, qui, il faut bien le reconnaître, ont avec le remploi la plus grande connexité ; il ne prévoit que le cas d'aliénation d'un immeuble propre et n'accorde récompense que dans cette hypothèse. Or, ira-t-on jamais jusqu'à prétendre que si un meuble propre est vendu et le prix versé dans la caisse commune, l'époux aliénateur ne pourra exercer de ce chef aucun prélèvement ? Assurément non, et si on reconnaît que l'article 1433 statue sur le *quod plerumque fit*, pourquoi ne pas le reconnaître aussi à l'égard des articles 1434 et 1435, puisqu'il y a même raison de décider ;

3° L'argument de M. Duranton semble plutôt résider dans les mots que dans les idées ; et en effet, si le législateur permet aux époux, pour assurer d'une façon plus certaine les reprises provenant de la vente d'un immeuble propre, de se servir du mécanisme du remploi, on ne voit vraiment pas pourquoi, quand il s'agit de deniers stipulés propres ou provenant de la vente d'un meuble ayant cette qualité, les époux ne pourraient pas obtenir sécurité par la même opération, en se soumettant à toutes les conditions requises pour la validité du remploi ;

4° En ce qui touche la femme, un argument d'une grande force, pensons-nous, vient encore réfuter le système que nous combattons. L'article 1595 — 2°, permet au mari de céder à sa femme un de ses biens, en remploi de deniers à elle apparte-

nant. Or si une vente, faite dans de telles conditions, conso-
lide la propriété sur la tête de la femme, pourquoi n'en serait-
il pas de même de la vente faite par un étranger, lorsque
toutes les conditions requises sont accomplies, étant donné
surtout que la vente consentie par ce dernier présente des garanties de liberté bien plus grandes que celle faite par un mari
à sa femme, laquelle dépend presque toujours plus ou moins
de lui ?

5° Adopter ce système, c'est, a-t-on dit encore, permettre
aux époux de se créer des propres à volonté. Nous croyons assez
difficile aux conjoints de satisfaire, quand ils le voudront, une
semblable fantaisie, car, pour qu'un bien soit propre, il faut
qu'il soit acheté avec des deniers propres, et nous ne sachions
pas que les époux aient pour se procurer de telles sommes des
moyens bien faciles en dehors des cas spécifiés par la loi ;

6° L'argument tiré des termes de l'article 1553 ne nous
semble pas avoir toute la portée qu'on lui prête. Ce texte, en
effet, est relatif au régime dotal ; or, ce régime, qui est tout
d'exception, ne doit pas être étendu en dehors des cas qu'il est
destiné à régir. Il est en outre à noter que ce régime, entravant la circulation des biens, ne fut admis que postérieurement à la rédaction des articles relatifs à la communauté, et
c'est forcé par les provinces du Midi que le législateur con-
sentit, bien à regret du reste, à le sanctionner. L'esprit restrictif dans lequel fut conçu le régime dotal, la difficulté qu'on
éprouva pour l'admettre, sa rédaction tardive, à laquelle on
ne songeait guère lorsqu'on adopta le régime de communauté,
tout semble concorder pour nous pousser à écarter l'analogie
qu'on veut établir entre notre hypothèse et celle prévue par
l'article 1553. Ajoutons que si l'immeuble acquis des deniers

dotaux n'est pas dotal, ce n'est qu'au point de vue de son inaliénabilité, de son imprescriptibilité et de son insaisissabilité ;
il conserve les autres caractères de la somme qui a servi à
l'acquérir ;

7° Il nous reste enfin à réfuter le considérant invoqué par
la Cour de Douai. Pour cela, rappelons qu'il existe deux espèces de propres mobiliers : les uns, qu'on appelle *propres
imparfaits*, tombent dans la communauté à charge de récompense ; les autres, dits *propres parfaits*, restent identiques à
eux-mêmes, sans avoir à redouter d'être détruits par le premier usage ; ils forment, comme les immeubles, des propres qui
appartiennent aux conjoints sans tomber en communauté. Or,
peu importe à celle-ci que de tels biens, aujourd'hui créances
ou obligations, deviennent demain immeubles ; la communauté n'est nullement interessée à l'opération, car en propriété, elle n'a rien à gagner comme elle n'a rien à perdre :
l'opération lui est donc étrangère ; elle ne change pas la qualité des biens, qui sont propres ou communs, suivant les prescriptions de la loi ou les stipulations du contrat de mariage. Le
considérant de la Cour de Douai pourrait même, si on le pous-
sait à ses dernières conséquences, être retourné contre ceux
qui l'invoquent, car il ne tendrait à rien moins qu'à modifier
la consistance de la communauté, en faisant tomber dans son
actif des immeubles acquis avec des valeurs mobilières propres
aux époux. — Admettre cette doctrine serait rendre l'opération
du remploi complètement impossible, car la communauté se
modifie par le remploi et se libère avant le terme.

2° *Système*. — L'aliénation des meubles propres, aussi bien
que celle des immeubles, peut donner lieu au remploi.

Nous ne reprendrons pas un à un les arguments qui militent en faveur de cette seconde opinion. Nous avons, en effet, dans la réfutation du premier système, cité les différents textes qui, tout en montrant le mal fondé de cette doctrine, prouvent, en même temps, par la généralité de leurs termes qu'ils s'appliquent aussi bien aux immeubles qu'aux meubles ; nous n'y reviendrons donc pas et nous nous bornerons, pour établir ce second système, aux arguments qui nous ont servi à réfuter le premier.

Outre les textes déjà cités, il existe, du reste, d'autres articles pour établir cette doctrine. C'est d'abord l'article 1428, qui parle d'actions mobilières appartenant à la femme ; or, ces actions correspondent à des biens mobiliers, qui sont la propriété de la femme et ne tombent pas, par suite, en communauté. L'article 1437 vient encore corroborer ce système. D'après ce texte, un immeuble ayant été vendu et le remploi n'ayant pas eu lieu, l'époux n'aura droit à une récompense que si le prix a été versé en communauté ; c'est donc que, dans l'hypothèse inverse, il est resté propriétaire de la créance.

Telle était du reste la doctrine de nos anciens auteurs. Si dans leurs écrits, nous les voyons de préférence indiquer comme cause de remploi l'aliénation d'un immeuble, c'est que de leur temps, on attachait peu de prix à la propriété mobilière : *mobilium vilis possessio*, et que, de plus, les meubles tombaient en communauté. Les rédacteurs du Code, qui les ont copiés, ont reproduit leur doctrine dans les articles 1434 et 1435. L'aliénation des meubles, aussi bien que celle des immeubles, peut donc donner lieu au remploi (1).

(1) La jurisprudence, sauf les deux arrêts de Douai et de Rennes que nous avons cités, dans le sens du premier système, s'est tou-

3ᵉ Système. — D'après un troisième système, les immeubles et les propres parfaits seuls peuvent faire l'objet d'un remploi.

Avant d'exposer ce système, il faut déterminer la nature des propres mobiliers. Tombent-ils en communauté moyennant récompense, ou restent-ils la propriété exclusive de l'époux, à charge par celui-ci d'en laisser jouir la communauté ? On comprend sans peine l'intérêt de cette question, aujourd'hui surtout où la propriété mobilière a pris un développement si considérable. Si ces meubles tombent en communauté, les dépréciations qu'ils pourront subir seront à la charge de celle-ci, de même que leur augmentation de valeur tournera à son bénéfice. Si, au contraire, ils restent la propriété exclusive de l'époux celui-ci supportera seul la perte partielle ou totale et seul aussi il bénéficiera de leur augmentation. Pour la femme, l'intérêt est capital, car si l'on admet cette dernière solution, les créanciers du mari ne pourront saisir ses propres mobiliers et celui-ci ne pourra les aliéner sans son consentement.

Malgré Pothier et ceux qui admettent son système en s'appuyant sur l'article 1503 C. civ., qui, en cas de réalisation tacite ne permet à l'époux de prélever que la valeur de ce dont le mobilier qu'il a apporté lors du mariage ou qui lui est échu depuis excédait sa mise en communauté, il nous semble préférable de décider que ces meubles restent propres à l'époux qui les a apportés. L'article 1503 qu'on invoque ne doit pas s'appliquer ici, car étant un texte d'exception, il ne peut être

jours prononcée en faveur de la seconde doctrine. Voir arrêts de Toulouse, 27 mai 1831 D. A. v°, contrat de mariage n° 1474. Paris 9 juillet 1841, Ibid, n° 1476. Bourges 27 août 1853 D. P. 1855. 2. 319, Cass. Ch. crim. 16 novembre 1859 D. P. 1859. 1. 490. Douai 15 juin 1861 D. P. 1862. 2. 160.

étendu à des hypothèses qu'il n'est pas destiné à régir. Si ensuite on recherche l'intention des parties, il faut reconnaître qu'en se réservant certains biens comme propres, elles entendent en conserver la propriété exclusive et n'en abandonner à la communauté que la jouissance. L'article 1428 confirme cette interprétation : il vise, en effet, le cas « d'actions mobilières qui appartiennent à la femme » ; il y a par conséquent des biens mobiliers qui restent propres à celle-ci. L'art. 1433, prévoyant le cas où un immeuble propre à l'un des époux ayant été vendu, le prix a été versé dans la communauté, dit que cet époux aura droit à un prélèvement avant de partager celle-ci.

C'est donc que si le prix n'est pas tombé dans la caisse commune, il est resté propre à l'époux aliénateur. Enfin l'art. 1470 dispose que chaque époux prélève ses biens personnels qui ne sont point entrés en communauté ; l'article 560 C. civ. édicte une règle analogue : il existe donc des meubles qui restent propres aux époux.

Les articles 1433 et 1470 montrent qu'il existe des meubles propres ne tombant pas en communauté, d'autres, au contraire, qui y tombent à charge de récompense. A quels signes reconnaîtra-t-on si un meuble appartient à l'une ou à l'autre des catégories ? Cette différence repose sur la distinction qui sépare les choses fongibles des choses consomptibles (voir *infrà*) et sur l'estimation qui peut être faite de ces objets. L'art. 1851 C. civ. donne le criterium de cette distinction dans une hypothèse analogue à celle que nous étudions ; il vise le cas d'apports faits par des associés. Si les choses mises en commun sont des corps certains et déterminés, qui ne se consomment pas par le premier usage, elles demeurent la propriété de l'associé et sont à ses risques, bien que la société en ait la jouissance ; si, au contraire, ces choses se consomment, si elles se détériorent en les gardant, si elles ont été destinées à être vendues ou si elles ont été mises dans la société sur une estimation portée dans un inventaire, elles deviennent la propriété de la société et sont à ses risques. Les mêmes règles doivent être suivies en matière de communauté.

Par conséquent, il existe deux espèces de propres : ceux dont l'époux reste propriétaire exclusif, qui ne tombent pas en communauté et qu'on nomme *propres parfaits* ; ceux au contraire qui tombent en communauté à charge de récompense, et qu'on appelle *propres imparfaits*.

Ainsi que nous l'avons dit plus haut, d'après ce troisième système, les immeubles et les propres parfaits seuls peuvent faire l'objet d'un remploi.

En effet, dit-on, les propres imparfaits n'appartiennent plus à l'époux, la propriété en passe à la communauté à charge de récompense. Permettre aux époux d'opérer le remploi de tels biens, ce serait porter atteinte à l'immutabilité des conventions matrimoniales, ce serait leur donner un moyen de frauder leurs créanciers.

1° D'abord, ce serait porter atteinte à l'immutabilité des conventions matrimoniales : on fait remarquer, en effet, que lorsqu'un contrat ne détermine pas les conventions matrimoniales des époux, la loi les fixe elle même ; cela importe peu, du reste, car entièrement libres avant le mariage, les conventions des époux ne peuvent plus être modifiées après sa célébration. Or lorsqu'il existe des propres imparfaits, ces biens tombent dans la communauté à charge de récompense ; mais celle-ci ne sera exigible qu'à la dissolution de la société conjugale. Cette récompense est une créance née au profit de l'époux ; or le remploi n'est pas la substitution d'une chose déterminée à une créance, c'est la subrogation d'un propre à un propre, ce qui ne peut avoir lieu ici. La permettre serait porter atteinte à l'immutabilité des conventions matrimoniales en modifiant au profit de l'un des époux l'actif de la communauté.

On réfute cet argument en invoquant la disposition de l'article 1595 — 2°, qui, sans tenir compte de l'origine de la créance, permet au mari de céder à sa femme un de ses immeubles en remploi des deniers à elle appartenant. Or s'il peut agir ainsi pour un de ses biens, il le peut faire aussi en cédant l'immeuble d'autrui. L'article 1595 détruit donc l'argument qu'on entendrait tirer de l'immutabilité des conventions matrimoniales ;

2° Permettre l'emploi de tous les propres parfaits ou imparfaits serait, ajoute-t-on, un moyen de frauder les créanciers de la communauté. En effet, dit-on, les éréanciers du mari et de la communauté ont pour gage le patrimoine commun et celui du mari, à l'exclusion de celui de la femme, à moins que celle-ci ne se soit personnellement obligée. Dès lors, permettre le remploi des meubles de la femme faisant partie de l'actif commun, ce serait enlever aux créanciers une partie de leur gage en l'appauvrissant du montant de la valeur dont on l'aurait dépouillé.

On répond que cet argument ne prouve rien parce qu'il veut trop prouver. Si, en effet, on l'appliquait en pratique, on arriverait à supprimer l'application si utile du remploi et à détruire une institution proiectrice d'une nécessité absolue (1).

(1) M. Dalloz (Rep. alp. v°. Contrat de mariage n° 1478) propose de résoudre la question par une distinction. Selon lui, il faut autoriser le remploi des propres mobiliers de la femme, prohiber celui

3. — Nous connaissons maintenant les biens dont l'aliénation peu donner lieu au remploi ; il nous reste actuellement à examiner de quelle façon les deniers provenant de la vente doivent se trouver à la disposition du mari pour que la subrogation du nouveau bien à l'ancien puisse s'effectuer.

Les articles 1434 et 1435 exigent pour la validité du remploi qu'on indique l'origine des deniers ; il faut donc que le prix de vente ait été payé. Toutefois, hâtons-nous de le dire, dès à présent, la loi ne pouvant, sans se montrer d'un rigorisme excessif, exiger *l'identité* des deniers versés par l'acquéreur primitif, ceux-ci étant des choses fongibles (1), il suffit que ces deniers, ou d'autres qui en prennent la place, se trouvent à l'époque du paiement du nouveau bien dans la caisse de la communauté.

des propres du mari. Il invoque comme commandant cette solution, l'article 1595 C. civ. que nous avons déjà cité, et qui permet le remploi des deniers appartenant à la femme, tout en restant muet en ce qui touche ceux du mari. M. Dalloz fait en outre remarquer que la jurisprudence actuelle ne contredit pas cette distinction, car presque tous les arrêts, admettant le remploi des propres mobiliers, ont statué sur le cas où il s'agissait d'opérer le remploi de sommes appartenant à la femme. Nous ne pensons pas toutefois pouvoir admettre cette solution. L'article 1595 ne paraît pas lui fournir un appui suffisant, et les articles 1434 et 1435, sièges de la matrice, ne font aucune distinction entre le remploi du mari et celui de la femme.

(1) Les choses *fongibles* sont celles qui, d'après les volontés des parties, doivent être restituées en équivalents de même nature, quantité et qualité ; les choses *consomptibles*, celles qui se consomment ordinairement par le premier usage. Nous disons *ordinairement* parce que les parties peuvent stipuler par leur contrat que des choses de consommation seront restituées dans leur identité. Cela aura lieu lorsque ces choses seront données pour la montre, *ad pompam et ostentationem*.

Nous rencontrons ici une certaine analogie avec la vente. Au cas de vente, en effet, deux opérations doivent être soigneusement distinguées : la fixation du prix et son paiement. La fixation du prix doit avoir lieu en même temps que la vente et être constatée dans l'acte destiné à faire la preuve de cette dernière. Le paiement du prix, qui peut s'effectuer en même temps que l'aliénation, lui est souvent postérieur. C'est donc à l'époque fixée pour le paiement que l'acheteur doit être en possession du prix. Dans le remploi, les articles 1434 et 1435 exigent que l'origine des deniers soit relatée, mais il n'imposent rien de plus, et comme on ne peut ajouter aux conditions requises par la loi, on peut affirmer que l'époux doit pouvoir disposer des deniers à l'époque fixée pour le paiement; c'est là une condition suffisante, et il n'est pas nécessaire que les deniers soient disponibles à une époque antérieure.

4. — Des principes que nous venons de poser, et dont il nous semble difficile de contester la légitimité, résulte une conséquence présentant un intérêt considérable : c'est que l'acquisition du bien acheté en remploi pourra précéder la vente de celui que les époux se proposent de remplacer. Rien, en droit, n'empêche cette solution. En fait, l'accepter sera souvent permettre aux époux de faire une opération avantageuse, car une chose qui sera pour eux d'un rapport considérable et assuré peut se trouver à vendre à une époque où la caisse commune ne contient pas les deniers nécessaires au paiement de la nouvelle acquisition; l'un des époux peut avoir intérêt, sans que cela puisse se faire immédiatement, à aliéner un de ses propres pour en acheter un autre, qu'il croit appelé à un avenir plus prospère; la femme de son côté, si la légalité d'une telle opération est admise, n'aura pas à redouter les chances

d'insolvabilité de la communauté et de son mari qui, lui aussi, sera mis en garde contre des dépenses exagérées ; ce remploi, que les auteurs ont appelé *remploi par anticipation*, [est utile et n'est nullement défendu par la loi.

Sa validité a cependant été contestée. En effet, a-t-on dit, un bien ne peut en remplacer un autre tant que ce dernier existe dans le patrimoine ; or c'est précisément le résultat auquel on arrive avec le remploi par anticipation (1). Nous ne pensons pas cette déduction exacte et c'est en nous appuyant sur l'article 1435 que nous réfuterons l'objection de M. Toullier. Ce texte va nous fournir une analogie concluante. Lorsqu'il s'agit du remploi des biens de la femme, l'acceptation de celle-ci est nécessaire et le remploi n'est parfait que lorsqu'elle a été donnée ; jusque-là, il reste conditionnel. Il en est de même dans le remploi par anticipation : la déclaration, qui a été faite n'est ici qu'un préliminaire, le remploi n'est pas encore effectué et la substitution d'un bien à un autre, qui est son caractère distinctif, n'aura lieu que le jour où la chose étant sortie du patrimoine de l'un des époux, une autre viendra, par subrogation, la remplacer. Jusque-là, la condition n'étant pas accomplie, le remploi n'aura pas lieu.

On a fait encore, contre le remploi par anticipation, une autre objection tirée des termes de la loi. Les articles 1434 et 1435 disent en effet acquisition faite des deniers *provenus* de l'aliénation de l'immeuble. Par conséquent, a-t-on dit, il faut que l'aliénation précède l'acquisition. — Il suffit de remarquer que la loi a statué ici sur le *de co quod plerumque fit*, sans vouloir exclure par là les hypothèses se rencontrant

(1) Touillier, t. 6, n° 370.

au dehors des cas prévus par elle. C'est plutôt à l'esprit de la loi qu'à l'interprétation étroite et judaïque de son texte qu'il faut s'en référer, et il n'est pas même besoin ici de cette observation pour faire tomber l'objection qu'on nous oppose, car dans le remploi par anticipation, c'est des deniers *provenus* de la vente que l'acquisition sera payée (1).

(1) D'autres auteurs, tout en admettant la validité du remploi par anticipation, restreignent plus ou moins ses effets. Suivant Zacharive, ce genre de remploi serait bien valable entre les époux, mais on ne pourrait l'opposer aux tiers, surtout à ceux qui auraient acquis des droits réels sur les immeubles achetés en remploi des propres non encore aliénés. Cette doctrine ne saurait être admise, car ou bien le remploi a été fait conformément aux dispositions de la loi, et alors il est valable ; ou bien il a été fait contrairement aux prescriptions légales et alors il est nul. S'il est valable, il l'est vis-à-vis de toute personne, quelle qu'elle soit. C'est aux tiers, en ce cas à examiner avec soin les origines de propriété et si le bien, par suite de la réalisation de la condition insérée à l'acte, peut un jour devenir propre, c'est à eux de ne pas l'accepter comme sûreté de leurs droits.

M. Troplong (t. 11, n° 1154, Contrat de mariage), ne conteste pas la validité du remploi par anticipation, mais il veut introduire une distinction dans cette théorie. Selon lui, ce remploi n'appartient qu'à la femme, le mari ne peut en user ; faite par lui, cette opération présenterait des dangers : il pourrait rendre sa condition meilleure au détriment de la communauté ; il vendrait si l'opération lui semblait avantageuse, ou s'abstiendrait de la faire s'il ne croyait réaliser aucun profit. Troplong invoque en faveur de son système un arrêt du 5 février 1829. — Cette distinction ne nous paraît pas admissible, car le mari, comme la femme, peut faire ou ne pas faire la vente projetée ; ils sont sous ce rapport dans une situation identique. On ne voit non plus pourquoi cette faculté, accordée au mari, est plus dangereuse dans le remploi par anticipation que dans le remploi ordinaire, car dans tous les deux, le mari peut opérer le remploi pour son compte ou laisser l'acquisition à la communauté, selon qu'il juge l'opération avantageuse ou non pour lui-même. Du reste, ni la nécessité, ni les termes de la loi n'imposent ni ne justifient cette distion, que nous repoussons.

Du reste, certaines conditions sont exigées pour la validité de ce remploi ; comme il faut que, dans toute opération de cette nature l'origine des deniers soit spécifiée, on devra stipuler que c'est avec la somme provenant de l'aliénation de *tel* où *tel* propre déterminé que la nouvelle acquisition sera payée. De plus, comme il est nécessaire, pour se conformer au principe dont nous étudions dans le remploi par anticipation une conséquence importante, que les deniers soient versés à l'époque fixée pour le paiement, il faudra que la date de celui-ci soit calculée de façon à ce que l'aliénation du bien qu'on va remplacer, soit antérieure à cette date, et que le paiement du prix de l'immeuble aliéné précède aussi l'époque fixée pour le paiement du bien acquis en remploi. Il sera, en dernier lieu, nécessaire que le prix se trouve à l'égard de l'époux aliénateur ou de la communauté dans certaines conditions de disponibilité que nous allons étudier (1).

5. — Aucun doute n'est possible quand les deniers, provenant de la vente du bien destiné à être remplacé, ont été versés dans la caisse commune, soit antérieurement, soit postérieurement à l'acquisition du nouveau bien, mais avant l'époque fixée pour le paiement du prix. Dans ce cas le remploi est consommé et sa légitimité ne peut être contestée. Nous rappelons toutefois que l'*identité* des pièces de monnaie, versées dans la caisse commune, n'est pas exigée.

Mais il est des hypothèses, moins simples que celle-ci, où le doute peut prendre naissance. Par exemple, le prix de vente n'a pas été payé et l'époux n'est encore que créancier de

_____

(1) En ce sens, deux arrêts de la Cour de cassation. 1° Cassat. Ch. civ. 21 mars 1873, Sirey, 1874. 1. 121 ; 2° Cassat. Ch. civ. 14 mai 1879, Sirey, 1880. 1. 17.

l'acquéreur ; que décider dans ce cas ? Nous avons posé, en règle générale, dès le début de cette étude, que le remploi, par cela même qu'il est une dérogation aux principes de la communauté, est une matière d'exception, qui doit être interprêtée restrictivement ; que, de plus, le remploi ne peut avoir lieu que si le nouveau bien est payé avec le prix du propre mobilier ou immobilier qu'il s'agit de remplacer, qu'enfin le nouveau et l'ancien bien ne peuvent exister simultanément dans le patrimoine de l'époux. Ce sera là un criterium nous permettant de résoudre les questions difficiles que pourrait faire naître cette matière.

Nous disons donc que, pour la consommation du remploi, il faut que les deniers aient été touchés par le mari ou versés dans la caisse commune ; cette solution est conforme à l'esprit et à la lettre de la loi.

En effet, qu'arriverait-il si, au lieu d'admettre cette donnée, bien rigoureuse à première vue nous le reconnaissons, on se contentait de laisser à l'époux une latitude plus grande ? Prenons une hypothèse très favorable : la créance est exigible, mais elle n'est pas soldée ; l'époux paie alors le bien acquis en remploi avec des deniers pris dans la caisse de la communauté : sa créance subsiste toujours. Dira-t-on qu'il l'a vendue à la communauté en échange des deniers qu'elle a versés pour lui ? Assurément non, car la communauté n'est pas, en général du moins, considérée comme une personne morale, capable d'acquérir, de vendre, etc., en un mot d'accomplir les actes que peuvent faire les êtres fictifs ; dès lors, la vente faite par le mari à la communauté serait une vente consentie à sa femme d'abord, à lui-même ensuite, ce qui est

10

inadmissible, car on ne peut être acheteur et vendeur de sa propre chose, et les ventes entre époux sont prohibées sauf dans certains cas, au nombre desquels ne rentre pas celui que nous étudions. Par conséquent, la créance est restée propre à l'époux et le prix a été payé avec des deniers communs ; dès lors le remploi est impossible, d'abord comme ayant été payé avec l'argent de la communauté, ensuite parce que la créance, étant restée propre à l'époux, le nouveau bien n'a pas pu entrer dans son patrimoine pour y remplacer une chose qui y subsiste encore. — Il en serait à plus forte raison de même, si la créance au lieu d'être exigible, ne l'était pas, ou encore si elle n'était pas liquide.

On comprend, dès lors, combien de semblables rigueurs pourront apporter d'entraves au remploi. Un moyen toutefois est ouvert à l'époux, pourvu que le vendeur y consente : c'est la délégation faite à celui-ci de sa créance propre ; le prix de cette créance paiera le nouveau bien, elle sortira en même temps du patrimoine de l'époux et y laissera la place libre au nouveau bien qui viendra la remplacer.

Une objection toutefois peut être faite contre cette doctrine : il semble, en effet, que le mari pourra, en poursuivant ou non le recouvrement de deniers, favoriser ou empêcher le remploi. Il n'en est rien. En ce qui touche la femme, elle peut suppléer à la négligence ou au mauvais vouloir de son mari en se faisant autoriser par justice à poursuivre le recouvrement de ses deniers. Si sa demande est fondée, s'il est prouvé qu'il y a, de la part du mari, négligence ou faute, les tribunaux ne manqueront pas de venir à son secours. Quant au mari, ne lui avons-nous pas déjà reconnu, en cas de remploi par anticipation, une liberté semblable ? Ce n'est là, du reste, qu'un nouvel exemple du pouvoir si grand accordé au mari, tant pour l'administration de ses propres que pour celle des biens communs.

6. — Nous avons supposé jusqu'à présent que tous les évènements dont la réalisation est nécessaire à la validité du remploi, s'accomplissaient pendant le cours de l'union conjugale ; c'est là l'hypothèse la plus fréquente assurément, mais ce n'est pas la seule et il peut arriver que la dissolution de la communauté se produise avant que le remploi ne soit parfait. Nous avons à étudier maintenant quelle sera, sur cette opération juridique, l'influence de la dissolution de la communauté arrivée avant l'accomplissement de ces différents faits, et cela au point de vue du paiement de la chose acquise en remploi.

Dans l'ancien Droit déjà, Duplessis avait examiné cette question et il disait que la dissolution de la communauté « acquiert droit à chacun », qu'elle fixe d'une façon immuable les droits qui peuvent appartenir tant au mari qu'à la femme. C'est encore, ce nous semble, la doctrine suivie par le code. Visant, en effet, l'hypothèse où un remploi ayant été proposé à la femme, la dissolution de la communauté est survenue avant qu'elle ne l'ait accepté, l'article 1435 décide que, dans ce cas, la femme ne peut pas donner une acceptation valable et qu'elle ne pourra exiger qu'une récompense égale au prix de son propre aliéné. La pensée de la loi semble être celle-ci : tant que dure la communauté, des modifications diverses peuvent intervenir dans la composition des patrimoines respectifs des époux et de la communauté ; dès que celle-ci se dissout, les choses doivent rester dans l'état où elles se trouvaient lors de cette dissolution ; la consistance des divers patrimoines est fixée d'une façon incommutable. Le remploi ne pourra s'opérer que si, lors de cet évènement, les conditions nécessaires à sa validité sont accomplies, sauf naturellement le cas où le remploi, ayant été subordonné à l'avènement d'une condition, celle-ci viendrait à s'accomplir ou à defaillir, car alors on appliquerait le principe de la rétroactivité que comporte toute condition. Par conséquent, un bien qui était commun restera tel et lors même que l'acte d'acquisition qui lui est relatif contiendrait les mentions requises, il ne pourrait, si les autres conditions nécessaires ne sont pas remplies pendant le mariage, devenir propre à l'époux.

Les principes que nous venons de poser sont généraux, et tout remploi, le remploi par anticipation comme le remploi ordinaire, doit y être soumis. Par conséquent, si le propre qu'on se proposait de remplacer n'a pas été aliéné, le remploi ne peut avoir lieu. La cour de cassation a fait l'application de ce principe dans un arrêt du 24 novembre 1852 (1); elle décide, en effet, que les immeubles acquis par la femme autorisée de son mari, pour lui servir de remploi d'une partie de ses biens dotaux non encore aliénés, mais qu'elle se proposait de vendre, n'ont pu devenir propres à la femme si celle-ci est décédée avant d'avoir aliéné les immeubles dont elle se proposait d'opérer le remploi. Il faut encore aller plus loin et décider que, même si l'aliénation avait eu lieu pendant la communauté, mais que le paiement fût postérieur à la dissolution de celle-ci, le remploi ne pouvait encore s'opérer, car, au moment de la dissolution de la société conjugale, les con-

(1) Cass. Ch. civ. D. P. 1852. 1. 325.

ditions requises pour la validité du remploi n'étaient pas remplies (1). Nous ne pensons pas, toutefois, qu'il faille, en outre, le paiement du prix au vendeur ; cette condition ne nous semble pas exigée par les articles 1434 et 1435. C'est du reste un point que nous établirons plus tard.

Nous venons de voir quel était, sur le bien acheté avec déclaration de remploi, l'effet de la dissolution de la communauté. Nous avons maintenant à examiner une autre hypothèse : celle où l'acquisition avec déclaration de remploi se produit entre la signature du contrat de mariage et la célébration de l'union conjugale. Voici l'espèce : l'un ou l'autre des époux apporte une certaine somme, qui, en vertu d'une clause de réalisation, ne tombe pas en communauté. Cette somme est, par exemple, remise par la future épouse à son mari. Trouvant une acquisition avantageuse, celui-ci achète un immeuble avec les deniers qui lui ont été remis et fait insérer dans l'acte les déclarations prescrites par les articles 1434 et 1435, ou bien le mari a stipulé que cette somme lui serait propre et conformément à l'article 1434, il achète un bien pour lui servir d'emploi de ces deniers. Cette opération sera-t-elle valable ? Dans les deux hypothèses, nous n'hésitons pas à admettre sa légalité. L'article 1402 favorise cette interprétation et quant à l'article 1404-2°, il est facile de voir, en recherchant son but, qu'il ne contredit pas notre solution. Ce texte tend, en effet, à empêcher les fraudes qui pourraient se produire, si l'on permettait aux époux de distraire du patrimoine commun des sommes qui doivent tomber dans son actif. Lorsque l'origine des deniers est connue et qu'une

(1) Douai. 9 avril 1847, D. P. 1849. 2. 141.

clause du contrat de mariage, portant réalisation, prouve que l'intention des parties n'a pas été de les faire tomber en communauté, on peut et on doit admettre que cette somme est restée propre à l'époux et qu'il a la faculté d'en opérer l'emploi. L'exception contenue dans l'article 1404-2° *in fine* vient du reste appuyer et justifier notre doctrine ; c'est donc interpréter sainement la loi que permettre, dans ce cas, l'emploi de deniers stipulés propres.

CHAPITRE II

DES BIENS QUI PEUVENT ÊTRE ACQUIS EN EMPLOI
OU EN REMPLOI

---

1. — Quels biens peuvent être acquis en remploi des
propres aliénés ? Telle est la question que nous allons chercher à résoudre.

La loi, nous le savons, divise en deux grandes classes les
biens qui composent le patrimoine : ils sont *meubles* ou
immeubles. Dans la première catégorie, à côté des meubles
proprement dits et de ceux qui deviennent tels par leur séparation de la chose avec laquelle ils faisaient corps et dont ils
prenaient alors la nature, se trouvent d'autres objets, *quæ
tendunt ad mobile*, ce sont les créances de diverses espèces.

Dans la seconde catégorie, à côté des immeubles proprement dits, fonds de terre ou maisons, viennent se grouper les choses qui, meubles par leur nature, deviennent immeubles par leur incorporation à une chose immobilière, et ceux qui, en vertu d'une disposition légale, sont, en remplissant certaines conditions, assimilés à des immeubles proprement dits et traités comme tels : ce sont certaines actions, telles que rentes sur l'Etat, actions de la Banque de France, des canaux d'Orléans et du Loing, qui peuvent être immobilisées. Ces meubles aussi bien que ces immeubles peuvent-ils faire l'objet d'une acquisition en remploi et être substitués au bien immeuble ou deniers qui existaient auparavant dans le patrimoine propre de l'époux et le remplacer ? Cette question a donné naissance à trois systèmes.

1er Système.—Une première opinion, professée par plusieurs auteurs et consacrée par la jurisprudence, n'admet pas que des meubles puissent être achetés en remploi, seuls les immeubles peuvent faire l'objet d'une telle acquisition.

M. Troplong (1) a adopté ce système sans le discuter. Selon lui, le remploi doit s'effectuer en immeubles, qui remplacent la chose aliénée par une chose d'égale valeur. Si ce ne sont pas des immeubles qui sont acquis en remploi, il faut au moins que ce soient des valeurs mobilières immobilisées, telles que des actions de la Banque de France.

A l'appui de ce système, on invoque des arguments tirés, soit du but du remploi, soit du texte même de la loi :

1° L'institution du remploi a eu pour but de maintenir l'intégrité du patrimoine des époux et d'offrir à ceux-ci des garanties solides de stabilité ; or les immeubles seuls assurent ce

(1) Troplong. Contrat de mariage, t. II, n° 1142.

-résultat, auquel ne peuvent arriver les meubles qui, tous, sont soumis à des chances plus ou moins grandes de perte ou de détérioration ;

2° Les articles 1493 - 1° C. civ. et 558 C. Co. mentionnant les reprises de la femme, ne visent que les *immeubles acquis en remploi* ; la loi a donc entendu exclure les meubles comme pouvant faire l'objet d'une telle acquisition. L'ancien droit était conforme à cette doctrine.

2ᵉ Système. — Un deuxième système, enseigné par MM. Rodière et Pont, résout la question par une distinction (1).

Le remploi doit avoir lieu en biens de la nature de ceux qui ont été aliénés ; par conséquent, si des immeubles ont été vendus, c'est en immeubles ou en droits immobiliers que le remploi devra avoir lieu ; si les deniers proviennent d'une aliénation de meubles, c'est en meubles que le remploi devra être effectué.

MM. Rodière et Pont invoquent comme base de leur système la raison, et disent qu'elle justifie pleinement la distinction qu'il proposent (2).

3ᵉ Système. — Nous n'adoptons ni l'un ni l'autre de ces deux systèmes et nous croyons que le remploi peut avoir lieu aussi bien en meubles qu'en immeubles. C'est ce que nous allons essayer de démontrer, en même temps que nous réfuterons les arguments sur lesquels s'appuient les deux systèmes précédents.

Nous n'hésitons pas toutefois à le reconnaître, le remploi

(1) Rodière et Pont. Contrat de mariage, t. I, n° 681.
(2) Dalloz. Rep. Alph. Vᵒ Contrat de mariage, n° 1481. — Renech. De l'emploi et du remploi de la dot, n° 89, p. 498.

aura lieu souvent en immeubles. C'était la pratique dans notre ancien droit, où nous voyons les jurisconsultes parler toujours de l'achat d'héritages lorsqu'il s'agit d'opérer un remploi. Nous ne constestons pas que, bien souvent aussi, ce sera le procédé suivi dans notre Droit actuel, et nous croyons qu'agir ainsi sera faire acte de sage administration. Mais ce que nous n'admettons pas, c'est la nullité dont certains auteurs voudraient frapper le remploi effectué en valeurs mobilières, et nous pensons notre système fondé tant sur le texte que sur l'esprit de la loi.

Les textes qui régissent la matière sont au nombre de deux: ce sont les articles 1434 et 1435. Sans doute, ils se placent dans l'hypothèse de l'aliénation d'un immeuble et de deniers à remployer provenant de la vente d'un bien de cette nature, mais nulle part, que nous sachions, ils n'indiquent que ce remploi doive être fait nécessairement en immeubles; ils n'édictent aucune nullité pour le remploi fait en meubles, or, c'est un principe bien counu en droit, qu'on ne peut créer une nullité là où la loi n'en a pas établi. Les articles 1434 et 1435 ne parlent que d'une acquisition en général; ils ne tracent aucune distinction et cela est d'autant plus à remarquer, que dans une autre hypothèse, où il s'agit également de remploi, l'article 1067 C. civ., spécifie, à propos des substitutions permises, que l'emploi ou le remploi devra être fait « conformément à ce qui aura été ordonné par l'auteur de la disposition, s'il a désigné la nature des effets dans lesquels l'emploi doit être fait, sinon il ne pourra l'être qu'en immeubles ou avec privilège sur des immeubles. » L'argument [a contrario, que l'on peut tirer de la combinaison de ces deux dispositions, nous semble avoir une valeur incontestable.

L'article 1595-2°, qui a une liaison intime avec les articles 1434 et 1435, est aussi conçu en termes généraux et ne fait aucune distinction entre les meubles et les immeubles.—L'article 1470 dit, dans son paragraphe premier : « Les biens personnels ou *ceux qui ont été acquis en remploi.* » Or, qui contestera la généralité du mot *biens* ? Qui ira jusqu'à prétendre que cette expression ne comprend pas les *meubles* et les *immeubles* ? Personne, nous le croyons, n'osera aller jusque-là, surtout quand l'article 1470-2° ne parle que du prix des immeubles aliénés pendant la communauté.

Rien n'empêche, du reste, que la qualité de propre attachée à un immeuble, ne passe par subrogation à une valeur mobilière. Les articles 1407 et 1433 combinés imposent cette solution. La grande majorité des auteurs reconnaît que, par la subrogation, non seulement l'immeuble acquis en échange d'un propre, mais encore la créance, dont la nature est pourtant *toute mobilière*, devient également propre. Pothier admettait cette doctrine.

Si maintenant nous arrivons aux arguments de raison, nous les voyons militer en faveur de notre système. Le mari, sans le concours de sa femme, la femme, avec le concours de son mari, sont, sous le régime de la communauté, maîtres de modifier leurs patrimoines respectifs comme bon leur semble. Or, si un remploi en meubles leur paraît suffisant, pourquoi vouloir leur imposer un remploi en immeubles? Le remploi a pour but la substitution du droit de propriété, plus stable, au droit de créance entouré de dangers si grands et soumis à des chances si nombreuses de destruction. Nous l'avons reconnu déjà, le remploi en meubles offrira moins de sécurité que celui effectué en immeubles, mais enfin, si les garanties qu'il offre paraissent suffisantes aux époux, où est le texte qui crée des distinctions et leur impose le remploi en immeubles ? Nous croyons qu'il n'existe pas, car nous réfuterons tout à l'heure les articles 1493 C. civ. et 558 C. Co. Par conséquent, si la loi n'a pas distingué, nous ne devons pas le faire plus qu'elle.

La fortune mobilière a pris de nos jours un développement qu'on ne soupçonnait pas lui voir acquérir, lors de la rédaction du Code civil, époque à laquelle la propriété immobilière semblait presque exclusivement attirer la sollicitude du législateur. Les choses ont changé, la propriété mobilière a pris une extension considérable et notre Code, on le reonnaît, crée de nombreuses entraves pour ce genre de propriété. Devant de tels reproches, mérités il faut l'avouer, comment concevoir que l'on cherche à augmenter encore ces mesures restrictives que l'on critique, et que n'ordonnent et ne justifient ni le texte, ni l'esprit de la loi ?

Et, du reste, en vertu de quel droit imposer aux époux une pareille loi ? Quant au mari, maître absolu de ses biens, pouvant les vendre, les hypothéquer, les dissiper, comment ne pas lui reconnaître le droit d'en opérer le remploi comme bon lui semble, par conséquent en meubles aussi bien qu'en immeubles ? En ce qui concerne la femme, comment lui accorder la faculté d'invoquer la nullité d'un remploi fait en meubles ? Ce remploi lui est offert par son mari, elle l'accepte librement, eu connaissance de cause. De quel droit viendrait-elle demander ensuite à être restituée contre son acceptation ? elle ne peut recourir qu'aux nullités du droit commun, lequel ne lui donne ce moyen que si on a employé à son égard des manœuvres frauduleuses ou dolosives. Hors ces cas, que nous étudierons à la fin de ce travail en examinant les nullités dont peut être frappé le remploi, le consentement de la femme étant donné librement, est irrévocable.

M. Troplong invoque en faveur de son système l'article 1493-1º qui dispose que la femme a le droit de reprendre les immeubles à elle appartenant... ou l'immeuble acquis en remploi. Ce texte ne nous semble pas probant. Dans le paragraphe premier, le législateur dit que la femme prélèvera les immeubles qui lui appartiennent; or, malgré le terme restrictif *immeubles*, personne ne contestera à la femme le droit de reprendre également les meubles qui lui sont propres. S'il en est ainsi, s'il est vrai que le code a statué dans le paragraphe 1er sur l'hypothèse la plus générale, comment admettre qu'il n'en soit pas de même dans le paragraphe second? Et même en supposant que la pensée du législateur pût être douteuse, est-ce dans un texte comme l'article 1493, que nous pouvons trouver une règle prohibitive, que n'établissent pas les articles 1434 et 1435, textes spéciaux à la matière ? — Nous ferons la même réponse à l'argument tiré de l'article 558, C. Co.

Quant à la distinction introduite par MM. Rodière et Pont, elle ne semble pas se soutenir davantage ; aucun texte, en effet, ne la comporte. La seule condition dont on doive tenir compte, est de savoir si le bien nouvellement acquis peut faire l'objet d'un remploi ; il ne faut pas s'y méprendre, le remploi n'est pas le remplacement d'un bien d'une certaine nature par un bien d'une nature identique : c'est la subrogation d'un propre à un autre propre; or, les meubles aussi bien que les immeubles peuvent prendre la qualité de propres, et faire dépendre la qualité du bien à acquérir de celle du bien qui a été aliéné, c'est subordonner le sort du remploi à un évènement fortuit. La doctrine de MM. Rodière et Pont ne nous semble donc pas fondée.

2. — Faisant l'application du dernier système, que nous croyons basé, tant sur le texte et l'esprit de la loi que sur des arguments de raison d'une valeur réelle, nous dirons que le remploi peut avoir lieu, soit en immeubles, soit en meubles, soit en rentes, qui, considérées comme choses immobilières dans notre ancien droit, sont devenues des meubles dans notre législation actuelle. Nous aurons toutefois à examiner une question qui, dans notre droit coutumier, avait divisé Lebrun et Pothier, et relativement à laquelle, de nos jours encore, une discussion s'est élevée entre certains commentateurs sur le point de savoir qui supportera les risques.

Lebrun et Pothier se demandaient en effet, si le mari ayant fait un remploi en rentes, accepté par la femme, et si cette rente étant devenue caduque à la dissolution de la communauté, par l'insolvabilité du débiteur, la femme devait supporter seule cette perte ? Lebrun admettait la négative et pensait que la perte devait être pour la communauté, parce que le mari, étant garant de la rente, au moment de la dissolution du mariage, avait dû apporter la même exactitude dans le remploi de sa femme qu'un bon père de famille a coutume d'en apporter à ses propres affaires (1). Adoptant pour partie la doctrine de Lebrun, certains auteurs prétendent que le mari doit être garant de la rente, lorsqu'il n'a pas fait le remploi en biens de la même nature que ceux qui ont été aliénés, ou lorsqu'il n'a pas apporté à cette opération tous les soins et toute la diligence qu'on était en droit d'attendre de lui.

(1) Lebrun. Traité de la communauté. Liv. III, ch. ii, sect. 1, n° 84.

Pothier (1) n'admettait pas ce système, et il pensait que, sauf le cas où la femme a donné son consentement en minorité, et où elle a la faculté de se faire restituer contre cet acte , elle ne pouvait se soustraire à la perte qui la frappait et recourir contre son mari : « J'ai de la peine à croire, disait Pothier, que la femme, ayant donné en majorité son consentement à ce remploi, pût être reçue à le critiquer. » C'est, ce nous semble, la doctrine qui, aujourd'hui encore, doit être suivie ; les articles 1434 et 1435 n'exigent que le consentement de la femme et, à moins que celui-ci ne soit arraché par la violence, entaché de dol ou d'erreur, cas auxquels il pourrait être rescindé, nous devons dire que la femme devra supporter seule la perte qui la frappe. Toutefois, c'est là un point où le fait doit être pris en considération, et les tribunaux appelés à statuer sur la question auront à tenir compte de l'état de dépendance dans laquelle la femme se trouve habituellement vis-à-vis de son mari et de la confiance qu'elle a souvent en lui.

3. — Lorsqu'un immeuble de la femme a été aliéné et que le remploi n'en a pas été effectué, la communauté et le mari sont débiteurs envers la femme du prix de vente de cet immeuble ; ils peuvent se libérer en achetant à un tiers, avec certaines déclarations, un bien qui deviendra propre à la femme, ce sera même l'hypothèse la plus fréquente, mais ce n'est pas la seule et le législateur permet au mari de céder à sa femme un de ses immeubles, pour lui tenir lieu du remploi qui n'aurait pas été opéré avec les biens d'un tiers. Mais le

(1) Pothier. Traité de la communauté, loc. cit., nº 199.

mari, qui peut céder à sa femme un de ses biens propres, a-t-il aussi la faculté de lui vendre un immeuble commun? Nous croyons l'affirmative fondée. Et, en effet, si, comme nous le disions tout à l'heure, la femme a deux débiteurs : la communauté et le mari, il n'en est pas moins vrai que ces deux débiteurs ne sont pas également tenus. L'un, la communauté est le débiteur principal, contre lequel la femme recourra d'abord et ce n'est qu'à défaut d'actif de celui-ci qu'elle se retournera contre le mari, débiteur accessoire, pour obtenir le paiement de ce que la communauté a été dans l'impossibilité de lui donner. Il nous semblerait même plus logique que la cession de l'immeuble commun précédât celle des biens du mari, car, dans la première hypothèse tout est terminé, tandis que, dans la seconde, le mari n'a éteint la dette de la communauté que temporairement et conserve son recours contre elle pour se faire indemniser du prix de l'immeuble cédé. Nous ne voyons pas, du reste, quelle raison on invoquerait pour empêcher le mari de vendre à sa femme des biens communs, alors que cette cession a une cause légitime, et qu'il peut en disposer au profit d'un tiers comme bon lui semble.

Il n'est pas douteux que la femme peut accepter en remploi un immeuble propre à son mari, lorsque cet immeuble n'est pas soumis à l'hypothèque légale ; mais le pourra-t-elle encore lorsque cet immeuble sera frappé de cette hypothèque? Nous le croyons. Et, en effet, sous le régime de la communauté, la femme a le droit de renoncer aux sûretés que la loi lui accorde sur les biens de son mari ; elle peut en disposer au profit des tiers, elle a donc le droit, à plus forte raison, d'accepter en remploi un immeuble de son mari soumis à l'hypothèque légale (1).

La réciproque de ce que nous venons de dire, relativement au mari, n'est pas vraie, et la femme ne pourrait lui céder, en remploi de ses biens personnels, un de ses immeubles propres. La femme, en effet, ne peut faire une cession à son mari que dans les cas prévus par l'article 1595-1° et 3°, au nombre desquels ne rentre pas l'hypothèse actuelle. En édictant cette disposition restrictive, la loi s'est inspirée de l'état de dépendance dans lequel la femme se trouve généralement vis-à-vis de son mari ; celui-ci ne pourrait pas davantage se céder des biens communs, car il serait tout à la fois acheteur et vendeur, ce qui est impossible ; la femme ne pourrait pas non plus consentir cette cession au profit de son mari, car elle n'a sur ces biens aucun droit de disposition : l'article 1421, a contrario, le dit formellement (2).

Malgré ces raisons, M. Toullier admet la légitimité d'une semblable vente, quand elle est exempte de vices (3). Des opérations de cette nature, conclues d'une façon légale, sont, selon lui, dignes d'intérêt, et on ne voit pas pourquoi on ferait

_____

(1) Sous le régime dotal, on ne pourrait, croyons-nous, admettre la même solution. En effet, sous ce régime, la dot mobilière étant (sauf controverse toutefois) inaliénable, la femme ne peut y renoncer ; par conséquent la cession serait valable si l'immeuble donné en remploi ne garantissait pas d'autre créance que celle du prix de l'immeuble à remplacer ; dans le cas contraire, elle serait frappée de nullité. (V. Benech. De l'emploi et du remploi de la dot sous le régime dotal, n° 90, p. 207).

(2) Bourges 23 avril 1837. Sirey, 1837, 2-359.

(3) Toullier. Code civil, t. VI, n° 366, p. 539.

11

aux deux époux des conditions différentes. — Nous ne croyons pas, toutefois, qu'en présence des textes cités plus haut et des motifs qui les inspirent, cette doctrine puisse être suivie.

4. — Le but du remploi, avons-nous dit, est de maintenir l'intégrité du patrimoine de l'époux aliénateur, en y faisant entrer une chose d'un prix égal à celui de l'objet vendu. Ce qu'on doit considérer dans cette opération, ce ne sont pas les valeurs vénales respectives des objets aliénés et achetés, ce sont les prix de vente et d'achat, de telle sorte que, si les époux ont la bonne fortune de vendre cher un bien d'une valeur minime et d'acquérir pour un faible prix une chose qu'une expertise démontrerait valoir davantage, aucune indemnité n'est due à la communauté : l'époux qui a fait cette fructueuse opération en retire seul le bénéfice, et cela sans distinguer s'il s'agit du mari ou de la femme (1).

Il arrivera, toutefois, bien rarement, que le prix de la chose nouvellement acquise soit exactement égal au prix de l'objet vendu. *Quid* dans ce cas ? Nous avons déjà rencontré cette question en étudiant l'ancien Droit. Nous allons encore en chercher la solution, en distinguant les différentes hypothèses qui peuvent se présenter :

PREMIÈRE HYPOTHÈSE. — Le prix de l'objet acheté en remploi est inférieur à celui de la chose vendue ; dans ce cas, le bien nouvellement acquis est propre pour le tout à l'époux aliénateur, qui a droit, en outre, lors de la dissolution de la communauté, à une récompense égale à la différence du prix de vente et de celui d'acquisition.

(1) Lebrun. Traité de la Communauté. Liv. III, ch. II, sect. I. Dest. II n° 77. — Troplong. Contrat de mariage, t. II, n° 1150.

SECONDE HYPOTHÈSE. — Le prix du nouveau bien est égal à celui de la chose vendue. — En ce cas, le bien nouvellement acquis est propre pour le tout à l'époux, aucune récompense n'est due de part et d'autre.

TROISIÈME HYPOTHÈSE. — Le nouveau bien est d'un prix supérieur à celui qui a été obtenu par la vente. — Ici deux sous-hypothèses doivent être distinguées avec soin, mais avant de les résoudre, nous devons rappeler le principe de droit, que, jusqu'à preuve contraire, tout possesseur est présumé propriétaire. Par conséquent, la communauté possédant le bien des époux en sera présumée propriétaire (art. 1402, C. civ.) jusqu'à preuve contraire. Appliquant ce principe d'une façon rigoureuse, nous devrions dire : si le prix du bien acquis est supérieur à celui de la chose vendue, l'époux sera propriétaire jusqu'à concurrence du prix de vente, le surplus appartiendra à la communauté, qui sera dans l'indivision avec cet époux. Telle serait la règle stricte.

Ce serait toutefois pousser trop loin les conséquences de ce principe, que de se montrer aussi rigoureux. Nous admettons donc avec Pothier (1) que si le prix du nouveau bien ne dépasse que d'une façon minime le prix obtenu antérieurement, la chose achetée sera, pour le tout, propre à l'époux, sauf récompense due par lui à la communauté.

Mais, en second lieu, il faudrait de même reconnaître, que si le prix du nouveau bien est, de beaucoup, supérieur à celui du bien vendu, le bien sera indivis entre l'époux et la communauté. — M. Bugnet, dans la note placée sous le n° 198, de Pothier (loc. cit.), croit qu'il n'est pas dans l'esprit de notre

(1) Pothier, Loc. cit. n° 198.

Code, d'admettre cette copropriété, et qu'il faut chercher le propriétaire en étudiant la cause prédominante de l'opération; qu'en cas d'égalité, il faut s'en remettre à la qualification donnée par les parties à l'opération qu'ils ont faite : le tout sauf récompense.

Cette doctrine ne nous semble pas devoir être admise, et, en effet, s'il s'agit du mari, c'est lui permettre d'immobiliser des deniers à son profit et de les conserver jusqu'à la dissolution de la communauté, qui sera, peut-être, privée de l'emploi avantageux qu'on en aurait pu faire, et c'est, dans tous les cas, laisser aux deux époux un droit exorbitant : celui de se créer indirectement des propres à volonté. — Nous croyons donc la doctrine de Pothier assez large pour s'accorder avec les intérêts des époux et avec l'esprit de notre Code, si peu favorable à l'indivision.

CHAPITRE III

EMPLOI ET REMPLOI DES PROPRES DU MARI

SOMMAIRE :

1. — Il ne suffit pas, pour l'accomplissement du remploi, que la nouvelle acquisition soit payée avec les deniers provenant de la vente du propre de l'un des époux, il faut que la chose entrant dans le patrimoine de l'un des conjoints, y arrive marquée d'un signe qui permettra de la reconnaître. Cette précaution prise par le législateur se justifie facilement : elle a été inspirée tant par l'intérêt des tiers que par celui des époux eux-mêmes. Quant aux tiers, en traitant avec le mari,

ils savent qu'ils ont pour obligés le mari et la communauté ;
que le patrimoine propre de celui-ci, aussi bien que les choses
communes garantissent leur créance et que, si la femme n'est
pas intervenue à l'acte, elle n'est pas obligée sur ses propres.
Or, si l'on négligeait de déterminer d'une façon précise et in-
dubitable les biens composant les patrimoines respectifs des
époux et de la communauté, on pourrait, par des manœuvres
frauduleuses, faire passer comme propre par le remploi, dans
le patrimoine de la femme, un bien commun et le soustraire
ainsi à l'action des créanciers qui se trouveraient lésés. Entre
époux, les déclarations prescrites par la loi préviennent également les fraudes et fixent avec certitude la consistance des
patrimoines de chacun des conjoints.

2. — Aussi, pour arriver à ce résultat la loi exige-t-elle que
des déclarations, ne laissant prise à aucun doute sur le caractère de l'opération, soient faites lors de l'acquisition du nouveau bien. L'article 1434, qui régit cette matière, est en effet
ainsi conçu : « Le remploi est censé fait, à l'égard du mari,
toutes les fois que, lors d'une acquisition, il a déclaré qu'elle
était faite des deniers provenant de l'aliénation de l'immeuble
qui lui était propre, *et* pour lui tenir lieu de remploi. » Par
conséquent, deux déclarations sont exigées : il faut 1° que le
mari indique que l'acquisition est faite des deniers provenant
(ajoutons ou à provenir, étant admise la validité du remploi
par anticipation) de l'aliénation de *tel* ou *tel* bien ; 2° que c'est
pour lui tenir lieu de remploi dudit bien que la nouvelle acquisition est faite.

En exigeant, du reste, cette double déclaration, les rédacteurs du Code, n'ont fait que se conformer à la doctrine professée par la majorité des jurisconsultes coutumiers, et leur

intention semble évidemment d'exiger la simultanéité des deux déclarations prescrites par ceux-ci. Si le doute existait à cet égard, si l'on voulait faire naître quelque ambiguïté des termes pourtant si précis de l'article 1434, une simple observation suffirait pour la faire disparaître. Nous avons dit, tout à l'heure, que la majorité des anciens auteurs exigeait une double déclaration ; il existait cependant sur ce point des dissidences, et Pothier, le guide habituel des rédacteurs du Code civil, celui que, bien souvent, ils se bornèrent à copier, croyait une seule déclaration suffisante. Il dit, en effet (1) : « Lorsque j'achète, durant la communauté, un héritage avec déclaration : que c'est des deniers qui m'étaient propres... *ou* lorsqu'il est dit que c'est pour me tenir lieu de remploi de cet héritage ; l'héritage acquis avec cette déclaration... a par la subrogation la qualité de propre de communauté ». L'analogie de ce texte avec notre article 1434 est incontestable ; un seul point, point essentiel toutefois, diffère : c'est qu'au lieu de la disjonctive *ou* les rédacteurs du Code ont inséré dans leur article la conjonctive *et* montrant ainsi qu'en modifiant, sur un seul point, ce texte qu'ils copiaient dans ses autres dispositions, ils entendaient se ranger à l'opinion générale et exiger une double déclaration.

3. — Telle n'est pas cependant, de nos jours encore, l'opinion des auteurs, et il est des jurisconsultes qui prétendent qu'une seule déclaration doit suffire (2) ; la seconde, contenant l'intention d'opérer le remploi, la première pouvant être omise

(1) Pothier. Traité de la communauté, loc. cit., n° 198.

(2) Duranton. T. XIN, n°s 392 et 396. — Aubry et Rau, 3° édition, t. IV, n° 507, p. 258 et 259,

sans que, pour cela, l'existence de celui-ci soit compromise. Ces commentateurs pensent que le mot *et* inséré dans l'article 1434 l'a été par inadvertance et qu'il faut y substituer la disjonctive *ou* comme cela a lieu dans le traité de Pothier. Et alors se pose la question de savoir si, en présence de l'une seulement des deux déclarations que semble prescrire l'article 1434, le remploi doit-être maintenu ?

Pour l'affirmative, on invoque d'abord un argument historique tiré de Pothier et on prétend que notre ancien Droit entendit toujours résoudre la question avec ce tempérament ; par conséquent, dit-on, les rédacteurs du Code civil, qui se sont si largement inspirés de Pothier, n'ont pu que commettre une erreur en exigeant la simultanéité des deux déclarations.

Cet argument n'a pas, ce nous semble, la portée qu'on lui prête ; et d'abord, Pothier ne traite pas, au paragraphe 198, la question des déclarations à insérer dans l'acte : il se borne à mentionner le cas où un immeuble est, durant la communauté, subrogé à un propre ; mais il n'étudie pas le caractère des mentions nécessaires à la réalisation de cette subrogation. Du reste, et même en admettant que telle ait été la véritable opinion de Pothier, on est obligé de reconnaitre qu'elle n'était pas celle de la majorité des auteurs coutumiers. En effet Lebrun (1), Duplessis (2), d'Aguesseau (3), qui ont traité cette question, exigent tous, d'une façon explicite qui ne peut laisser aucun doute, la double déclaration prescrite par l'article 1434.

(1) Lebrun. Traité de la Comunauté, liv. III, ch. ii, sect. i, diest. ii, nº 37, 2º alinéa.

(2) Duplessis. Traité de la Communauté de biens, liv. II, chap. iv, sect. ii, édit. de 1726, t. 1, p. 447.

(3) D'Aguesseau. 27e plaidoyer, p. 644.

Or les rédacteurs du Code, qui connaissaient très bien les écrits de nos anciens auteurs sur cette matière, qui savaient la controverse existant entre eux, ont précisément exigé le concours des deux déclarations pour la trancher d'une façon définitive. L'argument historique, invoqué par les partisans de ce système, nous semble donc faire complètement défaut.

On tire, en second lieu, argument de la rédaction de l'article 1434, en s'efforçant de prouver que, sans doute, prise isolément, la déclaration d'origine des deniers est insuffisante pour effectuer le remploi, si elle n'est suivie de l'intention clairement manifestée de l'opérer ; mais, qu'à l'inverse, cette intention seule suffit. L'argument se tirerait donc d'un simple accident de rédaction, dont nous déclarons ne pas apercevoir la portée. Rien, en effet, dans la disposition de l'article 1434 ne nous semble autoriser la distinction qu'on veut y introduire, distinction que ne justifient ni ses origines ni sa forme grammaticale.

On insiste encore et on dit : Pourquoi exiger la déclaration d'*origine* des deniers, puisqu'on ne demande pas leur *identité*? Si on exige cette déclaration d'origine, il faut reconnaître alors l'impossibilité du remploi par anticipation. Nous ne croyons pas fondée cette conséquence qu'on veut tirer de l'objection ; rien, en effet, n'empêche l'époux qui aliène de stipuler qu'il paiera avec les deniers qui proviendront de la cession de tel immeuble qu'il vendra. Cette objection ne nous semble donc pas plus redoutable que les précédentes.

Si, après avoir réfuté ces différentes objections, nous n'avions pour étayer notre système que l'article 1434 et l'autorité de l'histoire, nous considérerions notre opinion comme solidement appuyée sur ce texte ; mais, en dehors de l'ancien

Droit, en dehors de l'article si précis qui régit cette matière, nous avons encore les principes généraux qui viennent corroborer notre façon de voir. Qu'est-ce, en effet, que le remploi ? C'est la subrogation d'un bien à un autre. Nous devons donc examiner si, dans l'article 1434, les rédacteurs du Code ont admis les mêmes principes que dans la théorie de la subrogation (1). Nous avons dans le Code civil deux textes où est traitée cette matière : l'article 1250-2° pour la subrogation personnelle, l'article 2103-2° et 5° pour la subrogation réelle, qui présente avec la précédente une ressemblance si complète. Or qu'exige la loi dans la subrogation conventionnelle ? Deux mentions (article 1250-2°) ; elle veut 1° « que l'acte d'emprunt et la quittance soient passés devant notaires ; 2° que dans l'acte d'emprunt, il soit déclaré que la somme a été empruntée pour faire le paiement et que, dans la quittance, il soit déclaré que le paiement a été fait des deniers fournis à cet effet par le nouveau créancier. » L'article 2103-2° et 5°, relatif à ceux qui se font subroger au privilège du vendeur ou des ouvriers, contient une disposition analogue. Or, en raison, n'est-ce pas ainsi que les choses doivent se passer ? La mention que les deniers

---

(1) La subrogation réelle était, comme la subrogation personnelle, connue dans notre ancien droit. Voir, en ce sens, un passage de Renusson (Traité des propres, chap I, sect. x, nᵒˢ 1 et 2). « La subrogation, dit-il, est une mutation. Il y en a de deux sortes, savoir : subrogation de personnes et subrogation de choses. La subrogation de personnes est, quand une personne entre au lieu et place d'une autre et est subrogée en tous ses droits, noms, raisons ou actions, privilèges ou hypothèques, ce qui se fait de plusieurs manières» (Renusson cite ensuite différents exemples de subrogation personnelle). La subrogation de choses est quand une chose est subrogée à une autre, qu'elle prend sa place et qu'elle est réputée avoir une même qualité que l'ancienne.

ont été empruntés pour payer le créancier n'indique-t-elle pas clairement l'intention d'opérer une subrogation , et la quittance ne montre-t-elle pas l'origine de ces derniers et l'emploi qui en a été fait? Dans le remploi, subrogation réelle, nous retrouvons des données analogues : l'acte d'acquisition, en effet, doit stipuler que le nouveau bien est acheté avec les deniers provenant de la vente de l'immeuble primitif (mention de l'origine des deniers, analogie avec la quittance qui doit indiquer que le paiement est fait avec les deniers empruntés) ; mais cela ne suffit pas, il faut en outre, pour l'accomplissement de la subrogation réelle, que les parties manifestent leur intention d'opérer le remploi, afin de faire passer au nouveau bien les qualités qui appartenaient à l'ancien (intention d'opérer le remploi, analogue avec le but du prêteur de se faire subroger au créancier originaire).

On pourrait faire, contre cet argument, une objection tirée de l'article 1407, qui vise le cas où un propre appartenant à l'un des époux est échangé contre un autre bien. Ici, une seule déclaration mentionnant l'échange suffit et la subrogation se produit avec cette seule déclaration. Pourquoi n'en serait-il pas de même, en cas de remploi, qui n'est, en somme, que la subrogation d'un bien à un autre ?

Les deux espèces, répondrons-nons, sont loin d'être identiques. En cas de remploi, en effet, un bien est vendu et le prix en est versé dans la caisse de la communauté ; plus tard seulement, ce prix est employé à l'acquisition d'un nouvel immeuble, par suite, cette substitution d'un bien à un autre et l'intention des contractants de le faire entrer dans le patrimoine de l'époux, au lieu et place de celui qui a été aliéné, n'apparaissent plus d'une manière aussi évidente et ne s'imposent pas d'une façon aussi énergique que dans l'échange. Aussi le législateur exige-t-il un signe indiquant, d'une façon certaine, que le nouveau bien remplace l'ancien, et, pour que cette opération ne donne lieu à aucune équivoque, demande-t-il deux déclarations dont la simultanéité ne peut laisser aucun doute à cet égard.

4. — A côté de l'hypothèse la plus fréquente, celle où l'époux prend pour effectuer le remploi, des deniers primitivement propres, mais tombés ensuite dans la caisse commune, il peut se produire une autre opération : celle où l'époux cède une créance à lui propre en paiement du bien nouvellement acquis. Exigerons-nous encore ici les deux déclarations indiquées plus haut ? Expressément, non. Implicitement, oui En effet, au moins pour l'une d'elles, celle concernant l'origine des deniers, on pourra l'induire des circonstances de l'acte, car dire qu'un époux cède telle créance à lui propre, en paiement de tel bien, c'est assurément faire comprendre qu'elle lui est propre par son contrat de mariage, ou comme représentant le prix d'un bien à lui propre, aliéné antérieurement. Par conséquent, l'origine des deniers se trouve ici implicitement établie. Quant à l'intention de faire du bien nouvellement acquis un propre par le remploi, il faut qu'elle soit clairement manifestée. L'ancien Droit était formel sur ce point, et les rédacteurs du Code ont suivi sa doctrine. Lebrun (1) dit en effet : « Si un mari achète une terre 20,000 livres, par exemple, donne en paiement une obligation de pareille somme, que le vendeur lui doit et qu'il s'est stipulée

_____

(1) Lebrun. Traité de la Communauté, liv. III, ch. ii, sect. 1, dist. ii, n° 75.

propre par son contrat de mariage, il est vrai de dire qu'il paie le conquêt de la créance qui lui était propre, *mais qu'il ne se fait pas un remploi actuel s'il ne le déclare*, car autre chose est de donner en paiement d'une terre une obligation qu'on avait comme propre, *autre chose est de prendre précisément cette terre pour le remploi actuel de son obligation; on donne ce qu'on a ou ce qu'on peut donner en paiement* d'une acquisition, et quand l'on donne son propre, cette dation en paiement acquiert un remploi (1) du propre du mari qui le fait, *mais ne lui procure pas de remploi actuel, si ce n'est qu'il le déclare.*

5. — Toutefois, l'origine des deniers doit être précisée avec soin : il ne suffisait pas, par exemple, de relater que l'acquisition est faite de deniers « à lui propres » ou « provenant de la vente de ses biens », il faut encore spécifier en vertu de quelle convention ces deniers sont propres, de quels biens aliénés on entend faire le remploi. Cela se comprend sans peine : le remploi a pour effet de mettre une chose au lieu et place d'une autre, il faut donc faire connaître d'une façon indiscutable quel bien on entend remplacer, et on n'arrivera à ce résultat qu'en mentionnant dans l'acte d'acquisition que les deniers sont propres au mari, soit en vertu de son contrat de mariage ou de tout autre acte, soit comme provenant de la vente de *tel* bien déterminé. Cette doctrine nous semble implicitement consacrée par l'article 1434, qui dit en effet : « il a déclaré qu'elle (l'acquisition) était faite des deniers provenant de l'aliénation de l'immeuble qui lui était personnel et pour lui tenir lieu de remploi ». Les termes de cet article sont impéra-

---

(1) Ce mot est ici synonyme de récompense.

tifs, il faut s'y conformer surtout si l'on se rappelle que l'ancien droit avait, sur ce point, une doctrine analogue (1).

6. — Mais est-il nécessaire que cette volonté d'effectuer le remploi soit exprimée dans les termes employés par le Code ? Nous ne le croyons pas et nous pensons que l'intention clairement manifestée d'opérer le remploi doit être jugée suffisante. Notre droit n'exige plus de formules sacramentelles. « Il suffit, dit M. Troplong, que la volonté de remployer soit certaine, évidente et positivement déposée dans l'acte ». On doit admettre une solution analogue en ce qui touche l'origine des deniers ; ce sont là des questions de fait, qui relèvent de la souveraine appréciation des tribunaux et des cours d'appel, et par suite échappent à la censure de la Cour de Cassation. La jurisprudence a consacré cette doctrine par un arrêt de la Chambre des requêtes du 23 mai 1838. « En Droit, a dit la Cour, le remploi, aux termes de l'article 1434, est censé fait, de la part du mari, toutes les fois que, lors d'une acquisition, il a déclaré qu'elle était faite des deniers provenant de l'aliénation de l'immeuble qui lui était personnel et pour lui tenir lieu de remploi ; la loi ne prescrit aucuns termes sacramentels, il suffit que l'acte d'acquisition exprime clairement la volonté du mari de faire un remploi et indique l'origine des deniers employés en paiement » (2).

Nous nous rallions à cette doctrine, tout en croyant que les parties feront bien d'exprimer clairement leurs intentions, de

(1) Duplessis. Traité de la communauté de biens, liv. II, ch. IV, section 2, page 447.

(2) Req., 23 mai 1837. — Sirey, 1838, 1, 525. — Troplong, Cont. de mariage, t. II, nº 1123.

façon à ne laisser prise à aucun doute et à couper court à tout
procès.

Toutefois, c'est seulement dans le cas où les deux déclarations prescrites par le Code se trouvent, sinon expressément, au moins implicitement contenues dans l'acte d'acquisition, que cesse la compétence de la Cour de Cassation. Si, en
effet, un jugement ou un arrêt voyait un remploi dans le cas
où aucune disposition de l'acte ne remplace les déclarations
exigées, ou encore, dans l'hypothèse où une seule de ces déclarations est mentionnée, un tel arrêt ou un tel jugement
pourrait être, pour violation de la loi, déféré à la censure de
la Cour suprême.

7. — C'est lors de l'acquisition, et à ce moment-là seulement, que les déclarations doivent être faites. Aucun doute ne
peut s'élever à cet égard : Pothier était formel en ce sens, il
exigeait une déclaration faite *in continenti*, et il donne cette
raison juridique : que le bien acquis sans ces déclarations
ayant été fait conquêt, appartient comme tel à la communauté,
qui ne peut plus en être privée (1). Lebrun invoque une autre
raison, dictée par une sage prévoyance. Le mari ne doit pas,
selon lui, pouvoir opérer le remploi *ex intervallo*, parce qu'il
lui serait trop facile d'attendre le résultat de l'opération qu'il
a faite, en prenant plus tard pour son compte un bien qui a
augmenté de valeur, en le laissant à la communauté s'il a diminué (2). De nos jours encore, cette solution doit être admise ;
elle est imposée par les termes formels de l'article 1434, qui,
s'occupant du remploi opéré par le mari, dit que ce remploi est

(1) Pothier, Traité de la communauté, loc. cit., n° 198.
(2) Lebrun. Traité de la communauté, eod. loc., n° 75, al. 2 *in fine*.

effectué « toutes les fois que *lors* d'une acquisition, il a déclaré que... » C'est donc à ce moment et à ce moment-là seulement, que la déláration doit être faite ; plus tard, elle n'aurait aucune efficacité.

Du reste, cette mention peut être faite dans un acte
de vente, soit authentique, soit sous seing-privé. La vente, en
effet, est un contrat consensuel, qui n'est soumis à aucune
forme spéciale (art. 1582 C. civ.). La loi n'a pas davantage
exigé l'intervention d'un officier public pour constater le remploi, qui peut ainsi être consigné dans un acte sous seing-
privé, lequel, selon nous, devra avoir *date certaine*. Le remploi pourrait même avoir pour objet une chose provenant
d'une vente forcée, car le paiement immédiat du prix n'est pas
une condition nécessaire à la validité du remploi.

8. — Deux déclarations sont donc exigées pour le remploi
des propres du mari ; elles sont une condition nécessaire et
suffisante pour l'efficacité de celui-ci. Par conséquent, du jour
où l'acquisition aura été faite avec les mentions requises, le
bien nouvellement acheté deviendra propre au mari et sera à
ses risques et périls. Il n'est pas nécessaire que le prix soit
immédiatement payé ; la loi n'a pas fait de cette condition un
cas de nullité du remploi, or les nullités ne se suppléent pas
et ne doivent pas être étendues ; il faudra toutefois tenir compte
de la condition de disponibilité des deniers, dont nous avons
déjà parlé plus haut. Il n'est pas nécessaire, non plus, que le
mari effectue le paiement avec les *mêmes* deniers que ceux
qu'il s'est constitués propres, ou qu'il a reçus comme prix de
son bien aliéné. On est unanime à reconnaître que le mot
deniers est ici synonyme de *valeur* et non d'*espèces* ou d'*écus*.
Cette identité n'est pas requise pour la subrogation person-

nelle (art. 1250-2° C. civ.) ; elle ne l'est pas davantage pour la subrogation réelle. L'exiger serait se montrer servilement esclave de la lettre de la loi et rendre souvent le remploi impossible, car il arrive rarement que le mari affecte un endroit spécial de sa caisse aux sommes ayant une telle origine, et, très fréquemment il versera les espèces dans la caisse commune, d'où elles sortiront avec les autres pour y être remplacées par des valeurs d'origines diverses ; il suffit donc que l'acquisition soit faite avec une somme égale au prix obtenu par la vente, car, en matière de choses fongibles, il est de principe que *tantumdem est idem.*

Donc, acquis avec les déclarations prescrites par l'article 1434, le bien deviendra propre au mari et cette acquisition pourra être invoquée pour ou contre lui. « Ces déclarations, dit avec raison M. Toullier (2), lient irrévocablement le mari, sans le concours de la femme ; les biens ainsi acquis par lui en remploi lui deviennent personnels et propres, sans qu'il puisse ensuite les abandonner à la communauté pour exercer de préférence le prélèvement ou la reprise des sommes qui en sont le prix. L'augmentation de valeur, aussi bien que la diminution et même la perte totale, demeurent à sa charge. »

(1) Radieu et Pont. Traité du Contrat de mariage, t. I, n° 260.
(2) Toullier, t. 6, n° 356.

CHAPITRE IV.

EMPLOI ET REMPLOI DES PROPRES DE LA FEMME.

1. — Nous en arrivons maintenant à l'importante théorie du remploi des biens de la femme.

Avant d'aborder l'étude des conditions requises pour l'accomplissement d'une telle opération, nous devons nous demander quels sont les droits respectifs de chacun des époux en cette matière et de quelle façon ils sont sanctionnés.

Rappelons, tout d'abord, que nous étudions le remploi facultatif, c'est-à-dire une opération qui est pour les époux une pure faculté, qu'ils peuvent faire ou ne pas faire.

Abordons, en premier lieu, les droits et les devoirs du mari. Est-il obligé de faire, à une époque quelconque, le remploi de ses propres ? A cette question, nous devons répondre d'une façon négative. Maitre absolu de ses biens, de les dissiper, de les aliéner, à titre onéreux ou gratuit, le mari peut ne pas faire le remploi, et si, à un moment donné, il veut l'effectuer, il est libre d'agir sans contrôle et sans avoir à redouter aucune critique ; sa femme ne peut l'y contraindre.

Arrivons maintenant aux droits de la femme. Un de ses propres a été aliéné, peut-elle contraindre le mari à en effectuer le remploi ? Ce droit doit lui être refusé, et nous ne devons lui reconnaître aucun pouvoir de forcer son mari à opérer l'emploi de ses deniers propres ou le remploi du prix de ses aliénés. On a donné de ce fait diverses raisons : M. Troplong invoque la souveraine autorité du mari et l'harmonie entre époux : « En définitive, dit-il, le mari est juge souverain du parti décisif et le droit de la femme à un remploi ne lui donne pas action pendant le mariage ; cette action serait inconvenante, elle serait une cause de discorde entre le mari et la femme ; c'est donc le mari qui décidera si le remploi doit être actuel, ou s'il doit être remis après la dissolution du mariage (1). » Si l'on admettait la doctrine de M. Troplong en la poussant à ses dernières conséquences, il faudrait refuser à la femme, pendant le mariage, toute action contre son mari. Or, telle n'est pas, nous le savons, la doctrine consacrée par notre Code. Selon nous, toute action en justice suppose l'existence d'un droit qui doit être sanctionné ; or, nous ne pensons pas qu'un tel droit existe pour la femme, qu'une telle obligation incombe au mari. Nulle part,

(1) Troplong. Contrat de Mariage, t. II, n° 1109. — Voir aussi n° 1073.

en effet, on ne rencontre un texte imposant au mari le devoir d'effectuer le remploi. Si la femme a des craintes fondées pour la conservation de sa fortune, elle ne peut que demander la séparation de biens et faire valoir son hypothèque légale : elle n'a aucun autre moyen de contrainte.

Nous venons de raisonner sur l'hypothèse où le contrat de mariage est muet sur le remploi, et où la femme a purement et simplement consenti à l'aliénation de son propre ; dans ce cas, nous ne lui avons reconnu aucun droit de contrainte contre son mari, mais il peut se faire que la femme n'aliène son propre que sous la condition de remploi. Quels seront alors ses droits ? Résoudre actuellement cette question serait anticiper sur notre étude. Nous renverrons donc à la théorie du remploi conventionnel pour la solution de la question que nous venons de poser.

2. — Lorsque le mari veut effectuer le remploi à son profit, une seule voie lui est ouverte : il doit acheter la chose à un tiers ; il ne peut, ni prendre pour se payer de sa créance contre la communauté un bien de celle-ci, ni accepter en paiement un propre de sa femme ; l'article 1595, qui est limitatif, n'autorise pas une semblable opération.

Il en est autrement toutefois lorsqu'il s'agit du remploi des propres de la femme, et, dans ce cas, elle peut, pour se désintéresser, accepter, soit un bien commun, soit un propre du mari. L'article 1595-2° autorise cette opération ; il permet la vente entre époux dans le cas où « la cession que le mari fait à sa femme, même non séparée, a une cause légitime, telle que le remploi de ses immeubles aliénés ou de deniers à elle appartenant, si ces immeubles ou deniers ne tombent pas en communauté. » Par conséquent, le mari peut, aux termes de cet article, céder à sa femme un de ses biens propres ; il peut aussi lui transporter un bien commun. L'article 1421, C. civ., qui lui permet de vendre les biens de la communauté, ne laisse aucun doute à cet égard. Donc deux voies sont ouvertes au mari pour désintéresser a femme : ou acheter le bien d'un tiers, en faisant insérer dans l'acte les mentions exigées par l'article 1434 et en obtenant dans cet acte même ou postérieurement l'acceptation de sa femme, ou encore lui vendre un de ses propres ou un bien commun.

Ce sont là deux opérations que nous allons étudier sous deux sections distinctes, en commençant par l'hypothèse de l'article 1595.

SECTION Ire

EMPLOI OU REMPLOI D'UN PROPRE DE LA FEMME, RÉALISÉ PAR LA VENTE D'UN BIEN COMMUN OU D'UN BIEN PROPRE AU MARI.

SOMMAIRE :

1. — Disposition et économie de l'article 1595 — 2e alinéa, du Code civil.
2. — De quelle façon le nouveau bien est subrogé à l'ancien et la communauté libérée envers la femme.

1. — Aux termes de l'article 1595-2º du Code civil, le mari peut céder à sa femme un de ses biens propres ou un bien commun lorsque cette vente « a une cause légitime, telle que le remploi de ses immeubles aliénés ou de deniers à elle

appartenant, si ces immeubles ou deniers ne tombent pas en communauté ». Cette double disposition de la loi s'explique. En effet, lorsque, par l'aliénation de l'un de ses propres, la femme est devenue créancière de la communauté, elle peut, à la dissolution de celle-ci, exercer ses reprises d'abord sur le patrimoine commun, et, en cas d'insuffisance de celui-ci, sur le patrimoine propre du mari ; elle a donc deux débiteurs : un obligé principal, la communauté ; un obligé accessoire, le mari. Lors de la dissolution de la communauté et de la liquidation de celle-ci, la femme pourra donc recourir contre le patrimoine commun, et, subsidiairement, contre celui de son mari. Or, le remploi n'étant, en somme, qu'une liquidation partielle et anticipée, doit s'opérer dans les mêmes conditions que la liquidation totale et définitive ; de plus, si la communauté est solvable, le mari, ayant éteint une dette commune, aura droit à une récompense égale au montant de la dette qu'il a payée avec ses biens propres.

Il peut se faire toutefois que la femme n'accepte pas immédiatement l'offre à elle faite par son mari ; il y a lieu d'appliquer alors la théorie des offres. Par conséquent, si le mari s'oblige à maintenir son offre pendant un temps déterminé, il ne pourra, pendant ce temps, la révoquer ; la femme pourra l'accepter ou la refuser. Si le mari a offert purement et simplement, il peut, à toute époque, révoquer sa proposition, expressément ou tacitement : dans cette dernière hypothèse en aliénant par exemple le bien offert ; totalement ou partiellement, dans le premier cas en vendant l'immeuble en entier, dans le second, en constituant sur lui un droit réel.

Et si la femme accepte cette offre antérieurement à la révocation, le mari sera lié à partir de cette date, mais sans

que l'acceptation ait un effet rétroactif, car jusque-là, ni la
femme, ni personne en son nom, n'avait consenti à ce remploi
ou donné mandat de l'opérer. Dès lors, à la date de l'acceptation, il interviendra entre la femme et le mari un contrat entièrement distinct de l'acte primitif qui a fait entrer le bien
soit dans le patrimoine du mari, soit dans celui de la communauté. Le prix de la chose cédée en remploi sera, non pas celui
pour lequel elle a été primitivement acquise, mais celui que
le mari et la femme auront fixé ; il pourra être supérieur ou
inférieur au prix payé à l'origine, selon que la chose aura augmenté ou diminué de valeur, pour quelque cause que ce soit. Par
conséquent, le bien passant dans le patrimoine de la femme
tel qu'il est, y entrera grevé de toutes les hypothèques conventionnelles ou légales dont il aurait été frappé, non-seulement
du chef du vendeur primitif, mais encore de celui du mari ;
la saisie que des créanciers auraient pratiquée sur cet immeuble, postérieurement à l'offre du mari, mais antérieurement à l'acceptation de la femme, sera opposable à celle-ci.
De même, la translation de la propriété, du patrimoine du
mari ou de la communauté au patrimoine de la femme, devra
être constatée par la transcription (Loi du 23 mars 1855).

Toutefois, l'acceptation de la femme doit intervenir avant
la dissolution de la communauté, et cela pour deux raisons.
Le remploi, aux termes de l'article 1435, doit être accepté avant
la dissolution de la société conjugale. Or, l'opération intervenue entre le mari et la femme est un remploi spécial, soumis
aux règles du remploi ordinaire. De plus, puisqu'il y a eu offre,
il faut appliquer la théorie des offres. Or, les héritiers du
mari, qui succèdent à ses obligations, ne sont pas tenus des
promesses qu'il a faites ; les héritiers de la femme succèdent,

sans doute, aux droits de celle-ci, non aux offres qui lui sont faites. Il en est de même en cas de séparation de biens, qui opère dissolution de la communauté ; en effet, du jour de la demande en séparation, le jugement qui intervient rétroagissant jusqu'à cette date, les patrimoines du mari, de la communauté et de la femme sont fixés ; par suite l'offre faite par le mari à sa femme devient caduque faute d'objet.

2. — Le remploi, nous le savons, produit deux effets : il rétablit l'intégrité du patrimoine de celui des époux qui en profite, en substituant au bien qui a disparu un autre bien qui le remplace ; il libère la communauté envers l'époux créancier. Or, l'opération que nous étudions produit le même résultat que le remploi ordinaire ; elle n'est donc qu'une variété de celui-ci, et, comme telle, doit être soumise aux règles qui le régissent.

Par conséquent, puisque, comme le remploi ordinaire elle a pour effet de subroger un bien à un autre, elle doit être soumise aux règles de la subrogation que nous avons étudiées antérieurement. Deux déclarations, l'une de l'origine des deniers, l'autre de l'intention de remplacer la chose vendue par le nouveau bien, doivent donc être insérées dans l'acte translatif de propriété, conformément aux dispoitions des articles 1434 et 1435. Si ces formalités étaient omises, le remploi ne pourrait s'opérer.

Peut-être cherchera-t-on à contester la légalité de cette solution en tirant argument des termes de l'article 1595-2°, qui n'exigent aucune de ces déclarations et n'édictent aucune nullité dans le cas où elles ne seraient pas mentionnées. L'article 1595-2° n'a fait qu'indiquer un cas de remploi ; il n'a pas eu pour objet de poser les règles qui le régissent, il a donc entendu s'en référer aux textes qui font loi sur cette matière, c'est-à-dire aux articles 1434 et 1435 ; par conséquent, c'est à ces textes qu'il faut se reporter pour connaître les règles du remploi ordinaire et des opérations qui produisent les mêmes effets et tendent au même but que lui. Or, nous le savons, qu'il s'agisse du remploi du mari ou de celui de la femme, bien plus, qu'on étudie la subrogtion réelle, l'origine des deniers et l'intention de subroger doivent être déclarées ; nous devons exiger ici des mentions analogues, surtout si nous rappelons les solutions identiques de l'ancien droit sur cette question.

Cette opération, avons-nous dit en second lieu, anéantit la dette contractée par la communauté envers la femme. Toutefois, cette extinction peut être ou non définitive en ce qui touche la communauté, et celle-ci peut être ou non libérée pour toujours, selon que la chose cédée aura été prise dans le patrimoine commun ou dans celui du mari. Si, en effet, le bien vendu à la femme était commun, il y a là une dation en paiement qui éteint, à tout jamais, la créance de la femme. Si, au contraire, la chose donnée appartenait au mari, sans doute la femme n'aura plus d'action contre la communauté, mais le mari ayant payé une dette commune aura droit, de ce chef, à une récompense. Toutefois, même dans ce cas, le mari pourra avoir intérêt à opérer ainsi, car, à la dissolution de la communauté, la femme pouvant, en cas d'insuffisance d'actif de celle-ci, poursuivre le paiement de sa créance sur les biens du mari, il peut arriver, par suite de circonstances de fait dont nous ne pouvons nous occuper ici, que le mari éprouve un préjudice considérable en se libérant à cette époque.

SECTION II

EMPLOI ET REMPLOI DES PROPRES DE LA FEMME PAR L'ACQUISITION

DUN BIEN APPARTENANT A UN TIERS.

———

SOMMAIRE :

§ 1er.

1. — Une double déclaration est exigée pour le remploi des propres de la femme ; économie de l'article 1435.
2, — Disposition de l'article 558 C. co.
3. — Outre la double déclaration indiquée au paragraphe 1er, il faut que la femme accepte le remploi.
4. — Cette acceptation peut se produire pendant toute la durée de la communauté ; le mari peut-il mettre sa femme en demeure d'accepter? Toutefois la dissolution de la communauté rend impossible l'acceptation de la femme.
5. — Forme de cette acceptation.
6. — La femme doit-elle être autorisée pour pouvoir la donner valablement? — Controverse.
7. — Quelles preuves sont exigées de ceux qui invoquent un remploi fait au profit de la femme.

1. — Le cas de remploi dont nous abordons actuellement l'étude est le plus ordinaire : le mari acquiert d'un tiers, avec certaines déclarations, une chose qu'il propose à sa femme d'accepter en remploi de son propre aliéné. Telle est l'hypothèse la plus fréquente et celle qui est plus spécialement prévue par la loi dans l'article 1435, ainsi conçu : « La déclaration du mari que l'acquisition est faite des deniers provenus de l'immeuble vendu par la femme et pour lui servir de remploi,

ne suffit point si ce remploi n'a été formellement accepté par la femme ; si elle ne l'a pas accepté, elle a simplement droit, lors de la dissolution de la communauté, à la récompense du prix de son immeuble vendu. »

Par conséquent, ici encore, comme au cas du remploi opéré au profit du mari, deux déclarations : l'une de l'origine des deniers, l'autre de l'intention d'effectuer le remploi, sont exigées ; mais suffisantes à elles seules pour le remploi des biens du mari, ces deux déclarations ne lient pas la femme, l'acceptation de celle-ci est de plus nécessaire.

La place occupée par l'article 1435, qui suit immédiatement l'article 1434 où la loi traite des déclarations nécessaires à la validité du remploi ; la rédaction de l'article 1435, où le législateur renvoie implicitement à l'article 1434, tout indique que les règles posées dans ce dernier article sont aussi celles qui doivent régir le remploi de biens de la femme ; nous renverrons donc aux développements donnés dans le chapitre précédent, relatif au remploi des biens du mari. Par conséquent, il faudra que ces déclarations, si elles ne sont pas l'exacte reproduction des termes de la loi, soient au moins non équivoques ; on ne pourrait, par exemple, les induire de la présence de la femme à l'acte (1), ou de ce qu'elle a acheté en déclarant que les deniers provenaient de la vente d'un bien à elle propre (2). Cela ne peut, du reste, soulever aucune difficulté,

(1) Benech. De l'emploi et du remploi de la dot sous le régime dotal, n° 34, p. 62.

(2) Troplong. Contrat de Mariage, t. II, n°s 1121 et 1122. — Lebrun, loc. cit. n°s 69 à 72. — Pothier. Traité de la Communauté, eod. loc. n° 199.

Un arrêt de la cour de Nancy, décide conformément à cette

si l'on se rappelle les principes de la subrogation exposés plus haut.

De même aussi que pour le remploi des biens du mari, les déclarations dont il est parlé plus haut doivent être faites, *in continenti*, dans l'acte même d'acquisition : l'article 1435, combiné avec l'article 1434, impose cette solution, que vient corroborer du reste une raison juridique. En effet, aux termes de l'article 1434, il ne saurait y avoir remploi sans la mention de ces deux déclarations ; par conséquent, en l'absence de celles-ci ou de l'une d'elles, la chose nouvellement acquise devient la propriété de la communauté, par application du principe contenu dans l'article 1403-3° ; conformément à ce texte, la propriété ne résidant plus dans la personne du vendeur et ne passant pas à la femme, s'est fixée dans le patrimoine de la communauté, où elle demeure maintenant. Pour la transporter de ce patrimoine dans celui de la femme, en faisant *ex intervallo* les déclarations prescrites, il faudrait une disposition légale, sanctionnant une semblable tronsmission. Or ce texte de loi n'existe nulle part et nous ne pouvons le suppléer (1).

Cependant, l'opinion contraire a trouvé des partisans et on a soutenu que les déclarations dont il s'agit pouvaient être faites *ex intervallo*. On s'appuie surtout pour établir ce système sur une maxime empruntée à Dumoulin : « Maritus poterit, *ex intervallo*, bonam fidem agnoscere, etiam in testa-

doctrine, que l'indication insérée dans l'acte que les deniers proviennent des propres de la femme, ne suffit pas. Nancy, 26 juin 1833. Dalloz, alp. v° Contrat de Mariage n° 1416. Paris, 25 juin 1839, n° 1417.

(1) Troplong. *Ibid*, n° 1122.

mento recompensare uxorem. » Or, dit-on, cette maxime n'a pas été abrogée, elle nous régit donc encore aujourd'hui ; rien n'est changé et, par suite, le mari peut, postérieurement à l'acte d'acquisition, faire les déclarations prescrites par la loi. De plus, l'article 1595-2° vient corroborer cette interprétation. Ce texte permet, en effet, au mari de céder à la femme, en remploi de son propre, un de ses biens personnels ou un bien commun. Or, cette chose a naturellement été acquise avant la cession ; les déclarations sont postérieures à l'acquisition ; aucune hésitation n'est donc plus possible. Sans doute, pendant tout le temps que ces déclarations n'auront pas été faites, le bien ne sera pas propre à la femme ; mais, dès qu'elles auront été mentionnées à l'acte, il le deviendra : cette doctrine se trouve donc pleinement justifiée (1).

Ces arguments ne nous ont pas convaincu. En ce qui touche la maxime de Dumoulin d'abord, elle ne paraît pas avoir la portée qu'on lui prête. Ce jurisconsulte, en écrivant cette note, sous l'article 238 de la coutume du Bourbonnais, ne visait pas l'hypothèse qu'on veut lui faire régir ; il n'avait pour but ni de réglementer le remploi, ni de savoir si les déclarations nécessaires, déclarations dont il n'était pas question alors, pouvaient être faites *in continenti* ou *ex intervallo*. Sa seule pensée en écrivant la note citée plus haut, était d'arriver à créer pour la femme le droit à une récompense, droit dont elle ne jouissait pas auparavant, puisque le prix d'aliénation de ses propres tombait en communauté et devait, comme tous les autres biens communs, être partagé à la dissolution de celle-ci, sans que la femme

(1) Rodière et Pont. Contrat de Mariage, t. I, n° 663.

pût prétendre de ce chef à un prélèvement. — Quant à l'article 1595-2° qu'on invoque comme argument de texte de ce système et dont on considère la disposition comme devant lever tous les doutes, nous ne croyons pas pouvoir lui reconnaître la valeur que lui prêtent nos adversaires. Que dit, en effet l'article 1595-2° ? Que le mari peut céder à sa femme des biens à lui propres ou des biens communs; il ne détermine nullement sous quelles conditions pourront s'effectuer ces remplois ; par conséquent, il renvoie, par là même, au siège de la matière, c'est-à-dire aux articles 1434 et 1435. Or, ces textes sont trop précis pour que nous puissions nous en écarter et ce serait le faire en admettant la doctrine de MM. Rodière et Pont (1).

2. — L'article 508 C. Co. au titre de la faillite, fait l'application des principes que nous venons d'exposer. Toutefois, comme en cette matière des fraudes nombreuses sont à redouter, le législateur a dû édicter des règles rigoureuses, assurant la sincérité des actes faits par le négociant failli ou intéressant sa femme. De là, l'article 558 qui dispose que « la femme reprendra pareillement les immeubles acquis par elle et en son nom des deniers provenant desdites successions et donations, pourvu que la déclaration d'emploi soit expressément stipulée au contrat d'acquisition et que l'origine des deniers soit constatée par inventaire ou par tout autre acte authentique. Par conséquent, ici comme pour le remploi opéré au profit de la femme d'un non-commerçant, deux conditions sont exigées : déclaration d'emploi ou de remploi dans l'acte même d'acquisition, mention de l'origine des deniers. Mais cette origine

(1) Troplong. Contrat de Mariage, t. II, n° 1122.

des deniers doit être établie d'une façon précise, qui ne laisse aucun doute sur leur provenance : la crainte des fraudes explique cette rigueur. Aussi la loi a-t-elle exigé l'acte authentique ou un inventaire rédigé en cette forme après le décès des personnes à qui la femme a succédé. Du reste, sauf cette disposition, l'article 558 maintenait les règles du Droit commun. Les premiers mots de ce texte pourraient peut-être donner lieu à une difficulté qu'il est bon de signaler et de faire disparaître immédiatement. « La femme, y est-il dit, reprendra également les immeubles acquis par elle et en son nom... » Ces mots, tout le monde est d'accord sur ce point, n'excluent pas l'hypothothèse où c'est le mari qui a fait seul l'acquisition. L'article 558 ne pouvait enlever à la femme le droit d'acquérir par un mandataire et, dans ce cas, le mari achetant au nom et pour le compte de sa femme, aura vraiment cette qualité.

3. — Lorsqu''il s'agit du remploi des propres du mari, la double déclaration de l'origine des deniers et l'intention d'effectuer le remploi est suffisante ; dès qu'elle est relatée dans l'acte, le nouveau bien appartient au mari, il est à ses risques et périls. En ce qui touche le remploi des propres de la femme, une troisième condition est encore exigée : il faut qu'elle accepte le remploi qu'on lui offre. Cette faculté accordée à la femme d'accepter ou de refuser le remploi a sa raison d'être. En effet, la femme est sous la dépendance de son mari ; c'est lui qui agit pour elle, qui gère son patrimoine ; on comprend donc que, première intéressée, à la bonne administration de celui-ci, elle jouisse de la faculté d'accepter ou de refuser les offres qui lui sont faites et qui peuvent avoir sur sa fortune personnelle, un effet considérable.

Cette considération avait déjà frappé nos anciens auteurs et ils exigeaient, pour l'accomplissement du remploi opéré au profit de la femme, l'acceptation de celle-ci. Duplessis, après avoir mentionné la nécessité de la double déclaration, dit en effet : « Et elle est suffisante pour le remploi du mari, mais à l'égard de celui de la femme, il faut aussi nécessairement qu'elle *parle* au contrat, pour *consentir et accepter le remploi,* ou qu'elle le ratifie auparavant la dissolution de la communauté, autrement elle ne pourrait prétendre ce remploi réel, mais seulement une simple reprise, nonobstant la stipulation faite (1). » Pothier (2) dit de même : « Lorsque c'est pour tenir lieu de remploi des propres de la femme que le mari acquiert un héritage durant le mariage, il faut pareillement que la déclaration soit faite par le contrat d'acquisition, que l'héritage est acquis pour tenir lieu de remploi ; mais cette déclaration n'est pas seule suffisante : pour que l'héritage tienne lieu de ce remploi et soit en conséquence propre de la communauté de la femme, par subrogation, il faut, outre cela, *que la femme consente que cet héritage lui tienne lieu de remploi.* » Le Code civil, dans l'article 1435, s'est inspiré de cette doctrine, et il en a presque littéralement reproduit les termes. Son esprit et son texte ne peuvent, sur ce point, donner lieu à aucune équivoque ; il dit en effet : « La déclaration du mari... ne suffit point si le remploi n'a été formellement accepté par la femme. » Un texte aussi précis n'a pas besoin de commentaire. L'article 1435 montre du reste, lui-même, dans une autre partie de son texte, les conséquences du défaut d'ac-

(1) Duplessis. Traité de la Communauté de biens, liv. II, ch. iv, sect. ii, t. i, p. 447.

(2) Pothier. Traité de la Communauté, 1re partie, ch. ii, no 199.

ceptation et par suite la nécessité de cette acceptation ; il dit
en effet : « Si elle ne l'a pas accepté, elle a simplement droit,
lors de la dissolution de la communauté, à la récompense du
prix de son immeuble vendu. » Il peut arriver que, pour des
raisons multiples et dont l'énumération ne saurait trouver
place ici, puisque ce sont là des questions de fait, variant avec
les circonstances, la femme trouve désavantageuse l'offre qui
lui est faite par son mari. Il peut arriver aussi qu'elle préfère
à un immeuble une somme d'argent, d'un intérêt souvent plus
productif. En ce cas, les pouvoirs que la loi donne au mari sur
les biens de sa femme sont insuffisants pour qu'il puisse contraindre celle-ci à accepter, car c'est là un acte grave, dont
seule elle doit rester juge.

Cette formalité de l'acceptation donne lieu à plusieurs
autres questions, qu'il faut examiner : quand peut-elle être
donnée ? dans quelle forme ? la femme doit-elle être autorisée
pour accepter ? Tels sont les points que nous allons passer
en revue.

4. — Pour savoir à quel moment peut être donnée l'acceptation de la femme, il faut considérer trois époques : celle de
la passation de l'acte, celle comprenant le laps de temps qui
s'écoule depuis cet instant jusqu'à la dissolution de la communauté, enfin, l'époque postérieure à cet événement.

En ce qui touche d'abord la première époque, nul doute
que la femme puisse donner son acceptation dans l'acte
d'acquisition si elle se croit suffisamment éclairée sur la
valeur de la chose qui va lui devenir propre par subrogation ;
la femme peut donc consentir au remploi [dans l'acte d'acquisition.

13

Elle peut également donner son consentement postérieurement à cet acte, pendant la durée de la communauté. Telle
était la doctrine de notre ancien Droit ; Pothier (1) qui la
résume, dit en effet : « Pour qu'un héritage ou autre immeuble,
acquis par le mari avec déclaration que c'est pour tenir lieu
de remploi à sa femme, soit propre de subrogation, il faut, à
la vérité, que cette déclaration soit portée par le contrat
d'acquisition ; *mais il n'est pas de même nécessaire que le
consentement que la femme doit donner à ce remploi soit
donné par le contrat, ni dans le même temps ; la femme peut
le donner en intervalle.* » L'article 1435 n'est pas explicite
sur ce point, il faut interpréter son silence, or, nous étudions
en ce moment, une matière d'exception où tout est de rigueur,
nous ne devons donc pas ajouter aux dispositions qu'elle ne
renferme pas. De plus, et c'est là une remarque qui vient
corroborer cette observation, l'article 1435 est absolument
muet sur cette question, alors que l'article 1434, mentionnant
les déclarations nécessaires, dit qu'elles doivent être faites
« *lors de l'acquisition.* » Les travaux préparatoires et la discussion qui a eu lieu au sein du Conseil d'Etat ne laissent,
du reste, aucun doute. On comprend, d'ailleurs, qu'il en soit
ainsi, car la femme peut ne pas avoir été présente au contrat,
puisqu'il n'était pas nécessaire qu'elle y assistât. On conçoit,
dès lors, que, prise à l'improviste, ignorant souvent de quel
bien il s'agit, on lui laisse le temps de la réflexion, sinon, elle
pourrait se trouver placée dans cette alternative : ou bien
d'accepter, sans connnaissance de cause, un bien qui peut
dépérir d'une façon considérable dans un avenir plus ou moins

---

(1) Pothier. Traité de la Communauté, 1re partie, n° 200.

éloigné, ou bien perdre un remploi qu'on ne lui offrira peut-être plus jamais et se contenter d'une simple créance, que ne pourra peut-être payer ni la communauté, ni le mari. Aussi, la doctrine et la jurisprudence ont-elles toujours admis que l'acceptation de la femme peut être donnée *ex intervallo.* M. Delvincourt est cependant d'une opinion contraire (1). Toutefois, un temps très long peut s'écouler avant que ne se produise la dissolution de la communauté, terme après lequel la femme ne peut plus accepter valablement l'offre qui lui est faite. Des droits réels peuvent avoir été consentis par le mari, au profit des tiers, sur le bien offert à la femme. Dans ce cas, le silence de celle-ci fera naître l'incertitude. Le mari ou les tiers peuvent-ils faire cesser cet état de choses en mettant la femme en demeure d'accepter ou de refuser, dans un délai déterminé, l'offre de remploi qui lui est faite?

Sur ce point, les auteurs sont partagés. M. Colmet de Santerre (2) refuse ce droit au mari et aux tiers : d'abord, parce qu'il n'est pas probable que la femme tarde bien longtemps à accepter le remploi, poussée qu'elle est par la crainte de voir arriver la dissolution de la communauté, événement qui ferait tomber pour elle la proposition du remploi antérieurement faite et ne lui laisserait plus qu'un droit à une simple récompense, sûreté qui peut être précaire. En second lieu, si la situation du mari est incertaine, tant pis pour lui, il supporte les conséquences de l'acte qu'il a fait

D'autres auteurs, au contraire, reconnaissent ce droit au

(1) Delvincourt, t. III, p. 290.

(2) Colmet de Santerre. Cours du Code Napoléon, t. VI, n° 79 bis, XVI.

mari. Ils invoquent, à l'appui de leur système, l'autorité de l'histoire. Pothier (1) examinant le point de savoir si la femme peut accepter le remploi après la dissolution de la communauté, nous apprend d'abord que Duplessis ne lui reconnaissait pas ce droit ; puis il ajoute : « D'autres auteurs pensent, nonobstant ces raisons, que, *tant que la femme n'a pas été mise en demeure de s'expliquer, non-seulement la femme, mais même ses héritiers,* sont en droit de prendre l'acquisition pour leur compte. » Par conséquent, dit-on, sous l'ancien Droit, le mari pouvait mettre sa femme en demeure. Cette doctrine n'ayant pas été rejetée par le Code, a été maintenue. Du reste, il y a des inconvénients pratiques à laisser indécis la fixation de la propriété et les droits des tiers ; de plus, permettre à la femme d'attendre, pour faire connaître sa détermination, que les chances de gain ou de perte se soient dessinées, c'est lui faire la part trop belle, car si l'immeuble vient à diminuer, elle le laissera à la communauté, s'il augmente elle en fera son profit ; elle a tout à gagner, rien à perdre. Or, s'il est bon que la femme puisse accepter en connaissance de cause la proposition de remploi que lui fait son mari, il ne faut pas que toutes les chances de gain soient de son côté.

Par conséquent le mari ou les tiers pourront mettre la femme en demeure ; la sommation qu'ils lui feront signifier à cette fin devra contenir indication du délai dans lequel elle devra prendre parti. En cas d'insuffisance, du reste, ce délai pourra être augmenté par les tribunaux et, comme les demandes de cette nature requièrent en règle générale, célérité, elles

(1) Pothier. De la Communauté, 1re partie, ch. II, no 200.

seront jugées comme matière sommaire, et même, s'il y avait urgence, la femme pourrait faire trancher la question par voie de référé.

Donc, à moins qu'elle n'ait été mise en demeure d'accepter, cas auquel elle doit le faire dans le délai qui lui a été imparti à cet effet, sous peine de voir son mari pouvoir disposer du bien offert en remploi comme il le ferait d'une chose commune, la femme peut accepter, tant que dure la communauté; la dissolution de celle-ci lui enlève ce droit.

Dans l'ancien droit, cependant, cette question avait été controversée, et si Lebrun, Duplessis et Denizart adoptaient cette doctrine, il n'en est pas moins vrai qu'elle était contestée par d'autres jurisconsultes. La disposition de l'article 1435 et les discussions qui s'élevèrent au sein du Conseil d'Etat montrent bien que le législateur a entendu consacrer le système enseigné par Lebrun. En effet, le projet du titre *du contrat de mariage*, présenté au Conseil, contenait sous les numéros 40 et 41 deux dispositions identiques pour le fond et pour la forme aux articles 1434 et 1435 du Code, qui nous régissent actuellement. A la séance du 13 vendémiaire, l'art. 40 fut admis sans discussion ; un débat s'éleva, au contraire, relativement à l'article 41, sur la question de savoir, si contrairement au projet, il ne convenait pas d'autoriser le remploi, après la dissolution de la communauté. M. Jollivet, qui demandait cette modification, disait que l'objet de cet article était évidemment de « pourvoir aux intérêts de la femme, et que, cependant, dans l'application, il lui deviendrait préjudiciable si, lors de la dissolution de la communauté, les biens du mari se trouvaient insuffisants pour fournir la récompense du prix de l'immeuble vendu ». L'intérêt de la femme, telle

était la considération mise en avant par M. Jollivet.
M. Treilhard opposait l'intérêt du mari. « Il ne faut pas,
répondait-il, que la femme ait le droit de venir prendre
arbitrairement l'immeuble destiné au remploi, lorsqu'après
avoir laissé au mari tous les risques et toutes les avances,
tant que la communauté a subsisté, elle se présente, après sa
dissolution, pour profiter seule de toutes les améliorations ».
Enfin, et à l'occasion d'une distinction qui semblait pouvoir
concilier ces deux intérêts, M. Tronchet, soutenant l'article
41, en introduisait un troisième dans le débat ; il dit : « que,
dans aucun cas, la propriété ne pouvait demeurer incertaine
par rapport aux créanciers ; il serait contre le bon ordre de
permettre aux époux de se jouer de l'intérêt des tiers et de
remettre, après la dissolution de la communauté, à fixer la
nature de l'immeuble ». M. Berlier, rapporteur, développa
cette dernière considération et l'article, renvoyé à la Commis-
sion, ne fut pas modifié. La proposition ayant pour but
d'autoriser la femme à accepter le remploi après la dissolution
de la communauté, ne fut donc pas adoptée.

Les rédacteurs du Code semblent donc avoir été surtout
guidés par deux considérations : l'intérêt des tiers, dont le
gage ne doit pas rester trop longtemps incertain et soumis à
des fluctuations destructives du crédit, la fixité de la propriété,
que, dans toute société bien organisée, on doit chercher à
obtenir. Enfin, à côté de ces raisons de fait et d'utilité sociale,
il en est une autre, juridique celle-là, qui paraît légitimer et
imposer la solution de l'article 1435 :

Lorsque les époux sont mariés sous le régime de la communauté, il se produit un résultat bien connu : certains biens
restent propres au mari, d'autres à la femme ; une troisième

catégorie, enfin, n'est la propriété exclusive ni de l'un, ni de l'autre, et, tant que dure le mariage, forme le patrimoine de la communauté ; il commence au jour de la célébration du mariage, diminue ou augmente pendant la durée de la société conjugale, se fixe et prend une consistance qui ne pourra plus se modifier quand arrive la dissolution de *la* communauté. Dès cette dernière époque, son assiette est fixée d'une manière incommutable, quoique le partage, retardé par des opérations ou des difficultés de fait, que nous n'avons pas à étudier ici, se fasse peut-être longtemps attendre. Or, permettre à la femme de prendre, après la dissolution de la communauté, un bien commun, n'est-ce pas modifier la condition du patrimoine de la communauté, n'est-ce pas, d'une façon flagrante, aller à l'encontre du principe que nous avons posé tout à l'heure ? Assurément oui. Donc, la femme qui n'a pas accepté le remploi avant la dissolution du mariage, ne peut plus le prendre, après la cessation de celui-ci. Cette doctrine, du reste, était déjà admise dans notre ancien droit. Duplessis dit en effet : « L'acceptation ne peut plus être faite là où les choses ne sont plus entières, *à cause de la dissolution de la communauté qui acquiert droit à chacun.*

On a fait une objection contre ce système : ne pas permettre à la femme d'exercer son option après la dissolution de la communauté, c'est, a-t-on dit, l'empêcher de connaître, d'une façon vraie, la valeur réelle de la chose qui lui est offerte. Et, en effet, tant que dure la communauté, placée qu'elle est sous la dépendance de son mari, elle subit l'influence de celui-ci, elle n'a pas une liberté suffisante pour se décider en parfaite connaissance de cause ; c'est seulement après la dissolution du mariage qu'elle peut être véritablement édifiée sur la valeur du bien qu'on lui propose en remploi. Nous répondrons avec M. Troplong (1) : « elle abuserait de la faculté de prendre la subrogation si elle lui était avantageuse, ou de la répudier si elle lui était onéreuse : qu'elle le puisse pendant que dure la communauté, c'est une concession déjà bien grande ; il ne faut pas que les choses éprouvent de suspens, il faut que leur qualité soit réglée, afin que le partage ne dépende pas de bases capricieuses ou incertaines. » On peut encore ajouter que la femme a pu se renseigner, pendant le mariage, et par suite savoir avant la dissolution de celui-ci, quel parti elle devait prendre.

Certains auteurs, voulant rendre plus juridique la solution que nous combattons, soutiennent que, comme cela avait lieu sous les coutumes de Paris et d'Orléans, la communauté ne prend fin qu'à partir du jour où un inventaire, constatant sa consistance, a été dressé, et que, par conséquent, c'est seulement à partir de cette époque, que cesse le droit d'option de la femme. Rien dans les textes ni les principes de la loi n'autorise une telle interprétation. Nous la repousserons donc.

Tout en admettant, en principe, la doctrine que nous proposons, certains auteurs tentent cependant d'y introduire des distinctions (2). Selon eux, la femme ne pourrait accepter le remploi après la dissolution de la communauté, survenue par la mort du mari ; mais elle ou ses héritiers, pourraient y consentir dans tout autre cas, c'est-à-dire, dans l'hypothèse de la cessation de la société conjugale, arrivée par la séparation de corps ou de biens ou par la mort de la femme. Dans ce

(1) Troplong. Contrat de Mariage, t. II, n° 1126.
(2) Rodière et Pont, Contrat de Mariage, t. I, n° 668,

dernier cas, les héritiers de celle-ci pourraient admettre l'offre
que le mari lui a faite. Nous ne pouvons accepter le principe
qui sert de base à ce système. Et, en effet, comme nous l'avons
déjà dit, nos héritiers ne succèdent pas aux offres qui nous
sont faites, par conséquent les héritiers de la femme ne
peuvent accepter le remploi qui lui aurait été proposé par son
mari. Tout au plus, le système de MM. Rodière et Pont
pourrait-il paraître admissible en cas de séparation de biens.
Il n'en est rien cependant, car si, dans cette dernière hypothèse, on ne peut invoquer l'argument que nous venons de
faire valoir, on peut opposer à la distinction que proposent
ces auteurs une réponse décisive : c'est que la communauté
étant dissoute, les droits que le mari avait sur elle ont cessé
et, avec eux, le pouvoir d'offrir un remploi, qui est un acte
de disposition sur la communauté.

5. — Nous venons de voir jusqu'à quelle époque la femme
pouvait donner son acceptation à la proposition de remploi
qui lui était faite par son mari ; nous avons maintenant à
étudier dans quelle forme ce consentement doit être donné.

A la différence du Droit romain, qui était d'une rigueur
excessive, et frappait de nullité les conventions passées
sans l'emploi des formes sacramentelles prescrites, le Droit
français considère souvent comme suffisante une acceptation
tacite, résultant des circonstances qui ont accompagné ou
suivi la passation du contrat. Dans quelques circonstances
seulement, il exige une acceptation expresse, mentionnée
dans l'acte, et dont l'absence entraîne la nullité de celui-ci.
En est-il de même dans l'hypothèse que nous étudions actuellement ? L'article 1435 va répondre à cette question. Il dit, en
effet, que le remploi n'a pas lieu, s'il n'est *formellement*

accepté par la femme. On n'est pas tombé d'accord sur le sens précis de ces expressions. MM. Aubry et Rau croient que ces mots signifient : « une acceptation exclusive de toute espèce de doute (1). » Nous ne pensons pas que cette interprétation donne une entière satisfaction aux désirs du législateur et nous espérons pouvoir le démontrer en nous appuyant tant sur l'ancien Droit que sur le Droit actuel.

Sous la législation coutumière déjà, la question que nous étudions avait soulevé des divergences d'opinion. Selon Pothier (2), une acceptation tacite suffisait : « Si la femme, dit-il, avait souscrit ou avait été présente au contrat d'acquisition de l'héritage, par lequel contrat le mari a déclaré que l'acquisition était faite pour tenir lieu à la femme de son remploi, quoiqu'il ne soit pas dit expressément par le contrat que la femme a accepté cet héritage pour lui tenir lieu de son remploi, *la présence ou la souscription de la femme au contrat où cette déclaration est portée, en est une suffisante acceptation,* et par conséquent, nul doute, en ce cas, que cet héritage doit lui en tenir lieu et être un propre de communauté de la femme par subrogation. »

Malgré l'affirmation catégorique, contenue dans le passage que nous venons de citer, il faut bien reconnaître que telle n'était pas la doctrine professée par l'unanimité des auteurs. Duplessis (3) traitant la question, qui nous occupe, disait en effet : « Il faut aussi nécessairement qu'elle (la femme) *parle*

(1) Aubry et Rau. T. IV, § 505, note 66.

(2) Pothier. Traité de la Communauté, loc. cit. n° 200.

(3) Duplessis. Traité de la Communauté de biens. Liv. II, ch. ιv, sect. ιι.

au contrat, pour consentir et accepter le remploi. » Lebrun (1)
disait de même : « qu'elle doit y consentir expressément. »
Enfin Bourjon veut : « que l'acceptation soit *formelle*. » Par
conséquent notre ancien Droit avait sur ce point deux doctrines
bien arrêtées : l'une, se contentant de certains faits qui font
présumer l'acceptation ; l'autre, plus rigoureuse, qui veut que
la femme parle au contrat, qu'elle donne un consentement
exprès, d'une façon formelle. Les rédacteurs du Code, si fa-
miliers avec l'étude de notre législation coutumière, ont, sans
nul doute, connu ces doctrines et ils ont dû opter entre elles ;
laquelle des deux ont-ils voulu consacrer ? L'article 1435 nous
le dit d'une façon qui ne semble donner lieu à aucune équivoque, il veut que le remploi soit « formellement accepté »
par la femme. Si les rédacteurs du Code eussent simplement
inséré dans ce texte le mot « accepté », sans nul doute alors,
un consentement tacite, résultant de circonstances diverses
de nature à ne laisser aucun doute dans l'esprit du juge, eût
été suffisant ; mais ils ont ajouté à ce mot, qui eût permis de
se contenter d'une telle acceptation, l'expression « formellement », c'est-à-dire, comme le fait très-bien remarquer
M. Marcadé « une acceptation exprimée, mentionnée, formulée enfin, en sorte qu'une acceptation tacite et que l'on in-
duirait de telle *circonstance de fait* serait insuffisante ». Par
conséquent, un consentement remplissant ces conditions est
nécessaire, soit dans l'acte d'acquisition, soit dans l'acte postérieur contenant acceptation.

Ce serait toutefois, ce nous semble, pousser trop loin l'exigence, que de demander une acceptation sacramentelle ou

(1) Lebrun. Loc. cit. n° 75.

même solennelle, comme cela a lieu en cas de donation, et surtout d'en faire une cause de nullité, comme cela existe pour ces dernières ; la loi voit avec défaveur les donations qui privent la famille de ses légitimes espérances pour faire arriver à des étrangers des biens qui auraient dû appartenir aux parents du sang. Aussi a-t-elle accumulé à dessein autour d'elles les causes de nullité. Dans le remploi, il n'en est pas ainsi ; la loi le voit avec faveur, elle veut toutefois une acceptation clairement manifeste, rien de plus.

Nos anciens auteurs nous donnent la preuve de ce fait. Bourjon disait en effet : « L'acceptation formelle consomme le remploi ; l'assujettir à d'autres formalités serait s'écarter de la loi. » Par conséquent, à côté de cette acceptation formelle, nécessaire et suffisante pour la validité du remploi, Bourjon en concevait une autre, soumise à des formalités plus complexes et plus rigoureuses. Or quelle est-elle, sinon celle prescrite pour les donations entre vifs. Bourjon ajoute encore : « De la proposition précédente (nécessité d'une acceptation formelle) il s'ensuit que si le mari avait fait *seul* cette déclaration de remploi, la nouvelle acquisition serait toujours aux risques de la communauté ; par conséquent, si le mari et la femme font tous deux cette déclaration, l'acceptation sera suffisante et l'immeuble deviendra propre à celle-ci. En consacrant cette doctrine et en exigeant une acceptation formelle, les rédacteurs du Code ont voulu éviter toute équivoque et garantir l'intérêt des tiers qui auraient acquis des droits réels sur l'immeuble acheté en remploi, mais non encore accepté par la femme d'une façon ne laissant aucun doute.

Cette question en a fait naître une autre : quelle doit être la nature de l'acte dans lequel est donnée l'acceptation ? Doit-

il être authentique ou peut-il n'être que sous seing-privé ?
L'acte authentique, c'est là un principe bien connu, fait foi
de son contenu et de sa date jusqu'à inscription de faux (1) et
il a ce pouvoir *erga omnes* ; l'acte sous seing-privé peut être
détruit par la preuve contraire et, seul, il ne fait foi de sa
date qu'*inter partes*. De plus, on peut redouter certaines
fraudes entre les époux. Touché par ces considérations,
M. Duranton veut que l'acceptation soit donnée par acte authentique ou par acte sous seing-privé dûment notifié au mari,
ce qui lui donne le caractère d'acceptation authentique. Nous
ne croyons pas cette doctrine fondée, et nous considérerions
comme valable un consentement donné par acte sous-seing
privé. La loi, en effet, n'exige pas l'acte authentique, elle ne
veut qu'une acceptation formelle, qui peut être donnée en la
forme privée. Hâtons-nous d'ajouter, du reste, que, selon-
nous, l'acte sous seing-privé ne sera opposable que par l'époux
à son conjoint, et que pour faire preuve vis-à-vis des tiers, il
faudra qu'il ait acquis date certaine avant la dissolution de la
communauté (Art. 1328, Code civ.)

L'application des principes posés plus haut a donné lieu à
plusieurs questions pratiques et l'attention des jurisconsultes

(1) Quand on dit que l'acte authentique fait foi de son contenu
jusqu'à inscription de faux, on emploie une formule trop générale.
Il faut, en effet, distinguer dans un acte, trois espèces de clauses :
les clauses dispositives, les clauses énonciatives qui ont un rapport
direct avec le dispositif, enfin les clauses purement énonciatives.
Les clauses dispositives sont celles où se trouve relatée l'opération
que les parties ont voulu faire, les secondes celles qui ont directement trait au dispositif, enfin les dernières n'ont pour objet que des
faits étrangers à l'opération. L'acte authentique fait foi des deux premières catégories de clauses, il ne sert que de commencement de
preuve en ce qui touche les troisièmes.

a particulièrement été attirée sur celle-ci : une chose est acquise pendant le mariage ; le mari et la femme comparaissent à l'acte portant que l'immeuble est acquis pour tenir lieu à celle-ci du remploi d'un propre aliéné, cette déclaration est faite soit par la femme seule, soit conjointement par le mari et la femme. Tous deux signent l'acte. Doit-on, dans ce cas, considérer comme devenu propre, par la subrogation, l'immeuble nouvellement acquis? L'affirmative ne semble pas douteuse, si on admet les principes posés plus haut. En effet, étant admis qu'une acceptation formelle suffit, nous déciderons avec raison, ce nous semble, que le consentement de la femme est exprimé d'une façon formelle et que, par conséquent, le vœu de la loi est rempli.

Toutefois, notre solution ne serait plus la même si, le mari et la femme ayant signé l'acte, les déclarations n'avaient été faites que par celui-ci. Telle n'était pas, il est vrai, l'opinion de Pothier. Selon lui, en effet, la présence ou la signature de la femme au contrat portant offre de remploi est suffisante pour établir l'acceptation (1). On pouvait soutenir cette doctrine au temps ou aucune disposition légale ne régissait cette matière d'une façon précise : aujourd'hui, en face des termes de l'article 1435, il nous semble bien difficile de l'admettre. De plus, dans l'hypothèse que nous étudions actuellement, l'intervention de la femme au contrat s'explique par un autre motif; elle a entendu ratifier pour sa part une convention à laquelle elle est intervenue, et le vendeur a peut-être exigé sa signature comme surcroit de garantie. Enfin, une analogie puissante semble encore devoir faire rejeter le système de

(1) Pothier. Loc cit. n° 200.

Pothier. Visant l'hypothèse d'une constitution de dot, l'article 1544 décide que : « Si la dot a été constituée par le père seul pour droits paternels et maternels, la mère, quoique présente au contrat, ne sera point engagée, et la dot demeurera en entier à la charge du père. » M. Troplong repousse l'argument tiré de ce texte. Selon lui, la présence de la femme au contrat est légitime dans l'hypothèse de l'art. 1544 ; elle resterait sans explication dans celle de l'article 1435. Nous croyons avoir prouvé que, même dans le cas de ce dernier article, la présence de la femme s'explique suffisamment par un autre motif que l'acceptation du remploi (1).

Nous devons examiner maintenant quels seront les pouvoirs des Cours et Tribunaux et ceux de la Cour de cassation, dans le cas où un pourvoi relatif aux déclarations requises pour l'acceptation de la femme et basé sur la violation de la loi, serait déféré à la censure de la Cour suprême. Les tribunaux devront toujours s'inspirer de cette règle, que l'acceptation de la femme doit s'induire de ses déclarations. Par conséquent, un jugement ou un arrêt portant que l'acceptation de la femme résulte de circonstances autres que ces déclarations, pourrait, croyons-nous, être déféré avec succès à la juridiction de la Cour suprême. Mais échapperait à cette censure le jugement ou l'arrêt qui croirait trouver une acceptation suffisante dans ce fait, que la femme a acquis la chose conjointement avec son mari, alors que les déclarations de remploi ont été faites par celui-ci seul. C'est là une circonstance de fait soumise à la libre appréciation des tribunaux, et, tout en croyant qu'en jugeant ainsi ils feraient une fausse application de la loi,

(1) Contrat de Mariage, t. 2, n° 1129.

nous ne pensons pas qu'un tel jugement puisse être cassé, car, dans ce cas l'acceptation de la femme résulterait d'une déclaration portée à l'acte.

6. — D'une façon générale, la femme mariée, étant incapable, a besoin d'être autorisée pour faire certains actes. Cette autorisation doit être donnée par le mari ou en cas de refus ou d'empêchement de celui-ci, par les tribunaux. Dans l'hypothèse du remploi, la femme a-t-elle besoin de cette autorisation pour pouvoir accepter d'une façon valable l'offre qui lui est faite par son mari? Cette acceptation, nous le savons, peut être donnée de deux manières : 1° au moment de la rédaction de l'acte d'acquisition ; 2° postérieurement à cette époque. Deux hypothèses peuvent donc se présenter; quelle solution devra être donnée à chacune d'elles ?

Lorsque l'acceptation est concomitante à l'acte d'acquisition, on est d'accord pour reconnaître qu'une autorisation distincte de celle donnée dans cet acte n'est pas nécessaire. Sur ce point pas de difficulté.

L'accord cesse, au contraire, lorsqu'il s'agit d'une acceptation intervenant postérieurement à l'acte d'acquisition. Selon certains auteurs, la femme doit obtenir de son mari, ou, à défaut de celui-ci, de la justice, une autorisation nouvelle. Selon d'autres, au contraire, l'autorisation donnée dans l'acte d'acquisition conserve toute son efficacité et aucune autre n'est nécessaire.

En faveur du premier système, on invoque les termes de l'article 217 du Code civil : « La femme... ne peut acquérir à titre onéreux ou gratuit, sans le concours de son mari dans l'acte ou son consentement par écrit. » Or, dit-on, par le remploi, la femme transforme le droit de créance qu'elle avait contre la communauté, en un droit réel; elle fait un acte de disposition, en même temps qu'une acquisition à titre onéreux, par conséquent elle doit être autorisée de son mari.

Ce système, dit-on encore, est le seul conforme aux principes du droit et, seul aussi, il tient compte de l'incapacité de la femme mariée, en même temps qu'il lui assure la protection à laquelle elle a droit. En effet, l'acquisition, avantageuse au moment où elle a été faite, peut, par un fatal concours de circonstances, être actuellement menacée d'une ruine à peu près certaine. Or, comment croire que le mari, qui a offert le bien à sa femme lorsque celui-ci était en pleine prospérité, maintienne sa proposition lorsque la chose est sur le point d'être détruite? Décider autrement, ne serait-ce pas enlever à la femme la protection qui lui est due par son mari? ne serait-ce pas l'affranchir du devoir d'obéissance dont elle est tenue envers lui?

Vainement objecterait-on que le mari, en comparaissant à l'acte, a donné à sa femme une autorisation qui s'est implicitement conservée jusqu'au jour de l'acceptation. Les auteurs qui enseignent ce système répondent qu'aux termes de l'article 217, l'autorisation maritale ne peut résulter que de deux faits : ou d'une autorisation écrite, émanant du mari, ou de son concours à l'acte. Or ici, on se trouve en dehors des deux cas prévus par la loi, il faut donc une autorisation nouvelle.

En faveur de la seconde opinion, on fait remarquer d'abord, que l'acte, par lequel la femme donne son acceptation au remploi, est un acte conservatoire, qui ne rentre pas dans les faits prévus par l'article 217 C. Civ. et ne doit pas, par conséquent, être soumis à l'autorisation maritale.

En second lieu, dit-on, si lors de l'acquisition le mari donne son autorisation, celle-ci persiste jusqu'à l'acceptation de la femme. Le mari est censé l'avoir implicitement autorisée à accepter postérieurement, il n'est donc pas besoin d'une nouvelle autorisation (1)

7. — Nous connaissons maintenant les conditions auxquelles est subordonné le remploi opéré au profit de la femme, il nous sera donc facile de résoudre la question qui doit terminer cette importante section : quelle preuve devra faire celui qui invoque un remploi effectué au profit de la femme ? Il devra établir que toutes les conditions requises par les articles 1434 et 1435 ont été remplies (2). Lorsque ces conditions auront été accomplies, le remploi devra être maintenu avec toutes les conséquences que nous avons déduites au cours de cette étude.

(1) Rodière et Pont. Contrat de mariage, t. Ier, no 672.

(2) Rejet, 28 mars 1820. Dalloz, Alph. vo, contrat de mariage no 1450.

§ 2.

RÔLE JURIDIQUE DU MARI DANS LES ACQUISITIONS EN REMPLOI

FAITES AU PROFIT DE LA FEMME.

SOMMAIRE :

1. — Lorsque la femme accepte le remploi dans l'acte même d'acquisition, le mari se borne à donner son autorisation à l'acquisition faite par celle-ci.
2. — Il n'en est plus de même lorsque la femme accepte le remploi *ex-intervallo*. Dans ce cas, la détermination du rôle du mari a donné lieu à plusieurs systèmes. Système qui voit dans le remploi une dation en paiement.
3. — Système de MM. Aubry et Rau : Le mari offre à sa femme de la subroger aux effets de son acquisition.
4. — Système de M. Mourlon : Déclaration de command.
5. — Système de M. Labbé : Gestion d'affaires.
6. — La femme peut-elle n'accepter le remploi que pour partie ? Peut-elle ne l'accepter que sous condition ?

1. — Nous connaissons maintenant les conditions requises pour la validité du remploi des biens du mari ou de la femme, nous savons aussi quels sont les effets de cette opération ; il nous reste maintenant à étudier une question, d'une importance capitale, ralative au rôle juridique du mari dans l'acquisition qu'il fait au profit de sa femme, en insérant dans l'acte les mentions prescrites par les articles 1434 et 1435.

Lorsqu'un remploi est offert à la femme, l'acceptation de celle-ci est nécessaire pour que le nouveau bien lui devienne propre. Or, cette acceptation peut être donnée *in continenti*, dans l'acte même d'acquisition, ou ex *intervallo* dans un acte postérieur. Il y a donc à distinguer deux hypothèses :

Dans la première, nous ne rencontrons guère de difficulté sérieuse. Intervenant au contrat d'acquisition, la femme est partie à ce contrat ; dès lors, le bien nouvellement acheté passe, sans intermédiaire, du patrimoine du vendeur dans celui de la femme. Le mari n'a ici qu'un rôle secondaire, il se borne à donner à sa femme l'autorisation nécessaire pour qu'elle puisse acquérir.

La difficulté devient considérable lorsque nous nous plaçons dans la seconde hypothèse, celle où la femme ne donne que postérieurement à l'acte d'acquisition le consentement exigé par l'article 1435, pour l'accomplissement du remploi de ses propres. Quel sera, en effet, dans ce cas le rôle juridique du mari, et comme conséquence, quelle sera la condition du bien nouvellement acquis ? Telle est la question qui a divisé les jurisconsultes et amené parmi eux des divergences d'opinions plus ou moins sensibles.

2. — Un premier système peut s'analyser ainsi : l'acceptation de la femme, intervenue postérieurement à l'acte d'acquisition, ne rétroagit ni vis à vis des tiers, ni dans les rapports des époux entre eux ; le mari, lors de l'acquisition, a acheté pour la communauté, non pour la femme. Les déclarations exigées par les articles 1434 et 1435, et mentionnées dans l'acte, sont étrangères au vendeur et destinées seulement à régir les rapports des époux. La femme, acceptant le remploi, consent que le mari lui donne l'immeuble, acquis sous cette condition, en paiement de la créance que l'aliénation de son propre a fait naître à son profit contre la communauté. Mais ce n'est là qu'une offre de *dation en paiement*, que le mari peut révoquer,

et si la femme accepte cette offre, elle tient la chose, non du vendeur originaire, mais de la communauté qui la lui transmet.

Ce système, dit-on, n'est qu'une application de l'article 1401-3° d'après lequel les immeubles acquis à titre onéreux pendant le mariage tombent dans la communauté.

De plus, cette interprétation s'appuie sur l'article 1434. Quand, aux termes de cet article, un mari acquiert une chose avec les déclarations prescrites par ce texte, « que cette acquisition est faite des deniers provenus de la vente de l'immeuble, et pour lui tenir lieu de remploi, » de telles déclarations n'intéressent pas le vendeur ; elles n'ont qu'un but : régler par une sorte de liquidation anticipée le prélèvement que le mari aura à opérer, lors de la dissolution de la communauté. Or, si l'on admet ce principe, ce qui ne peut faire doute, dans le cas prévu par l'article 1434, il faut l'admettre également dans l'hypothèse que régit l'article 1435.

Du reste, avec qui le vendeur a-t-il traité? Avec le mari assurément, et avec lui seul. En effet, la femme n'a pas parlé au contrat, elle n'y a pas été représentée, dès lors c'est bien entre le mari seul et le vendeur que se réalisent et se concentrent tous les effets de la vente.

Par conséquent la femme, n'ayant pas été partie au contrat, ne peut en invoquer les effets (art. 1165, C. civ.). L'immeuble acquis par le mari tombe dans la communauté, dont il est un conquêt. M. Tronchet en a fait la remarque, lors de la discussion de l'article 1435, c'est donc au mari seul, comme chef de la communauté, qu'il appartient de l'offrir à la femme et, si celle-ci accepte cette offre, si elle consent à prendre pour elle l'acquisition, elle tiendra la chose, non du vendeur originaire, mais de la communauté ; le mari aura du reste le droit de révoquer cette offre tant que sa femme ne l'aura pas acceptée. S'il la maintient et si la femme l'accepte, il y aura là une dation en paiement destinée à éteindre la créance que la femme a contre la communauté.

M. Marcadé (1) adopte ce système : « C'est seulement par l'acceptation de la femme, dit-il, que l'immeuble acquis pour servir de remploi à celle-ci lui devient propre. Par conséquent, toute aliénation ou concession de droit réel que le mari ferait à des tiers avant cette acceptation, serait parfaitement valable comme portant sur un conquêt de communauté. En cas d'aliénation, l'offre que le mari avait faite à sa femme par sa déclaration se trouve retirée, et la femme ne peut plus accepter ; que, si le mari a seulement concédé des servitudes ou des hypothèques, la femme est libre, ou de ne pas prendre l'immeuble, ou de l'accepter dans l'état où il est, en respectant les servitudes et en subissant l'effet des hypothèques. Dans aucun cas la femme ne peut prétendre attribuer à son acceptation un effet rétroactif, et, encore une fois, toute concession faite par le mari, dans l'intervalle de son acquisition ou de sa déclaration à l'acceptation de la femme, demeure valable après et nonobstant cette acceptation.

Plusieurs conséquences, d'une gravité manifeste, découlent des principes sur lesquels s'appuie ce système.

Du principe que le mari peut révoquer son offre ou la modifier, il résulte :

1° Qu'il la révoque expressément en notifiant à la femme

---

(1) Marcadé, t. 5, art. 1435, III in fine.

son changement de volonté, implicitement, en aliénant la chose offerte (1) ;

2° Qu'il la modifie en grevant la chose de droits réels. La femme, sans doute, peut encore accepter l'offre qui lui est faite, mais elle reçoit la chose amoindrie par la constitution desdits droits et elle est obligée d'en subir l'exercice.

Du principe que l'acceptation de la femme ne rétroagit pas et qu'elle n'a effet que du jour où elle est donnée, il résulte que c'est ce jour-là seulement que la chose entre dans le patrimoine de la femme, et que c'est à cette même époque qu'il faut se placer pour savoir si son prix est inférieur, égal ou supérieur à celui de l'immeuble qu'elle remplace.

Comme conséquence du principe qui voit dans ce remploi une double mutation de propriété, l'une du vendeur à la communauté, l'autre de celle-ci à la femme, il résulte :

1° Que deux droits de mutation peuvent être perçus par le fisc ;

2° Que, pour préserver la femme de tout recours et lui assurer toute sécurité, une double transcription doit être faite : l'une constatant la transmission de propriété du vendeur à la communauté, pour apprendre aux tiers que celui-ci a cessé d'être propriétaire ; l'autre de l'acceptation donnée par la femme, afin qu'ils puissent savoir que l'immeuble, lui étant devenu propre, de commun qu'il était autrefois, le mari a perdu sur lui tout droit de disposition.

Enfin, comme dernière conséquence de ce système, il n'est pas nécessaire que les déclarations exigées par les articles

(1) Cette révocation est toutefois subordonnée à la condition que la femme n'aura pas encore accepté l'offre à elle faite par son mari.

1434 et 1435 soient insérées dans l'acte d'acquisition, lorsqu'il s'agit du remploi des propres de la femme. Requise pour les biens du mari, nécessaire à ce moment, afin de ne pas lui permettre de prendre pour lui l'opération ou de la laisser à la communauté, selon qu'elle est bonne ou mauvaise, cette formalité peut être accomplie plus tard, lorsqu'il s'agit du remploi de la femme, puisque celle-ci peut donner son acceptation *ex intervallo*. Conséquent avec le système qu'il enseigne, M. Marcadé admet cette solution (1).

L'article 1595-2° vient, du reste, confirmer cette interprétation ; il permet, en effet, au mari de libérer la communauté envers la femme, en vendant à celle-ci un ou plusieurs de ses propres ; il peut arriver au même résultat en lui cédant des biens communs. Or, en agissant ainsi, il ne fait, en somme qu'effectuer un remploi. Ce système se trouve donc être exact.

Les auteurs qui admettent cette opinion semblent faire une confusion manifeste entre l'article 1595-2° et l'article 1435. Ces deux articles visent en effet deux hypothèses différentes. Le premier prévoit le cas où un mari cède à sa femme soit des biens communs, soit des biens propres à lui pour la remplir des créances qu'elle peut avoir contre la communauté ; dans ce cas, une véritable vente intervient entre les époux, le mari et la femme assistent au contrat, le transfert de propriété a donc lieu au moment de l'échange des consentements ; or, cet échange, ayant lieu au moment de la passation de l'acte, il ne peut être question d'attribuer à l'acceptation de la femme un effet rétroactif.

Dans le second cas, au contraire, la femme n'assiste à

1) Marcadé, loc. cit., page 470.

l'acte, ni par elle-même, ni par un mandataire, elle ne peut donc donner son consentement à l'acquisition que le mari fait pour elle ; cette acquisition ne la liera définitivement que du jour où elle aura accepté le remploi, mais cette acceptation rétroagira au jour de l'acquisition.

Et, en effet, M. Marcadé ne paraît pas avoir suffisamment analysé le rôle du mari dans l'opération du remploi ; ce rôle est complexe. Le mari est d'abord le chef de la communauté ; il intervient ensuite pour la femme. Comme chef de la communauté, il propose à la femme d'éteindre la dette dont la communauté est tenue envers elle, en la désintéressant de sa créance ; intervenant pour la femme, il accepte pour elle l'offre qu'il lui avait d'abord faite comme chef de la communauté ; par suite, offrant d'une part, acceptant de l'autre, il renonce à révoquer son offre ; mais alors puisque le mari a accepté l'offre au nom de la femme, ce n'est plus la proposition de la communauté que la femme aura à accepter ou à refuser, c'est une ratification à l'acceptation de son mari qu'elle devra ou non consentir ; par conséquent l'offre étant acceptée par le mari, sous la condition qu'elle sera ratifiée par la femme, nous devons appliquer ici le principe de la rétroactivité des conditions : nous dirons donc que l'acceptation a effet du jour de l'acceptation de l'offre par le mari, c'est-à-dire au jour du contrat d'acquisition.

Quant à l'argument tiré des travaux préparatoires, nous le réfuterons plus loin, en exposant les discussions qui ont eu lieu au Conseil d'Etat.

3. — Un second système, moins absolu que le précédent, voit dans le remploi non plus une offre de dation en paiement, dont l'acceptation n'a aucun effet rétroactif, mais une propo-

sition faite par le mari à sa femme de la subroger aux effets de son acquisition. Cette offre peut être révoquée tant qu'elle n'a pas été acceptée ; mais dès qu'elle l'a été l'acceptation rétroagit au jour même du contrat d'acquisition de la chose offerte en remploi.

D'après MM. Aubry et Rau (1), qui adoptent ce système, le mari acquérant un immeuble et faisant insérer dans l'acte les déclarations prescrites par les articles 1434 et 1435, agit, tout à la fois en son propre nom et au nom de la femme ; il agit en son propre nom « comme chef de la communauté, et dans la vue de la libérer de la récompense dont elle se trouve débitrice, » il agit pour la femme. La déclaration faite à cet effet dans l'acte d'acquisition ne constitue en réalité qu'une offre, faite par le mari à sa femme, de la substituer au bénéfice de l'acquisition.

Toutefois, jusqu'au jour où l'acceptation de celle-ci interviendra, l'offre pourra être révoquée par le mari ; cette révocation résultera de l'aliénation totale de l'immeuble, elle devra aussi s'induire de toute constitution de droits réels, tels que servitudes, hypothèques, etc., et, dans ce cas, la révocation sera totale, en telle sorte que la femme ne pourrait pas prendre l'immeuble tel qu'il est. Dès que le mari a fait *volontairement* un acte que fait seul un *propriétaire*, il a fait un acte incompatible avec son offre, ce qui implique la révocation de celle-ci. Si, au contraire, les droits réels provenaient d'une source autre que la volonté du mari, si c'étaient par exemple des hypothèques légales ou judiciaires, l'offre serait maintenue et pourrait être acceptée.

(1) Aubry et Rau. 4e édit., t. V, p. 306. — Troplong. Contrat de Mariage. T. 2, nos 1135 et 1136.

Mais dès que cette acceptation aura été donnée, elle aura un effet rétroactif ; il en résulte que les droits réels grevant l'immeuble en dehors de toute convention, c'est-à-dire les hypothèques légales ou judiciaires, seront frappés de nullité.

Admettant la rétroactivité de l'acceptation de la femme, rétroactivité que repousse le premier système, l'opinion de MM. Aubry et Rau entraîne des conséquences diamétralement opposées à celles qui découlent de l'interprétation qui voit, dans la proposition de remploi, une offre de dation en paiement. Il est à noter toutefois que la constitution volontaire de droits réels, entraînant la révocation totale de l'offre faite par le mari à sa femme, l'acceptation de celle-ci reste sans effet ; le bien acquis avec déclaration de remploi ne peut lui devenir propre par subrogation.

Nous ne pensons pas que ce système exprime la véritable pensée du législateur.

En effet, ce système semble ne pas se faire une idée exacte du rôle que joue le mari lorsqu'il opère un remploi au profit de la femme, car puisqu'il fait une offre, c'est qu'il a d'abord acquis pour lui, ou pour la communauté dont il est le chef ; or, nous espérons démontrer plus loin qu'il n'en est pas ainsi. Selon MM. Aubry et Rau, ne pas admettre la donnée qui sert de base à leur système, c'est faire une confusion entre la destination que le mari entend donner à l'immeuble par lui acheté, avec l'acquisition de cet immeuble qui forme l'objet même du contrat.

Il semble possible de répondre à cette objection. Sans doute, l'acquisition est le but même du contrat, son objet principal ; mais il faut reconnaître, en même temps, que dans une opération du genre de celle que nous étudions, la considération de la personne pour qui on achète a, elle aussi, une importance capitale qu'on ne saurait nier. L'intention des parties, accusée par les termes du contrat, fait du reste connaître leur pensée. Or le mari ne dit-il pas que c'est pour sa femme qu'il acquiert, afin d'effectuer un remploi à son profit? C'est donc la femme qui doit acquérir le bien acheté et cette acquisition étant le but principal du contrat, d'après MM. Aubry et Rau eux-mêmes, on peut dire avec raison que, dans un tel acte, la femme occupe la première place, qu'elle prime son mari; celui-ci n'achète donc pas pour lui.

Dès lors, comment comprendre que le mari, qui n'a rien acquis, qui n'a pris au contrat qu'une part tout à fait secondaire, offre à sa femme une chose qu'il n'a pas, puisqu'elle est à l'entière disposition de celle-ci, car pendant l'instant de raison qui sépare l'offre de subrogation du contrat intervenu entre le mari et le vendeur, le bien acheté est à la disposition de la femme, et elle peut par l'acceptation, acte qui relève de sa seule volonté, en devenir propriétaire.

On a fait une autre objection. Le remploi, a-t-on dit, a pour but de libérer la communauté de la dette dont elle est tenue vis-à-vis de la femme, or, c'est le mari, comme chef du patrimoine commun, qui paiera le prix. Si nous analysons l'opération, nous lui trouvons deux faces : sans doute, elle libère la communauté, mais c'est là un but accessoire ; son but principal, celui que les parties ont eu en vue, est de subroger un propre à un autre, pour attribuer au nouveau bien tous les caractères de l'ancien. La chose nouvellement achetée est substituée aux deniers représentant le prix de la vente primitive et tombés en communauté, ceux-ci, par une fiction, perdent leur caractère de choses communes pour rester

propres à la femme et, en ce cas, ce n'est plus comme chef de
la communauté, c'est comme administrateur des biens de la
femme que le mari agit. Aussi d'Aguesseau disait-il avec
raison, « qu'en cette matière le mari est considéré comme le
procureur de la femme. »

MM. Aubry et Rau font sortir une autre objection des
termes de la loi. Combattant le système qui assimile le rôle du
mari à celui d'un gérant d'affaires, ils font remarquer que le
Code se sert, non du mot *ratifier*, qui signifie approbation des
actes d'un gérant, mais du mot *accepter* qui implique nécessairement acquiescement, consentement donné à une proposition, à une offre. Il faut le reconnaître, en thèse générale,
cette observation est très-juste ; nous ne pensons pas cependant que, dans l'espèce actuelle, elle puisse recevoir son application. En effet, prenons un cas de gestion d'affaires : Primus,
en l'absence de son ami, a souscrit une convention qui l'engage,
ou bien il a réparé sa chose. L'ami, revenant, *ratifiera* cette
convention, il ratifiera ce qui a été fait. Mais supposons que
le même Primus achète, pour la même personne, un immeuble
utile à celle-ci, dans ce cas on ne dira plus que l'ami ratifie
l'immeuble, ce qui n'aurait aucun sens, on dira qu'il *accepte*
cet immeuble acheté en son nom. Or, tel est le cas qui nous
occupe ; un mari achète un immeuble pour sa femme, l'article
1435 a donc dû dire et il l'a fait, qu'elle accepte cet immeuble.

En employant cette expression, les rédacteurs du Code
n'ont fait, du reste, que transporter dans notre Droit actuel
les termes usités déjà dans la législation coutumière, qui
employait indistinctement les mots : *consentement*, *approbation*, *ratification*, *acceptation*. Bourjon, dont la précision de
langage ne peut être mise en doute, dit acceptation, d'Agues-

seau et Pothier parlent de l'approbation de la gestion du mari, et celui-ci précise davantage encore sa pensée en citant le principe latin : *ratihabitatio mandato comparatur. Ratiha-bitatio, c'est* la ratification, l'acceptation des actes d'un gérant d'affaires. Or si tel était le sens de ce mot dans notre ancien Droit, nous ne voyons guère, pour quel motif, il aurait, sous l'empire du Code, une signification différente.

4. — Un troisième système modifiant seulement le précédent, et M. Mourlon (1) en a donné la formule, qui peut se résumer ainsi : sans doute, ce n'est pas une offre de dation en paiement que le mari fait à sa femme en insérant dans l'acte les déclarations prescrites par l'article 1435, c'est une proposition de la subroger aux effets de l'acquisition qu'il a faite, en disparaissant du contrat pour céder la place à sa femme qui vient alors l'y remplacer, si cela lui convient. « C'est, en quelque sorte, dit M. Mourlon, comme s'il avait acheté avec déclaration de command, sauf qu'il a, dès le principe même, désigné la personne qui lui sera subrogée, si elle consent, ainsi qu'il lui en fait l'offre, à prendre sa place au contrat ; les choses se passeront donc, à supposer que *la* femme accepte, comme si elle avait directement acheté elle-même. » Toutefois, désirant conserver au mari le droit de disposer de la chose proposée en remploi, ce jurisconsulte ajoute : « Mais tout le monde sait que la faculté de déclaration de command ne lie en aucune façon l'acheteur, qui se l'est réservée ; qu'ainsi, elle est révocable, *même* après qu'il a désigné la personne qu'il entend mettre en son lieu et place, tant que la personne désignée n'a pas accepté l'offre de subrogation qui lui est faite.

(1) Mourlon. Traité de la transcription, t. I. p. 153.

Jusque-là, la propriété de la chose acquise réside en sa personne, purement et simplement, ce qui implique le droit d'en disposer à son gré et aussi valablement que dans l'hypothèse d'un achat ordinaire. »

M. Mourlon déduit de son système des conséquences analogues à celles que tirent MM. Aubry et Raux de la doctrine qu'ils proposent.

Ce système ne nous semble pas fondé ; il fait une fausse application de la déclaration de command (qu'on appelle aussi élection d'ami). M Mourlon considère comme une déclaration de command le fait, par le mari, de nommer la personne qui le remplacera au contrat. Cette personne est sa femme, or, le caractère de l'élection d'ami est précisément de laisser ignorer, lors de la vente, le nom de la personne pour qui l'on acquiert. M. Troplong (1) dit en effet : « Elle (l'élection d'ami) consiste dans le droit, laissé à l'acquéreur, de désigner dans un certain délai, *une personne inconnue du vendeur et tout à fait incertaine, qui prendra le marché pour elle.* » Par conséquent ce qui caractérise la déclaration de command, c'est dans l'acte d'acquisition le secret le plus absolu sur la désignation de la personne pour qui l'on acquiert ; il en est tout autrement pour M. Mourlon.

Ce n'est pas toutefois la seule inadvertance que l'on puisse reprocher à ce système. La grande préoccupation de M. Mourlon, nous l'avons dit, en donnant la formule de sa doctrine, est de conserver au mari un droit absolu sur la chose qu'il propose en remploi à sa femme. Or, admettons pour un moment le point de départ de ce système : la déclaration de

---

(1) Troplong. Traité de la vente, t. I, n° 64, p. 85.

command. Nous savons qu'à partir du moment où l'ami a accepté la chose que le commandé a achetée pour lui, cette acceptation équivaut à une condition résolutoire accomplie, qui, comme toute condition, rétroagit au jour où elle a pris naissance. M. Troplong (1) dit en effet : « Tant que la déclaration de command n'est pas faite, l'acquéreur en nom est le véritable acquéreur, c'est sur sa tête que repose la propriété. Mais aussitôt que la déclaration de command est faite et acceptée, tous les droits du commandé se trouvent détruits, une condition résolutoire se réalise et efface son intervention ; elle lui subroge l'individu au profit de qui s'est faite l'élection. » Une loi des 11 septembre-16 octobre 1791 dispose de même, et dans des termes qui ne peuvent laisser aucun doute (2). Par conséquent, la condition venant à se réaliser, l'aliénation tombera, même dans le système de M. Mourlon.

Il doit, du reste, en être ainsi, car du jour où l'élection d'ami a été acceptée, le command est censé avoir été représenté à l'acte d'acquisition, sinon comment pourrait-il tenir des droits de ce contrat même ? — On est représenté à un contrat de deux façons : par un mandataire ou par un gérant d'affaires. Ici, nous ne trouvons pas trace d'un mandat, c'est

(1) Troplong. Traité de la vente, t. I, nº 65, p. 89.

(2) En conséquence, porte-t-elle, toute personne, au profit de laquelle aura été faite, et qui aura accepté, dans les six mois, une adjudication de biens nationaux, en vertu des réserves et aux mêmes conditions qui y seront stipulées, une déclaration de command ou élection d'ami, portant sur les biens compris dans ladite adjudication, *sera de plein droit subrogée à l'acquéreur* qui aura fait cette déclaration ou élection d'ami et ne pourra, en payant à la nation le prix desdits biens, être recherchée ni poursuivie, soit hypothécairement, soit autrement, par qui que ce soit, du chef dudit acquéreur.

donc d'une gestion d'affaires qu'il s'agit. Or, le gérant ne pouvant disposer de la chose pendant le temps que le maître délibère, il s'en suit que le mari n'a pu vendre valablement le bien proposé en remploi ; donc le système de M. Mourlon manque de base et conduit à des conséquences erronées.

5. — Enfin un quatrième système voit dans l'acte accompli par le mari une gestion d'affaires ; le mari est un gérant d'affaires. Nous croyons ce système le seul vrai : nous allons essayer de démontrer cette proposition.

Pour cela, étudions d'abord le rôle du mari dans l'opération du remploi.

Sous le régime de la communauté, le mari cumule plusieurs qualités. Tout d'abord, quant à ses biens personnels, le mari peut en disposer comme bon lui semble, il peut faire, relativement à eux, tous les actes de disposition ; il peut les vendre, hypothéquer, donner, etc. Ses pouvoirs sont absolus et n'ont de limite que sa seule volonté. Comme chef de la communauté, il a, sauf quelques restrictions, les mêmes pouvoirs sur les biens communs. Enfin, simple administrateur du patrimoine de la femme, il ne peut, relativement à lui, faire aucun acte modifiant sa consistance.

Or, que fait le mari dans le remploi ? Comme chef de la communauté, il a fait sortir de celle-ci, avec leur caractère de biens propres, les deniers provenant de l'aliénation d'un bien de la femme ; il n'est donc plus propriétaire de ces deniers. Acquérant un immeuble, il déclare qu'il l'achète avec des deniers propres à la femme, et avec ceux-là seulement ; que ce bien appartiendra à celle-ci et qu'il est destiné à remplacer *tel* immeuble qu'elle a antérieurement aliéné. En agissant

15

ainsi, le mari a géré l'affaire de la femme et de la femme seule, car ce n'est pas des deniers du mari que l'immeuble a été acquis et ce n'est pas pour lui. Dès lors, en faisant cette opération, il a accompli un acte de gestion d'affaires et non plus seulement un acte de simple administration ; il a par conséquent dépassé les pouvoirs que la loi lui donne sur les biens de sa femme ; donc, pour que cet acte soit opposable à celle-ci, il faut qu'elle le ratifie. Mais en même temps qu'il achetait pour le compte de sa femme, il a tacitement acquis pour la communauté ; de telle façon que si la femme refusait son acceptation, l'acquisition tomberait dans le patrimoine commun. Il y a donc là deux acheteurs sous condition et unis par une alternative, de sorte que la défaillance de l'une de ces conditions fait immédiatement accomplir l'autre ; il y aura donc au moins un acquéreur, et cette vente, conditionnelle quant aux acheteurs, est définitive pour le vendeur quoiqu'il advienne ensuite.

Nous venons de voir que, dans le cas où l'immeuble offert en remploi à la femme n'est pas accepté par elle, il tombe dans la communauté, conformément au principe de l'article 1403. Mais il peut arriver que le mari, ait, en même temps que la femme, un remploi à effectuer ; il peut se faire aussi que cette acquisition, repoussée par sa femme, lui paraisse avantageuse. Pourra-t-il, en cas de refus de celle-ci, prendre pour lui l'acquisition, au lieu de la laisser à la communauté, comme nous l'avons supposé plus haut ? Rien, ce nous semble, ne s'y oppose, pourvu que le mari ait rempli les conditions prescrites par l'article 1434. Pour cela, il lui suffira de déclarer dans le contrat d'acquisition que, sous la réserve du consentement de sa femme, la chose achetée est destinée au remploi de tel

propre antérieurement aliéné par elle ; que les deniers destinés à payer l'acquisition actuelle représentent le prix de ce
propre. Il ajoutera que, dans le cas où sa femme viendrait à
refuser son acceptation, l'immeuble serait destiné au remploi
de tel propre aliéné par lui-même, et que les deniers avec
lesquels il paie représentent le prix de vente de ce propre.
Dès lors, les conditions exigées par l'article 1434 sont remplies et le remploi peut s'effectuer au profit du mari.

Mais, dira-t-on, la somme sortie de la communauté est une,
elle représente ou le prix provenant de la vente de l'immeuble
de la femme, ou celui obtenu par l'aliénation du propre du
mari, l'un ou l'autre, mais elle ne peut simultanément les
représenter tous deux. Cette objection peut être réfutée. Quand
la femme fait connaître son option postérieurement au
paiement du prix de vente du propre aliéné, — car, nous le
savons, la loi n'exige pas l'*identité* des deniers touchés, mais
seulement une valeur égale à celle entrée en communauté, —
or les deux sommes obtenues étant venues, l'une et l'autre,
augmenter le patrimoine commun, les parties peuvent à leur
gré faire l'imputation des deniers de la caisse commune.
L'objection toutefois aurait sa raison d'être si le paiement du
prix était postérieur à l'option de la femme, car, dans ce cas,
la condition de disponibilité exigée par la loi ne se trouverait
plus remplie.

Nous devons maintenant étudier les arguments qui militent
en faveur du système que nous adoptons.

L'ancien Droit d'abord était en ce sens. « En attendant le
consentement de la femme, dit Pothier (1), la déclaration faite

_____

(1) Pothier. Traité de la Communauté, 1re partie, no 200.

par le mari dans le contrat d'acquisition que l'héritage est
acquis pour tenir lieu de remploi des propres de la femme,
tient en suspens la qualité de l'héritage. Si la femme ratifie
et consent cette déclaration, *la ratification ayant un effet
rétroactif*, suivant la règle de Droit : *ratihabitatio mandato
comparatur*, l'héritage sera censé avoir été, dès l'instant de
son acquisition, acquis pour tenir lieu de remploi à la femme
et *avoir toujours été, en conséquence, propre de communauté de la femme par subrogation.* » D'Aguesseau n'est pas
moins précis : « La ratification de la femme, écrit-il, a un
effet rétroactif au temps de l'acte ; s'il en est ainsi, par rapport
à celui qui gère seulement les affaires d'autrui, à plus forte
raison à l'égard du mari, qui est censé le procureur de la
femme. »

Cette doctrine a-t-elle été adoptée par les rédacteurs du
Code ? Cela ne nous semble pouvoir faire aucun doute ; nous en
trouvons la preuve dans les déclarations exigées par l'art. 1435.
Et en effet, si l'acceptation de la femme ne doit avoir aucun
effet rétroactif, à quoi servent les mentions exigées par le
législateur ? Pour le mari, cette exigence se comprend, on ne
veut pas qu'il puisse conserver ou abandonner la chose acquise
en remploi au gré de ses désirs ou de son intérêt ; mais pour
la femme, il en est tout autrement, et si nous repoussons cette
rétroactivité, nous sommes forcé de voir dans la nécessité des
mentions une exigence sans cause. Admet-on, au contraire,
la rétroactivité de l'acceptation de la femme, vis-à-vis des
intéressés ? alors la nécessité des déclarations s'explique. Ayant
un effet rétroactif, on ne veut pas que cette acceptation puisse
surprendre les tiers et tromper leur bonne foi, et c'est ce qui
arriverait si les prescriptions de l'article 1435 n'étaient pas

remplies. Avertis par les déclarations, ils sauront que le mari ne peut leur concéder sur ces biens que des droits révocables, et ils traiteront avec lui à leurs risques et périls.

On a fait contre ce système plusieurs objections : la première est tirée de l'article 1338-3° du Code civil. « La confirmation, ratification ou exécution volontaires, dans les formes et à l'époque déterminées par la loi, emporte renonciation aux moyens ou exceptions que l'on pouvait opposer contre cet acte, *sans préjudice néanmoins du droit des tiers.* » Par conséquent, dit-on, l'acceptation de la femme ne rétroagit pas, elle ne peut faire tomber les droits consentis à des tiers sur l'objet proposé en remploi. Cette objection ne nous semble pas fondée ; l'hypothèse qu'elle vise, toute différente de la nôtre, ne s'applique qu'à la confirmation des obligations que la loi permet de faire annuler (Art. 1338-1° C. civ.)

Une autre objection a encore été fournie par les termes de l'article 1121 *in fine* du Code civil. « On peut pareillement stipuler au profit d'un tiers, lorsque telle est la condition d'une stipulation que l'on fait pour soi-même ou d'une donation que l'on fait à un autre. Celui qui a fait cette stipulation *ne peut plus la révoquer, lorsque le tiers a déclaré vouloir en profiter.* » Or, en conclut-on, tant que la femme n'a pas ratifié l'offre de remploi à elle faite par son mari, celui-ci peut, ou prendre pour lui l'acquisition, s'il croit devoir le faire, ou la révoquer implicitement en consentant, sur l'immeuble offert, des droits réels qui seront opposables à la femme et qu'elle devra respecter, si elle donne sa ratification à l'acte de son mari. Ce texte ne semble, non plus que l'article 1338 pouvoir être opposé à notre doctrine. En effet, les espèces prévues par les articles 1121 et 1435 ne sont pas les mêmes. Dans le premier cas, la personne qui acquiert stipule non-seulement pour elle, mais encore pour autrui ; elle veut qu'une partie du bénéfice résultant de l'acte qu'elle fait, aille au tiers en faveur de qui elle stipule ; elle veut lui faire une libéralité et l'enrichir. Dans l'hypothèse prévue par l'article 1435 au contraire, le mari n'acquiert rien pour lui ; il n'entend pas non plus augmenter le patrimoine de sa femme et lui faire une libéralité ; il n'est qu'un intermédiaire, ne retirant aucun lucre de l'opération et en affectant, au contraire, tout le bénéfice à sa femme, qui en profitera si elle le juge convenable. L'objection tirée de l'article 1121 est donc sans portée et, comme telle, nous semble devoir être écartée.

M. Mourlon fait une autre objection à cette doctrine, qu'il croit fausse, et qu'il veut remplacer par un système assimilant l'acte du mari dans l'acquisition en remploi à une élection de command (1). Pendant que la femme délibère si elle acceptera ou non le remploi, l'immeuble acquis vient à périr ; qui supportera la perte ?

Ce ne sera assurément pas la femme : la chose achetée ne saurait être à ses risques, puisqu'elle n'a pas accepté le remploi.

Ce ne sera pas non plus le vendeur. Sans doute, la vente a été, dès l'origine, une vente conditionnelle ; mais ce n'est pas vis-à-vis du vendeur que son existence est subordonnée à un événement futur et incertain ; quant à lui, quoiqu'il arrive, elle est dès à présent pure et simple, en même temps que définitive. C'est seulement dans les rapports des époux que la condition aura effet ; la vente est faite sous une alternative, de telle façon

(1) Mourlon. Traité de la Transcription, t, I, p. 152, n° 59

que si la femme n'accepte pas le remploi, la chose appartiendra au mari ; par conséquent le vendeur aura toujours un acquéreur, il ne supportera donc pas les risques. Or, si ceux-ci ne sont pas mis à la charge, ni de la femme, ni du vendeur, ils incombent au mari qui devra les supporter.

Or, quelle est, dans la doctrine que nous adoptons, la situation du mari ? Tous les risques sont à sa charge ; il supporte toutes les dépréciations que peut subir la propriété ; il n'a, en retour, aucun de ses avantages, car il ne peut en disposer, soit totalement, soit partiellement. Tout autre est la situation de la femme. Tant qu'elle n'a pas accepté, elle n'a rien à craindre et elle peut tout espérer, car si la chose vient à augmenter de valeur, cet accroissement a lieu pour elle et pour elle seule ; si elle vient à diminuer, elle refusera son acceptation. Dès lors, on aperçoit l'objection que M. Mourlon va faire sortir de cette série de déductions : « On pressent, dit-il, l'argument que nous en pensons déduire. Si la chose achetée est aux risques du mari, c'est qu'évidemment *elle lui appartient*. »

Cette objection s'appuie, comme on le voit, sur la maxime *res perit domino*. Or cette règle est loin d'avoir la portée générale qu'on lui prête. Donc, en droit, l'objection ne nous semble pas fondée. Au point de vue des conséquences du fait, il faut reconnaître qu'elle peut séduire davantage. Interdire, en effet, au mari de disposer de la chose pendant que la femme délibère, est lui faire une situation bien dure, d'autant plus que si la chose vient à se détériorer ou à périr, la femme refusera son acceptation et le mari devra supporter seul une perte qu'il n'a pu empêcher.

Cette objection ne touche pas M. Labbé, qui répond que c'est là une conséquence nécessaire de toute gestion d'affaires. Ayant agi de son propre mouvement, le gérant ne peut pas forcer le maître à accepter l'opération qu'il a faite. Si, par exemple, en l'absence de Primus, Secundus, son ami, agissant sans mandat, place des deniers appartenant à Primus dans une entreprise déterminée, et qu'avant l'acceptation de celui-ci l'entreprise périclite ou tombe, forcera-t-on Primus à supporter les conséquences fâcheuses de l'opération ? Assurément non et tout le monde sera d'accord pour faire incomber à Secundus la responsabilité de l'acte qu'il a accompli. Et cependant, tant que Primus n'aura pas déclaré vouloir ou non profiter de l'opération, le gérant ne pourra en disposer pour son compte.

Par conséquent, en faisant au mari une semblable condition, on se borne à lui appliquer les règles du droit commun ; du reste, peut-être pourrait-on, dans certains cas exceptionnels, et étant donnée l'utilité manifeste de la gestion, imposer au maître la ratification. Ce sera là, du reste, une question d'appréciation pour les tribunaux.

Si maintenant nous nous plaçons dans le domaine des faits, nous devons remarquer que la situation du mari n'est pas aussi précaire qu'elle le paraît tout d'abord. Il pourra en effet (sauf controverse) mettre sa femme en demeure d'exercer son option. Puis, quant aux causes de destruction, une distinction est nécessaire : s'agit-il d'un de ces évènements imprévus, comme une inondation ou la chûte de la foudre ? on aurait beau, dans ce cas, accorder au mari le droit de disposer de la chose, inutile de remarquer que personne n'achèterait soit une maison que les eaux envahissent, soit un bâtiment que dévore l'incendie. Est-il au contraire question d'une de ces dépréciations qui arrivent lentement et que l'on peut prévoir ? le mari pourra, en ce cas, chercher un acquéreur pendant que la femme délibérera, et, dans tous les cas, s'il y a entente entre les époux, ils pourront vendre conjointement l'immeuble. Le tiers acquéreur sera ainsi à l'abri de l'éviction.

Quant à l'objection tirée des travaux préparatoires et des paroles de M. Tronchet, nous l'étudierons et la réfuterons en exposant les discussions qui ont eu lieu au Conseil d'Etat.

Le rôle que remplit le mari en achetant pour sa femme un bien destiné à servir de remploi au propre aliéné par celle-ci, est donc celui d'un gérant d'affaires. Or, l'un des caractères de la gestion d'affaires est la rétroactivité, au jour de l'acte, de la ratification de celui pour qui l'on a opéré. Le Droit romain avait admis cette solution, l'acceptation du maître rétroagissait et le gérant ne pouvait conserver pour son propre compte, le bénéfice de l'opération qu'il avait faite. Il en est encore ainsi de nos jours : Pothier et d'Aguesseau, dans des passages que nous avons déjà relatés, montrent que telle était la solution admise par notre ancienne législation. Le droit actuel a aussi suivi cette doctrine. Par conséquent, en donnant sa ratification, la femme reconnaît que son mari a bien géré ; elle approuve ce qu'il a fait, se substitue à lui et prend sa place au contrat auquel elle devient partie ; c'est donc de celui-ci qu'elle tient ses droits, lesquels sont nés à l'époque de la convention ; dès lors, les droits qui auraient été consentis sur la chose par un autre qu'elle-même, ou ceux qu'elle n'aurait pas ratifiés, ne lui seraient pas opposables et tomberaient forcément.

Nous venons de voir les discussions qu'a soulevées la question de savoir quel rôle devait être attribué au mari dans l'acquisition en remploi faite par celui-ci au profit de la femme ;

nous avons dit aussi que les divers systèmes sur cette importante question avaient cherché à se fortifier par des arguments tirés des travaux préparatoires. Il nous reste maintenant à exposer les diverses opinions émises par les rédacteurs de nos articles.

C'est à propos du temps où peut avoir lieu l'acceptation du remploi que s'engagea la discussion. M. Jollivet, désirant accorder à la femme une garantie efficace dans le cas où les biens communs et les biens propres du mari seraient insuffisants pour la couvrir de ses reprises, demanda que la femme fût autorisée à accepter le remploi, même après la dissolution de la communauté.

Cette proposition trouva des adversaires dans MM. Berlier, Treilhard et Tronchet; toutefois M. Treilhard l'admit en la subordonnant à certaines restrictions : selon lui, l'amendement de M. Jollivet ne doit être adopté que si la femme a ignoré la déclaration de remploi (1). MM. Berlier et Tronchet repoussent cette distinction et veulent que l'amendement soit rejeté en entier. Les motifs qui les poussent à agir ainsi sont l'intérêt des tiers et la stabilité de la propriété qui ne peut rester incertaine. « La faculté réclamée par M. Jolivet, dit M. Berlier, aurait pour désavantage de laisser la propriété longtemps incertaine, et que deviendraient, dans l'intervalle, les actions des tiers? Que deviendraient aussi les droits acquis par eux, à l'époque où il plairait à la femme d'accepter le remploi ? Si le contrat ne s'est pas formé avec elle dès l'origine, il doit lui être pour toujours étranger. »

M. Tronchet dit que l'amendement, par lequel M. Treilhard

(1) Fenet. T. XIII, p. 362 et 363.

demande que « la femme soit autorisée à accepter après la dissolution de la communauté, lorsque la déclaration de remploi
lui est restée inconnue, ou lorsque le temps lui a manqué
pour accepter, » soit amendé à son tour par la condition que
l'immeuble existera encore en nature dans la communauté et
qu'il n'aura point été hypothéqué : *car il est conquêt de
communauté, tant que l'acceptation de la femme ne lui aura
pas donné la qualité de propre.* Selon le consul Cambacérès
et M. Treilhard, l'amendement doit être ainsi entendu.

M. Berlier (1) observe que tous ces amendements et sous-
amendements sont peut-être la meilleure preuve de la bonté
de l'article, car si la femme, à l'égard de laquelle il n'existe
pas de vrai contrat, ne peut se prévaloir de la déclaration de
son mari que sauf le droit d'autrui, le remploi ne lui offre pas
plus d'avantage que l'action ordinaire pour ses reprises, qu'elle
peut exercer sur cet immeuble comme sur tous autres.

Renvoyé à la section de législation, l'article 41 n'y est pas
modifié, et, dans sa séance du 4 brumaire an XII, le Conseil
d'Etat l'adopte sans observation.

Avant d'aborder l'examen des arguments tirés des travaux
préparatoires, une observation nous semble nécessaire. La
discussion, avons-nous dit, n'apporte aucune modification
aux articles 40 et 41 (1434 et 1435 C. civ.), que nous venons
de citer. Ce n'est donc point dans des dires sans résultat que
nous devons chercher la pensée du législateur. Pour la connaître d'une façon précise, il faut, croyons-nous, remonter
plus haut, jusqu'à l'ancien Droit, et comparer nos textes avec
ceux de nos anciens auteurs. Or, nous avons vu que, sur les

(1) Fenet, T. XIII, p. 363.

points capitaux de cette matière, le Code adopte les opinions de Duplessis et de Pothier. S'il en est ainsi en ce qui touche les caractères essentiels d'une chose, ne peut-on pas sans témérité en induire qu'il doit en être de même pour les conditions accessoires, surtout lorsque les auteurs, qui ont joui dans notre ancien Droit d'une si grande autorité, ont formulé sur ces questions une opinion qui n'a pas rencontré de contradicteur. C'est ce qui a dû arriver ici. Sans doute, les rédacteurs du Code n'ont rien dit sur les effets de l'acceptation de la femme, donnée postérieurement à l'offre à elle faite par son mari ; mais leur intention a été de rendre cette acceptation rétroactive jusqu'au jour de l'offre. Telle était en effet, l'opinion de Pothier et de d'Aguesseau.

Les partisans du système qui voit dans le remploi une offre de dation en paiement, faite par le mari à sa femme, appuient leur opinion sur les paroles de Tronchet : « Il faudrait encore amender cet amendement (celui proposé par M. Jolivet, qui demande que la femme soit autorisée à accepter le remploi après la dissolution de la communauté), par la condition que l'immeuble existera encore en nature dans la communauté, tant que l'acceptation de la femme ne lui a pas donné la qualité de propre. » Les mots : « il faudrait amender cet amendement, » ont une valeur dont il faut se rendre compte. S'il faut modifier la motion Jollivet, par la condition que l'immeuble existera encore en nature, ou n'aura pas été hypothéqué, c'est qu'actuellement la rédaction primitive comporte sur la question des droits des tiers une solution opposée, car Tronchet ne propose son amendement que dans le cas où celui de Jolivet serait accepté. Par conséquent, dans l'hypothèse, au contraire, où la femme pourrait accepter durant le mariage, Tronchet admet qu'elle peut donner son acceptation sans avoir à s'occuper de ces droits, sans être obligée de les subir.

Mais il est une parole de Tronchet, invoquée par nos adversaires comme un argument d'une valeur incontestable : « l'immeuble, dit-il, est conquêt de communauté tant que l'acceptation de la femme ne lui a pas donné la qualité de propre. » — Dans toute discussion, il faut raisonner *secundum subjectam materiam*. Or quelle est la question agitée ici ? celle de savoir si, oui ou non, la femme pourra accepter après la dissolution de la communauté ; alors pourquoi les paroles de Tronchet n'auraient-elles pas trait à cette hypothèse, il a pu raisonner ainsi : un doute plane sur la qualité de l'immeuble jusqu'à la dissolution de la communauté, mais, à partir de cette époque, toute incertitude cesse, l'immeuble ne peut plus devenir propre, il est forcément conquêt.

Du reste, en admettant même l'interprétation que nos adversaires donnent aux paroles de Tronchet, opinion tout individuelle, il faut bien le reconnaître, il en est une autre qui, à nos yeux, ne semble pas avoir une moins grande autoté, celle de Berlier, rapporteur au Conseil d'Etat et au Corps législatif : « Si le contrat, dit-il, ne s'est pas formé avec elle (la femme) dès l'origine, il doit lui rester pour toujours étranger. » C'est donc que la femme a dû comparaître au contrat, soit par elle-même, soit dans l'hypothèse qui nous occupe, par son mari, qui la représente. Et plus loin il ajoute : « Si la femme.... ne peut se prévaloir de la déclaration de son mari, que, *sauf le droit d'autrui*, le remploi ne lui offre pas plus d'avantage que l'action ordinaire pour ses reprises, qu'elle peut exercer sur cet immeuble, comme sur tous autres. »

Berlier admet donc la rétroactivité de l'acceptation de la femme.

Placée en face de ces deux opinions, laquelle devons-nous adopter ? Celle de Berlier assurément, car elle a pour elle l'autorité de l'histoire et c'est aussi celle qui fut adoptée par le législateur ; en effet, renvoyé à la section de législation, l'article n'y reçut aucune modification. L'interprétation de Berlier, si conforme au droit et à la raison, fut donc adoptée.

Ce système admis entraîne les conséquences suivantes :

1° L'acceptation de la femme, intervenue postérieurement à l'acte, fait tomber les droits que le mari aurait consentis sur l'immeuble proposé en remploi. Ainsi, l'a-t-il vendu ou donné, a-t-il constitué sur lui des droits réels ? des hypothèques conventionnelles, légales ou judiciaires, l'ont-elles frappé ? des créanciers l'ont-ils saisi entre l'acquisition et l'acceptation ? La vente ou la donation seront rescindées au profit de la femme ; les droits réels et la saisie seront frappés de nullité. Il en est autrement dans le système de MM. Aubry et Rau ; selon ces auteurs, la femme doit, sauf les hypothèques légales et judiciaires, respecter tous les autres droits consentis volontairement sur l'immeuble. En décidant ainsi, ces auteurs sont du reste, logiques. Les droits nés de la convention impliquent, dans leur doctrine, intention de la part du mari de révoquer l'offre qu'il a faite ; ceux résultant de la loi ou des jugements, ne relevant point de sa volonté, n'indiquent pas une semblable intention. Mais alors, si l'immeuble n'a appartenu au mari, ne fût-ce qu'un instant de raison, comment peut-il anéantir les hypothèques légales ou judiciaires, alors qu'il ne peut agir de même relativement aux hypothèques conventionnelles ? Nous n'apercevons pas la raison autorisant une semblable distinction.

2° Notre système entraîne encore des conséquences graves au point de vue des droits de mutation. Pour nous, un seul droit proportionnel de vente et un droit fixe de ratification peuvent être exigés, car la translation de propriété s'est opérée directement du vendeur originaire à la femme. Dans le système de nos adversaires, deux droits proportionnels de vente peuvent être réclamés, puisqu'il y a deux mutations de propriété : l'une du vendeur au mari, l'autre, de celui-ci à la femme.

Nous devons remarquer, du reste, que la pratique semble bien avoir adopté le système de la gestion d'affaires, que nous avons admis. En cas de remploi accepté postérieurement à l'acte d'acquisition, l'enregistrement ne perçoit qu'un droit proportionnel de vente et un droit fixe de ratification.

3° A la question de mutation de propriété, s'en rattache une autre : celle de la transcription et de la stabilité des droits réels consentis sur l'immeuble proposé en remploi. La rétroactivité de l'acceptation de la femme sera-t-elle subordonnée à la formalité de la transcription de l'acte de vente ? Une distinction nous semble nécessaire. La translation de propriété du vendeur originaire à la femme devra être transcrite et l'acceptation de la femme ne rétroagira qu'à la date de cette transcription ; par conséquent les droits qui auraient été consentis par le vendeur, postérieurement à cette transcription, ne seront pas opposables à la femme. Quant à ceux qu'il aurait constitués antérieurement, la femme devra les respecter, car vis-à-vis des tiers, la propriété est restée sur la tête du vendeur. Les droits consentis par le mari entre l'acquisition et la transcription ne seront pas opposables à la femme, car le mari n'étant pas propriétaire de l'immeuble, n'a pu consentir aucun démembrement d'une chose ne lui appartenant pas.

Quant à l'acceptation de la femme, nous ne pensons pas qu'elle doive être transcrite. Elle n'a, en effet, à redouter ni les droits consentis par son mari, ni ceux concédés par le vendeur postérieurement à la transcription ; une seule transcription suffit donc pour avertir les tiers. En décidant ainsi, nous ne faisons du reste qu'appliquer une conséquence du système qui considère le remploi comme une gestion d'affaires. En cas de gestion, en effet, on admet généralement que la ratification du maître n'a pas besoin d'être transcrite. « Du moment, dit M. Mourlon (1), que les tiers ont été avertis que le vendeur a disposé de son bien, sous une condition suspensive, ils doivent s'abstenir de traiter avec lui, ou s'attendre, s'ils passent outre, à voir les droits qu'il lui transmettra mis à néant par l'accomplissement de la condition résolutoire qui affecte la propriété dont il est nanti. » M. Labbé n'est pas moins affirmatif.

Il semblerait que, pour être logiques, nos adversaires devraient exiger une double transcription, puisque, d'une part, ils accordent au mari un droit très large de disposition sur l'immeuble offert en remploi, et que, d'autre part, il est nécessaire d'avertir les tiers que la propriété ne réside plus entre ses mains. Il n'en est rien cependant, et selon MM. Aubry et Rau et Mourlon, une seule transcription suffit. Selon M. Mourlon, la loi de 1853 n'a pas eu pour but d'établir un mode de publicité absolue ; elle n'a eu en vue qu'un point, prévenir les tiers que le vendeur n'est

(1) Mourlon. Traité de la Transcription, T. I, p. 157.

plus propriétaire. « Dès lors, dit M. Mourlon, à quel titre la transcription de l'acceptation du remploi serait-elle obligatoire ? Quelle mutation nouvelle de propriété cette acceptation opère-t-elle ? La femme n'acquiert pas à nouveau et du chef de son mari, l'immeuble qu'elle accepte en remploi ; *elle est simplement, ce qui est bien différent, réputée le tenir du vendeur et en vertu de la vente originaire*, or, cette vente a été transcrite (1). » Plus loin, il ajoute encore : « Les actes translatifs de propriété sont seuls, d'ailleurs, soumis à la formalité de la transcription, or l'acceptation du remploi n'a rien de translatif, puisque l'acquisition que fait la femme a son principe dans le contrat de vente, auquel elle est réputée avoir parlé elle-même (2). »

Par la rétroactivité de son acceptation, la femme est considérée comme ayant été partie au contrat ; elle est devenue le seul acheteur. En cette qualité, elle est personnellement

(1) Mourlon. Traité de la Transcription, T. I, p. 158.

(2) Rien de plus juste, ce nous semble, que l'opinion exprimée par M. Mourlon, mais comment la concilier avec son système sur le rôle du mari dans le remploi des biens de la femme et la liberté de disposition qu'il accorde à celui-ci ? « Ce que je ne puis admettre, dit avec raison M. Labbé, c'est qu'entre acheter pour soi, sauf à revendre, et acheter pour autrui en se portant fort si le vendeur l'exige, il y ait un procédé mixte, une voie intermédiaire. Ce qui ne se concilie pas dans mon esprit, c'est la rétroactivité donnée à l'acceptation du remploi par la femme, rétroactivité impossible si la femme n'a pas été représentée au contrat d'acquisition, et la faculté pour le mari de disposer dans l'intervalle de la propriété, faculté dont la condition première est d'avoir acquis pour soi dès lors et déjà cette propriété, faculté partant incompatible avec la qualité de représentant acceptée par le mari ; il faut opter, un biais est introuvable. »

16

tenue de la totalité ou de la partie du prix de vente qui resterait encore due au moment où elle a manifesté son consentement de prendre pour elle l'acquisition. Vainement objecterait-on que par la déclaration portée à l'acte que l'acquisition
est faite des deniers provenus de l'aliénation de tel immeuble,
le vendeur n'a entendu avoir pour obligée que la communauté,
en acceptant en paiement la créance que la femme avait contre
elle, un tel argument ne saurait lui être opposé car la femme
s'est personnellement engagée. Dès lors le vendeur aura deux
obligées : la communauté et la femme, sauf à celle-ci son recours contre celle-là ou contre son mari. Mais c'est là une
question de liquidation qui restera étrangère au vendeur.

6. — Il nous reste, pour terminer cette étude sur le remploi
facultatif, à examiner une double question : la femme peut-
elle n'accepter que pour partie le remploi qui lui est offert par
son mari ? peut-elle ne l'accepter que sous condition ?

Pour résoudre la première question, il faut distinguer deux
hypothèses : ou bien les remplois sont offerts à la femme par
des actes distincts, ou bien ils lui sont offerts par un seul et
même acte.

Première hypothèse. — Divers immeubles lui sont offerts
en remploi par des actes successifs.

Une femme a aliéné pour une somme de 65,000 fr. un immeuble qu'il s'agit de remplacer. Pour arriver à ce but, le
mari acquiert, avec les déclarations prescrites par l'art. 1435,
le 10 janvier 1875, un immeuble de 30,000 fr.; le 15 mars 1878,
un autre immeuble de 25,000 fr.; enfin le 1er juillet 1880, un
troisième immeuble de 10,000 fr. La femme, nous le supposons, n'a encore exercé son option à l'égard d'aucun de ces
remplois. Plus tard, soit parce qu'elle a été mise en demeure

par son mari, soit parce qu'elle veut transformer en bien propre son droit de créance contre la communauté, soit pour tout autre motif, elle se décide à prendre parti. Pourra-t-elle accepter en remploi un ou plusieurs de ces immeubles et laisser les autres à la communauté ? L'affirmative ne nous semble pas douteuse. Du jour, en effet, où la première acquisition portant offre de remploi a été faite à la femme, celle-ci a pu l'accepter ou non. Les acquisitions postérieures qui ont été faites n'ont pu modifier ce droit et lui porter atteinte.

Deuxième hypothèse. — Divers immeubles achetés par un seul et même acte, portant acquisition en remploi, sont dans ce but offerts à la femme ; peut-elle prendre l'un et répudier les autres ?

Ainsi, la femme est créancière contre la communauté pour cause d'aliénation de son propre, d'une somme de 50,000 fr. Par un seul et même acte, portant les mentions requises par l'article 1435 pour la validité du remploi, le mari achète trois immeubles : l'un de 25,000 fr., l'autre de 15,000 fr., le troisième de 10,000 fr. ; la femme pourra-t-elle prendre un ou deux de ses immeubles et répudier les autres ou inversement, cela, bien entendu, en supposant que le mari s'y oppose et qu'il refuse de scinder le contrat ?

Nous ne le pensons pas. Ce qui nous porte à décider ainsi, est l'analogie qui existe entre le remploi et la gestion d'affaires ; car à moins que l'utilité de la gestion ne fasse défaut, le maître doit ratifier l'acte accompli par le gérant. Or en agissant ainsi pour sa femme, le mari a contracté une seule obligation : celle de transmettre à sa femme le bénéfice de l'acte qu'il a fait. Si sa femme ne veut pas ratifier sa gestion pour le tout, elle lui demande autre chose, elle fait naître à sa charge une autre obligation, qu'il n'est pas tenu de supporter ; il peut par suite se refuser à diviser l'opération.

Mais il peut arriver que le mari y consente ; qu'arrivera-t-il alors ? Une distinction est nécessaire : il ne faut pas oublier qu'à côté du droit du mari, existe l'intérêt des tiers. Nous devons examiner par suite, si le mari n'a consenti aucun droit sur l'immeuble proposé en remploi, ou si, au contraire, il en a concédé. Dans le premier cas, la scission que la femme demande peut lui être accordée : personne ne saurait s'y opposer. Ce n'est pas, en effet, le mari, puisque nous supposons acquis son consentement ; ce ne sont pas les tiers, puisque leur intérêt est hors de cause ; ce n'est pas davantage le vendeur, puisque, ayant pour obligés la femme d'abord et subsidiairement la communauté et le mari, il a fait un contrat définitif.

Supposons maintenant que le mari ait consenti sur l'un des immeubles, soit une aliénation totale, soit une aliénation partielle. Son consentement sera-t-il encore suffisant pour autoriser la femme à accepter partiellement le remploi et faire ainsi tomber les droits consentis sur l'immeuble au profit des tiers ? Nous ne le pensons pas. Propriétaire, en effet, sous la condition que la femme accepterait le remploi dans son intégrité et non partiellement, le mari a aliéné la chose. La condition venant à se réaliser, le mari a cessé d'être propriétaire ; il a donc perdu tous les droits qui étaient nés pour lui sur cet immeuble et notamment celui d'opposer à la femme la nullité de son acceptation. La solution serait la même en cas d'aliénation partielle ; par exemple en cas de constitution d'une servitude ou d'une hypothèque.

Comme seconde partie de la question que nous traitons actuellement, nous nous sommes demandé si la femme peut accepter sous condition, par exemple si tel évènement arrive, le remploi qui lui est offert. La solution doit être la même que dans l'hypothèse de l'acceptation partielle ; la femme, nous le savons, peut retarder son option jusqu'à la dissolution de la communauté ; le mari peut, s'il n'a concédé aux tiers aucun droit réel sur l'immeuble, accepter cette situation ou, s'il préfère en sortir, mettre sa femme en demeure de se prononcer avant une époque déterminée. Le même droit doit être accordé aux tiers et eux aussi peuvent forcer la femme à prendre parti. L'incertitude qui pèse sur la qualité de l'immeuble aura ainsi une fin.

2e PARTIE DU DROIT CIVIL FRANÇAIS ACTUEL

EMPLOI ET REMPLOI CONVENTIONNELS

Dans la première partie de ce travail, nous avons étudié l'emploi et le remploi facultatifs, c'est-à-dire l'acquisition avec des deniers, soit stipulés propres, soit provenant de l'aliénation d'un propre, d'une chose destinée à en tenir lieu. Des règles identiques régissant l'emploi et le remploi facultatifs, nous n'avons introduit entre ces deux sources de propres aucune distinction bien marquée : toutes deux étant soumises à des dispositions analogues, nous les avons confondues et étudiées ensemble.

Nous abordons actuellement la deuxième partie de notre thèse, celle où nous devons traiter de l'emploi et du remploi s'effectuant, non plus par la simple volonté des parties, mais en vertu de conventions antérieures, intervenues entre les époux. Ici, afin de donner plus de clarté à notre étude, nous séparerons le remploi de l'emploi conventionnel. Du reste, comme dans la première partie, les principes généraux que nous avons déjà examinés nous serviront de base, et nous nous efforcerons de les combiner avec la volonté exprimée par les contractants.

CHAPITRE Ier

DU REMPLOI CONVENTIONNEL

HISTORIQUE

Dès le début de cette thèse, nous avons examiné les différentes phases par lesquelles était passée, dans notre ancien
Droit, l'institution que nous étudions. Le principe primitivement admis étant que les époux étaient alors communs en
biens meubles, il en résultait que le prix de l'aliénation du
propre de l'un d'eux, tombant dans la communauté, appartenait pour moitié à son conjoint lors de la dissolution de celle-
ci, ce qui appauvrissait d'autant, et d'une façon définitive,
celui qui avait aliéné. Une telle injustice amènera une réaction
due à l'initiative de Dumoulin, qui, par une note insérée sous
l'article 238 de la Coutume de Bourbonnais, note que nous
avons rappportée plus haut, voulut que, sans y être forcé par
aucune stipulation, le mari pût, *ex intervallo* et même dans
son testament, déclarer que l'intention des parties avait été de
faire revenir à la femme la totalité du prix de son propre.
Après des luttes plus ou moins vives, les Coutumes admirent
cette nouvelle disposition, que nous retrouvons dans l'art. 232
de la Coutume de Paris.

Donnée d'abord à la femme, l'action en remploi fut ensuite
étendue au mari. Une confusion qu'il importe de faire dispa-

raître immédiatement, pourrait naître ici de la terminologie. L'ancien Droit disait *action en remploi*. Or cette expression ne signifie pas action procurant la subrogation d'un propre à un autre. Le terme « action en remploi » était synonyme de récompense et donnait à celui qui pouvait recourir à cette action, non pas un droit réel, mais un simple droit de créance contre la communauté ; on lui donnait aussi le nom de *remploi légal*, par opposition au *remploi actuel*, qui est la subrogation d'un propre à un autre.

Il semble que, par l'admission du remploi, les stipulations y ayant trait devinrent inutiles ; il n'en fut rien cependant, le remploi consacré par les Coutumes était facultatif pour les époux ; il pouvait ou non être opéré, et il ne laissait, par conséquent, à la femme, lors de la dissolution de la communauté, qu'un simple droit de créance. Or la communauté pouvait être mauvaise et insuffisante pour permettre à la femme d'exercer ses reprises. Sans doute, le mari pouvait acquérir un immeuble pour sa femme et le lui offrir en remploi : un droit réel, dès lors délimité et à l'abri du recours des créanciers, se trouvait substitué au droit de créance, soumis à tant de vicissitudes, mais rien ne contraignait le mari à agir ainsi. La stipulation de remploi eut pour but de l'y forcer et de substituer un droit de propriété au droit de créance, qui n'eût pu être pour la femme qu'une sûreté illusoire.

Le Code civil admet-il la stipulation de remploi ? Cela nous paraît ne pouvoir faire aucun doute. Laissant, en effet, une liberté entière aux conventions matrimoniales, sous la réserve toutefois de la disposition de l'article 1388, que nous étudierons plus tard, lorsque nous nous occuperons du point de savoir si le mari peut être contraint au remplacement de ses

propres, notre Droit a admis le remploi conventionnel. Toutefois, deux points ne doivent jamais être perdus de vue dans
l'étude que nous abordons actuellement. Sans cesse, nous
devons tenir compte de l'interprétation qui doit être donnée à
la volonté des parties. Nous aurons aussi à examiner si la
clause de remploi a quelque effet vis-à-vis des acquéreurs de
l'immeuble qu'il s'agit de remplacer. Cette question, sans
doute, ne nous occupera que plus tard, mais nous aurons
cependant à en tenir compte antérieurement, dans l'étude du
remploi conventionnel.

Cette matière, nécessitant de nombreux développements,
sera divisée en sections et paragraphes, dans lesquels nous
étudierons, pour plus de clarté, chacun des points qu'elle
comporte.

SECTION Iʳᵉ

SOMMAIRE :

§ 1er

1. — A côté des futurs époux figurent souvent, dans les
contrats de mariage, leurs ascendants, quelquefois des dona-

teurs ; les futurs, lorsqu'ils sont majeurs, peuvent introduire dans cet acte telles dispositions que bon leur semble, pourvu, bien entendu, que de telles conventions ne soient pas prohibées par un texte de loi. Lorsqu'un mineur se marie, ses ascendants, sans le consentement desquels la célébration du mariage ne peut avoir lieu, l'assistent dans ses conventions matrimoniales, dont la rédaction primitive ou les modifications ultérieures, qu'on voudrait y apporter, sont subordonnées à leur consentement. Enfin, si un ascendant ou un tiers constitue une dot ou fait une libéralité à l'un des futurs, il peut faire la loi de sa donation et la soumettre aux conditions qu'il juge convenables. Nous avons donc là trois catégories de personnes qui peuvent stipuler le remploi : le mari ou la femme, l'ascendant d'un mineur — ou d'un majeur, lorsqu'il lui constitue une dot ou lui fait une donation, — le tiers qui fait une libéralité à un majeur ou à un mineur.

2. — Une telle stipulation peut donc être faite dans le contrat de mariage. Peut-elle l'être postérieurement à cet acte, alors même que le mariage a été célébré ? Des distinctions sont nécessaires. Le tiers qui ferait une donation à l'un des époux pourrait stipuler, ce nous semble, qu'en cas d'aliénation de la chose qu'il donne, le remploi devra en être opéré ; car libre de ne pas donner, il peut le faire purement et simplement ou sous condition, selon sa volonté. Mais une telle modification pourrait-elle être opérée, soit par la femme, soit par les ascendants des époux, postérieurement à la célébration du mariage ? L'article 1395 semble bien imposer une solution négative, puisqu'il prohibe toute modification aux conventions matrimoniales après la célébration du mariage ; nous pensons cependant qu'une telle doctrine est trop ab-

solue et que la question doit se résoudre par une distinction. Un ascendant ou celui qui a fait une donation ne pourrait, au cours du mariage, imposer une telle restriction, en fît-il même la condition d'une nouvelle donation dont il gratifierait les époux ; car, dans ce cas, l'article 1395 serait violé et on ne devrait tenir compte d'une telle condition, qui serait contraire aux lois et devrait être réputée non écrite. — Pour la femme, il en est autrement. Elle peut, sans porter atteinte à l'immutabilité des conventions matrimoniales et à la puissance maritale, imposer au mari une telle condition. En effet, le mari ne peut aliéner les propres de la femme qu'avec l'assentiment de celle-ci ; or, si la femme peut donner son consentement purement et simplement, elle peut aussi le subordonner à certaines conditions. En soumettant son consentement à la condition que le mari remplacera le propre aliéné, elle ne fait qu'user de son droit ; or, si elle le peut ainsi pour tous les cas particuliers qui se présenteront, pourquoi ne pas lui accorder ce droit d'une façon générale, c'est-à-dire par voie de convention intervenue entre le mari et la femme ?

3. — La théorie du remploi conventionnel, combinée avec le principe de l'article 1395, a fait naître une autre question encore discutée : le remploi ayant été stipulé en faveur de la femme, celle-ci peut-elle y renoncer et, comme conséquence, le tiers acquéreur du bien à remplacer sera-t-il libéré par cette renonciation ? n'aura-t-il pas à redouter que le prix lui soit réclamé, une seconde fois, par la femme dont les conventions matrimoniales n'ont pas été exécutées ? Un arrêt de Lyon, du 11 juillet 1857, décida que si la femme ne peut renoncer d'une façon générale aux clauses de remploi stipulées dans son contrat de mariage, elle peut du moins, « par

des dispositions individuelles, renoncer au bénéfice de ce contrat, dans *tels* cas et en faveur de *telles* personnes déterminées » (1). Résolue en ce sens par la Cour de Lyon, la question se représenta devant la Cour de Limoges (2) (11 décembre 1863). Des époux, mariés sous le régime de la communauté, avaient stipulé le remploi obligatoire pour le mari ; les tiers acquéreurs étaient, de plus, responsables du remploi. Un propre de la femme fut aliéné ; le mari et la femme firent commandement à l'acquéreur de payer le prix ; par le même acte, la femme déclarait renoncer à la clause de son contrat de mariage ordonnant le remploi. Le tiers ne paya pas entre les mains des époux ; mais, en réponse au commandement dont il avait été frappé, et par opposition aux poursuites dont il était l'objet, le tiers fit faire aux époux des offres réelles, à charge par eux d'exécuter la clause de leur contrat de mariage ; les époux refusèrent ces offres et assignèrent le tiers en paiement. Le Tribunal de Brives, appelé à trancher la question, débouta le tiers de son opposition, parce qu'elle n'était pas fondée. L'acquéreur interjeta appel devant la Cour de Limoges, qui réforma le jugement de Brives et admit le moyen repoussé par le Tribunal. Les époux se pourvoient en cassation contre l'arrêt de Limoges. La Chambre des requêtes (arrêt du 19 juillet 1865) (3) rejeta le pourvoi et admit « que les déclarations de la femme qu'elle entend renoncer au remploi, ayant pour effet de modifier la stipulation de son contrat de mariage, ne peut avoir d'effet pendant que le mariage dure encore ».

(1) Sirey 1858. — 2-6 Ravet et Noir C. créanciers Ravet.
(2) Sirey 1865. — 2-77 Dutheil C. Choumeil de Saint-Germain.
(3) Sirey, 1865, t. 372, Choumeil de Saint-Germain, C. Dutheil.

C'est là, croyons-nous la véritable solution de la question, conforme tout à la fois à l'esprit de la loi, à l'intérêt des époux et à celui des tiers acquéreurs du bien propre dont le remploi a été stipulé. Qu'arriverait-il, en effet, si l'on appliquait la doctrine de le Cour de Lyon ? La femme attaquerait sa renonciation et elle devrait être écoutée parce que cet acte a porté atteinte à l'immutabilité des conventions matrimoniales, laquelle est d'ordre public et à laquelle on ne peut renoncer par des conventions particulières. Or, qu'importe que les époux modifient d'une façon générale ou dans un cas particulier seulement les clauses de leur contrat de mariage ; dans tous les cas, ils violent leurs conventions matrimoniales, ce qui est absolument défendu. En édictant cette disposition, qui peut paraître rigoureuse, la loi s'est inspirée de plusieurs motifs : elle a voulu lier les époux et les protéger contre ces entraînements, qui sont souvent la conséquence de l'ascendant qu'a sur l'autre l'un des conjoints ; elle a tenu compte de la volonté des parents, qui, ayant souvent une expérience plus grande que celles de leurs enfants, les ont mis en garde contre des périls que ceux-ci n'auraient peut-être pas aperçus, et se seraient peut-être opposés au mariage si la clause protectrice, dont il s'agit, n'avait pas été insérée au contrat. Décider comme l'a fait la Cour de Lyon, c'est violer la loi, et on ne peut le faire ni d'une façon générale, ni dans un cas particulier.

Notre solution changerait si l'immeuble vendu n'était arrivé aux époux que pendant le mariage, par une donation, par exemple, avec stipulation de remploi. Il ne peut plus être question ici de l'immutabilité des conventions matrimoniales ; mais d'un simple droit auquel la femme peut renoncer sous la réserve, bien entendu, de la faculté laissée au donateur de poursuivre la révocation de sa donation dans le cas où il aurait fait de l'obligation du remploi une condition de celle-ci.

§ 2.

1. — Interprétation des clauses de remploi insérées dans les contrats de mariage. — La stipulation de remploi des biens du mari n'a pas une énergie suffisante pour contraindre celui-ci à l'effectuer (art. 1388, C. cri.)

2. — Le prix du remploi comprend les sommes accessoires payées par l'acquéreur. — Hypothèse particulière.

1. — Les notaires, appelés à rédiger les conventions matrimoniales des futurs époux, introduisent souvent, dans leurs actes, la clause « qu'il sera fait remploi des propres aliénés par les époux. » Est-ce là une clause de remploi conventionnel ? Nous ne le pensons pas ; une telle stipulation ne nous paraît être qu'une réminiscence des articles 1434 et 1435, qui laissent aux époux le droit d'opérer ou non le remploi, sans les y contraindre de quelque manière que ce soit. Il faut du reste le reconnaître, il est difficile d'établir sur ce point des principes généraux, de formuler des règles certaines qui guident sûrement le juge appelé à connaître du litige. L'interprétation de ces clauses sera souvent une question de fait, que les cours et tribunaux apprécieront d'une façon souveraine, sans avoir à encourir la censure de la Cour de cassation. (Cassat. requêtes, 7 avril 1879. Sirey, 1880, t. 100.)

Mais, à côté de cette faculté qu'elle laisse aux époux, la clause de remploi pourra avoir une énergie plus grande et rendre obligatoire ce qui ne l'était pas. Envisagée sous ce nouveau point de vue, la stipulation de remploi sera évidemment licite et devra être exécutée lorsqu'il s'agira des propres de la femme ; car si la loi n'impose pas au mari l'obligation d'opérer le remploi des propres de celle-ci, les conventions matrimoniales, pour lesquelles une liberté à peu près absolue est laissée aux époux, peuvent forcer le mari à remplacer un bien de la femme qui aurait été aliéné.

Stipulée relativement aux propres du mari, cette clause aura-t-elle une force aussi grande, et l'*obligera*-t-elle à opérer le remploi des biens lui appartenant ? La négative s'impose ici. Et en effet, il est des droits auxquels les conventions matrimoniales ne peuvent porter aucune atteinte. « Les époux, dit l'article 1388, ne peuvent déroger aux droits.... qui appartiennent au mari comme chef. » La doctrine reconnaît qu'il s'agit dans ce texte des droits que le mari a sur les biens de la communauté. Or, s'il en est ainsi relativement aux biens communs, s'il a sur ce patrimoine, dont il n'est que co-propriétaire, un pouvoir aussi absolu, à combien plus forte raison doit-il en être de même lorsqu'il s'agit de son patrimoine propre, sur lequel il a, durant le mariage, non-seulement les pouvoirs d'une large administration ; mais encore une liberté entière de disposition ? « Il faudrait déclarer nulle, dit M. Marcadé, toute convention par laquelle l'époux porterait atteinte à son droit de disposition ou d'administration de ses biens propres. Stipuler qu'un mari s'interdit d'administrer tout ou partie de ses biens, ou qu'il renonce à les aliéner sans la permission de sa femme, ce serait renverser complètement l'ordre et insulter à la dignité maritale » (1). Or, en accep-

(1) Marcadé et l'art. 1388, nº VI, 1ᵉʳ alinéa, p. 398. — Rodière et Pont. Contrat de mariage, t. 2, p. 50, nº 65, et pour les autorités, la note à laquelle renvoient ces auteurs.

tant la clause de remploi de ses propres, le mari diminuerait le droit de disposition qu'il a sur eux, il porterait atteinte à ses droits comme chef : l'article 1388 s'appliquerait donc et une telle stipulation étant contraire à la loi, serait dépourvue de tout effet juridique. Bien plus, en supposant que cette clause fût insérée dans le seul intérêt de l'époux, pour éviter les conséquences fâcheuses auxquelles pourrait donner lieu son inexpérience des affaires et assurer d'une manière efficace la conservation de son patrimoine, une telle clause n'aurait aucune valeur. A bien plus forte raison faut-il décider de même lorsque la stipulation est introduite dans l'intérêt de la femme, afin de lui assurer l'exercice de ses reprises. C'est, du reste, ce qui a été décidé par un arrêt de la Cour de cassation du 1er mars 1859 (1). Tous les biens de la femme pouvant faire l'objet d'un remploi, les tribunaux apprécieront d'une façon souveraine quels biens les époux auront voulu comprendre dans la stipulation que nous étudions.

2. — Outre le prix principal d'aliénation, il est quelquefois d'usage de remettre au vendeur certaines autres sommes, qui portent des noms différents, tels que pots-de-vin, épingles, primes, etc. (2), et qui, venant s'ajouter à la somme principale,

---

(1) Dalloz 1859. 1. 122. Clerc et Noir. C. dame Ravet.

(2) Un arrêt de la cour de Paris du 13 avril 1878, Sirey 1878-2-134, décide que les primes de remboursement des obligations de chemin de fer représentent non une portion d'intérêts accumulés qui, à ce titre, devraient tomber en communauté, mais une fraction du capital. Par conséquent, si ces obligations sont propres à une femme mariée sous le régime de communauté, avec stipulation de remploi, la somme totale provenant du remboursement est propre à la femme et doit être remployée et non pas seulement la somme nécessaire pour l'acquisition d'un nombre d'obligations égales à celui des obligations remboursées.

17

augmentent d'autant le prix de vente. Le prix du remploi devra comprendre non-seulement le prix principal, mais encore les sommes accessoires dès qu'elles seront appréciables en argent.

Un point peut toutefois faire doute. Les fruits des propres des époux appartiennent à la communauté et tombent dans son actif; or, il peut arriver que le mari vende un champ appartenant à sa femme, et qu'au moment de la vente la récolte soit encore pendante; il devra, semble-t-il, déduire du prix obtenu la valeur de la récolte et le verser dans la caisse commune. Telle n'est pas cependant notre solution. Et, en effet, les fruits n'appartiennent à la communauté, que lorsqu'ils ont été séparés du sol; ils sont, au contraire, un accessoire de celui-ci et doivent, par conséquent, en suivre les vicissitudes, lorsqu'ils sont pendants par branches ou racines; mais, dans ce cas, le prix du propre, ayant été augmenté de la valeur de la récolte, et celle-ci ayant nécessité des dépenses dont le montant a été payé par la communauté, récompense sera due à celle-ci pour les frais de labour et semences; toutefois, celle-ci ne sera exigible qu'à la dissolution de la communauté, sans que le mari puisse actuellement la déduire du prix provenant de l'immeuble (1).

---

(1) M. Benech, traitant la question sous le régime dotal, donne une solution opposée et autorise le mari à prélever sur le prix de vente le montant des dépenses qu'il a faites sur l'immeuble vendu. Cette solution se justifie : sous le régime dotal, le mari est propriétaire des fruits de la dot et il les acquiert jour par jour (art. 1549). (Benech, loc. cit., n° 89, p. 199 et 200.)

§ 3.

SANCTION DES CLAUSES DU REMPLOI.

1. — Le mari est-il obligé d'opérer le remploi, lorsque telle est la
   stipulation de son contrat de mariage ? Conséquence de cette
   obligation.

2. — L'inaccomplissement de cette obligation ne serait pas un motif
   suffisant pour autoriser la femme à demander la séparation
   de biens.

3. — Délai dans lequel le remploi doit être effectué.

Nous avons vu plus haut que les clauses de remploi, insérées dans les contrats de mariage, peuvent s'y présenter sous
deux formes, dont il est impossible à *priori* de déterminer les
effets juridiques ; tantôt la relation de cette clause n'a qu'un
but : rappeler la loi qui n'impose pas aux époux l'obligation
d'opérer le remploi de leur propre ; tantôt, au contraire, cette
stipulation a une énergie plus grande et elle a pour but
d'obliger le mari à remployer les biens de sa femme. Déterminer dans quelle catégorie on doit faire rentrer une clause
de remploi, est une question de fait laissée à l'appréciation
des tribunaux ; l'interprétation qu'ils donneraient ne pourrait être déférée à la censure de la Cour de cassation. D'une
façon générale, on peut dire qu'insérée dans l'intérêt des deux
époux, elle reste pour eux une pure faculté d'opérer ou non le
remploi. Introduite dans l'intérêt de la femme seule, elle
devra être examinée avec plus de soin par le juge, qui devra
s'inspirer des autres dispositions du contrat de mariage pour
décider si la volonté des parties a été de rendre le remploi
obligatoire pour le mari.

Mais quelle est la sanction de cette stipulation, alors

qu'aucune clause pénale n'y a été ajoutée ? Sur ce point, les auteurs ne sont pas d'accord. Résolvant la question sous le régime dotal, M. Benech (1) accorde une action à la femme pour contraindre son mari au remploi ; en effet, aucun texte n'interdit les actions entre époux.

Toutefois, la difficulté augmente lorsqu'on cherche la nature de cette action. A quoi tend-elle ? à faire opérer le remploi par le mari, c'est à dire à le forcer à l'exécution d'un fait, or, *nemo cogi potest ad factum*. Aussi ne sera-ce pas la voie employée par la femme. Après une mise en demeure à fins de remploi, restée sans résultat, la femme actionnera son mari, et, faute par celui-ci de faire la preuve du remploi, demandera qu'il soit condamné à consigner le prix du propre aliéné. Aux termes de l'article 1144, le créancier peut même se faire autoriser par justice à faire exécuter l'obligation aux frais du débiteur. La consignation du prix sauvegarderait ainsi les intérêts de la femme.

Dans le cas où le prix n'aurait pas encore été payé par l'acquéreur, la femme pourrait se faire autoriser par justice à effectuer seule le remploi.

Un autre système, au contraire, refuse à celle-ci toute action pour contraindre son mari à opérer le remploi de ses propres aliénés. Cette doctrine s'appuie sur l'ancien droit, qui déniait à la femme toute action de ce genre ; le Code, ne lui donnant aucune action particulière, a entendu adopter cette doctrine, surtout lorsqu'on considère combien il serait contraire à la bonne harmonie du ménage et à l'ordre social, en même temps qu'à la dignité maritale, de voir la femme poursuivre

(1) Benech. Loc. cit., n° 85, p. 191.

ainsi son mari. Du reste, ajoute-t-on, la femme voit sa créance assez énergiquement garantie par les sûretés excessives que lui accorde la loi sur les biens de son mari, pour n'avoir pas besoin d'un nouveau mode de sécurité. Rien, du reste, ne la contraint à aliéner ses propres, et si elle juge insuffisantes les garanties qui peuvent lui être offertes, elle doit résister lorsque son mari lui propose la vente de l'un de ses biens. C'est en ce sens que se prononce la jurisprudence (1).

2. — Quelle que soit du reste l'opinion adoptée sur cette question, il est un fait certain, c'est qu'à lui seul, et dépouillé de toute autre circonstance, le défaut de remploi ne saurait autoriser la femme à introduire une demande en séparation de biens. Telle était la doctrine de nos anciens auteurs, et tout porte à croire que le Code a entendu l'adopter. — En fait, il faut bien le reconnaitre, la condition de remploi, qui assure la conservation du patrimoine de la femme, est peut-être le motif qui a déterminé l'ascendant à consentir le mariage, le tiers à faire une donation à la future épouse. En pratique, il nous paraît difficile de contester une semblable donnée qui, en droit pur, ne nous semble pas toutefois devoir être prise en considération pour faire du défaut de remploi une cause de séparation de biens. On a voulu assimiler à une convention régie par les principes généraux la clause qui oblige le mari au remploi des propres de sa femme, et, partant de cette idée, on a essayé d'appliquer l'article 1184 et d'enlever au mari les pouvoirs d'administration que la loi lui donne sur les biens de la communauté. Cette analogie ne semble pas devoir être admise ; la théorie des obligations et la séparation de

(1) Troplong. Contrat de mariage, t. 2, nº 1073.

biens ont chacune leurs règles spéciales, qu'on ne doit pas étendre de l'une à l'autre. Comprenant en effet la gravité de la séparation de biens, la loi a déterminé dans l'art. 1443, quels faits peuvent donner ouverture à une demande de ce genre. « La séparation de biens, dit ce texte, ne peut être poursuivie qu'en justice par la femme dont la dot est mise en péril, et lorsque le désordre des affaires du mari donne lieu de craindre que les biens de celui-ci ne soient pas suffisants pour remplir les droits et reprises de la femme. » Par conséquent, si le défaut de remploi, à lui seul, ne compromet pas la dot de la femme, si, en dehors de ce cas, la gestion du mari a été bonne, la femme devra être déboutée de sa demande (1).

3. — En supposant même que, suivant l'opinion de certains auteurs, on déclare obligatoire pour le mari la stipulation de remploi, il faut décider que celui-ci pourra être effectué à une époque quelconque du mariage, pourvu que ce soit antérieurement à la dissolution de la communauté. Mais il arrive parfois que la clause de remploi détermine un délai dans lequel il devra être effectué. On s'est demandé si ce délai est impératif pour le mari et s'il crée nécessairement pour lui l'obligation d'opérer le remplacement dans le temps qui lui a été imparti à cet effet. On est généralement d'accord pour reconnaître qu'une telle clause, que le mari doit, du reste, s'efforcer d'exécuter, n'a pourtant vis-à-vis de lui qu'une force purement morale. « Toutefois, disent MM. Rodière et Pont, le terme fixé ne saurait être considéré comme rigoureusement obligatoire. On en pressent le motif. Qui donc peut assurer que les époux trouveront dans le délai fixé une occa-

(1) Troplong, Contrat de mariage, t. 2, n° 1073.

sion favorable pour opérer l'emploi ou le remploi ? » Ainsi tout en devant effectuer le remplacement, le mari est maître de le faire ; à lui de décider de son opportunité. Toutefois, il ne faudrait pas exagérer ce principe et on doit le combiner, autant que faire se peut, avec l'intention probable des parties, qui a été, sans nul doute, de transformer aussitôt qu'une occasion propice se produirait, le droit de créance en un droit de propriété. Si donc une acquisition avantageuse se présentait, sans que le mari en profitât, il devrait, croyons-nous, être rendu responsable de sa négligence.

L'ancien droit n'admettait pas non plus qu'il y eût dans ce cas, durant le cours de l'union conjugale, un moyen de coercition contre le mari. Aussi la simple stipulation de remploi, qui devait être exécuté dans un délai déterminé, ayant été jugée insuffisante, avait-on cherché à lui donner plus d'énergie par d'autres moyens. Lebrun (1) nous rapporte qu'on insérait dans les contrats de mariage une clause ainsi conçue : « S'il est aliéné des propres de la femme, le premier conquêt sera réputé remploi nécessaire. » M. Troplong (2) en cite encore une autre que Brodeau considère comme valable. La femme peut stipuler dans son contrat de mariage une clause de remploi conventionnel, ajoutant que « si, au jour de la dissolution de la communauté le remploi n'est pas effectué, la récompense à laquelle elle a droit de ce chef, se prélèvera, non pas avant le partage, sur les biens communs, mais postérieurement à celui-ci, tant sur les propres du mari que sur les biens com-

(1) Lebrun. Traité de la communauté de biens, loc. cit. p. 370, nomb. 75.

(2) Troplong. Contrat de mariage, t. 2, n° 1075.

muns tombés dans sa part. Une clause aussi énergiquement sanctionnée empêche le mari de pousser la femme à la vente de ses biens propres ou l'oblige à en opérer le remploi s'ils ont été vendus.

Admise d'abord par l'ancienne jurisprudence, cette clause avait trouvé des adversaires dans les auteurs coutumiers, et les arrêts avaient fini par la repousser pour deux motifs : le premier, c'est qu'en vertu de cette stipulation, la femme touchait une fois et demie le prix de son propre ; le second, c'est qu'on permettait au mari qui omettait à dessein de faire le remploi, d'avantager sa femme d'une façon irrévocable.

Ces deux raisons n'ont pas, croyons-nous, la valeur qu'on leur prête. En ce qui touche la première, il y a là une clause pénale et rien n'empêche de forcer le mari qui n'a pas exécuté la convention de payer, à titre de dommages-intérêts, la moitié du prix du propre aliéné. Quand à la seconde, Renusson nous apprend que, repoussée, sous les coutumes qui prohibaient les avantages entre époux, cette clause était admise dans celles qui en reconnaissaient la validité. C'est encore cette solution qui doit être suivie de nos jours ; le Code, en effet, permet les libéralités entre époux, en les subordonnant à la condition de révocabilité. Or, rien n'empêche le mari, dans le contrat duquel a été introduite une semblable clause, de se soustraire à ses effets, en achetant un immeuble qui servira de remploi à sa femme.

Il y aurait, du reste, un moyen certain pour la femme de forcer son mari au remploi et, en cas d'inexécution de celui-ci, d'obtenir une indemnité. Ce serait de sanctionner la stipulation de remploi par une clause pénale pour le cas où le mari n'aurait pas effectué le remploi dans un laps de temps déterminé. Sans doute, si celui-ci prouvait qu'il a été dans l'impossibilité d'opérer le remploi, il n'encourrait pas les effets de la stipulation pénale ; mais, à part cette réserve, on devra reconnaître la validité d'une telle clause et la mettre à exécution. On devrait agir de même si le mari avait laissé s'écouler toute la durée de l'union conjugale sans opérer le remplacement du propre aliéné.

SECTION II.

DES BIENS QUI PEUVENT ÊTRE ACQUIS EN REMPLOI.

SOMMAIRE :

1. — C'est la volonté des parties qui fait loi. — Cas ou il est stipulé que le remploi aura lieu en immeubles.
2 — Immeubles par détermination de la loi. — Rentes sur l'Etat.
3. — Hypothèse où il est stipulé que le remploi des biens de la femme aura lieu sur les immeubles en général ou sur un immeuble particulier appartenant au mari.
4. — Cas où la clause est muette sur les biens qui devront être acquis en remploi.

Il est difficile, dans l'hypothèse qui nous occupe, de tracer des règles qui puissent guider l'interprétation d'une façon cetaine ; ce qu'on peut dire de plus vrai, c'est qu'il faut, avant tout, s'en rapporter à la volonté des parties qui, d'une façon générale, doit faire loi. Donc, si elle est exprimée d'une manière tellement précise qu'elle ne puisse laisser prise à aucune équivoque, elle devra être suivie à la lettre ; mais il faut le reconnaître, il sera loin d'en être toujours ainsi et, bien souvent, l'intention des contractants sera formulée d'une façon moins certaine. Presque toujours, en effet, on devra indiquer en quelle catégorie de biens le remploi devra être opéré, sans en spécifier l'espèce ; par exemple la clause portera que : s'il y a aliénation des propres de la femme, remploi devra en être fait en immeubles; or, nous savons qu'il existe plusieurs classes d'immeubles. A laquelle devra appartenir l'immeuble proposé en remploi ? c'est là une question complexe. Aussi cette clause si fréquente et d'une interprétation si large doit-elle nous arrêter quelques instants.

Pour résoudre la question d'une façon logique, il faut se demander quel a été le but des parties contractantes en stipulant le remploi. Or ce but apparaît clairement : c'est de conserver le patrimoine de l'épouse et de lui assurer une assiette stable à l'abri des vicissitudes qu'il est permis de prévoir. Les immeubles offriront, en règle générale, plus de stabilité que toutes autres valeurs ; mais tout droit immobilier ne pourra pas servir à effectuer le remploi : il est certain, par exemple, qu'un droit d'usufruit, destiné par sa nature à périr dans un avenir plus ou moins prochain, ne remplirait pas le but que les parties ont voulu atteindre ; il en serait de même de celui qui serait opéré par l'acquisition d'une action en revendication d'une chose immobilière, ou d'une action en rescision d'une vente d'immeubles.

Pour que la nouvelle acquisition puisse servir au remploi, il faudra qu'elle fasse entrer dans le patrimoine de la femme une propriété dont la stabilité ne soit affectée d'aucune condition résolutoire, probable ou possible, qu'aucun procès ne soit engagé relativement à cet immeuble, qu'aucun privilège ou hypothèque pouvant entraîner son expropriation forcée ne le grève, que cet immeuble n'ait pas été vendu avec faculté de rachat. Il faudra, en un mot, que le remploi soit opéré en un bien dont la propriété est, dès à présent, certaine et définitive. Telle était la doctrine de notre ancien Droit et elle est trop juste pour que les rédacteurs du Code aient voulu la modifier (1).

Il ne faudrait pas toutefois pousser trop loin la rigueur sur ce point et demander, dans le silence du contrat de mariage, que l'immeuble acquis en remploi soit d'une espèce identique à celui qui a été aliéné. Une telle exigence serait excessive et les principes posés tout à l'heure ne sauraient la justifier. Le contrat de mariage étant muet, nous déciderons donc qu'un fonds de terre peut remplacer une maison sise en ville ou à la campagne et qu'inversement une maison peut être achetée en remploi d'un fonds de terre. Sans doute, on peut objecter qu'un immeuble bâti est sujet à des causes de dépérissement plus nombreuses qu'un immeuble non bâti ; qu'une maison peut tomber de vétusté, s'effondrer, être détruite par un incendie, dangers auxquelles échappent les fonds de terre, les termes larges dont se sert le Code ne laissent aucun doute à ce sujet ; les expressions générales qu'il emploie n'autorisent aucune distinction et s'appliquent aussi bien aux maisons qu'aux fonds de terre. Telle était aussi la doctrine de l'ancien Droit. S'il arrivait, du reste, qu'au moment de l'acquisition une cause plus ou moins prochaine de ruine menaçat l'édifice, on pourrait porter devant les tribunaux la question de savoir

(1) Rouen, 20 décembre 1873. — Sirey 1875-2-334.— Lyon, 4 janvier 1877. — Sirey 1877-2-269.

si, en fait, le remploi a été valablement effectué ; mais ce serait là un point spécial à chaque espèce, dont la solution ne peut être formulée dans des principes, quelque généraux qu'ils puissent être.

2. — Ce sont donc, d'après la tradition historique, consacrée dans notre Droit actuel, les immeubles par nature, et eux seuls, qui peuvent servir au remploi : l'acquisition de droits immobiliers seraient inefficace pour atteindre un tel but. A cette règle, des exceptions ont été apportées touchant à certaines valeurs, meubles par leur nature (art. 529 C. civ.) Ces valeurs (actions de la Banque de France, actions et parts d'actions des canaux d'Orléans et du Loing), jouissent de ce privilège que, sous la condition d'accomplissement de certaines formalités déterminées par des lois ou des décrets, elles prennent un caractère immobilier et sont régies par la législation relative aux immeubles. Cette catégorie de biens, qui n'existait pas sous le Code civil et n'a dû sa création qu'à des actes législatifs postérieurs (décrets du 16 janvier, 1er mars 1808 et 16 mars 1810) au Code, a été nommée par M. Demolombe, immeubles par la détermination de la loi (1). L'article 7 du décret du 16 janvier 1808, pour les actions de la Banque de France, l'article 13 du décret de 1810, pour les actions des canaux d'Orléans et du Loing, déclarent que, moyennant une inscription sur le Grand-Livre, ces valeurs peuvent prendre la qualité d'immeubles. On s'est demandé, par suite, si, revêtues de ce nouveau caractère, ces actions peuvent, comme les immeubles par nature, servir au remploi ?

(1) Demolombe. Cours de Code Napoléon, Traité de la distinction des Biens, t. I, p. 254, nos 378 et suiv.

Saisie de la question, la Cour de Caen a, par un arrêt du 8 mai 1848, décidé l'affirmative (1). Nous croyons devoir nous ranger à cette solution. Les parties, nous le supposons, ne se sont pas expliquées sur la nature des immeubles qui devaient être acquis en remploi, elles ont par suite entendu accepter toutes les catégories d'immeubles, c'est-à-dire aussi bien ceux qui sont tels par leur nature que ceux qui ont pris cette qualité en vertu d'une disposition légale. Peut-être objectera-t-on qu'une telle opinion ne peut-être adoptée et que pour être logique nous devrions la repousser, puisque nous avons refusé à certains immeubles et à des droits immobiliers le pouvoir de former l'objet d'une acquisition en remploi.

Nous l'avons dit, en commençant cette étude sur le remploi conventionnel, la volonté des parties est souveraine et doit être interprêtée en tenant compte du but qu'elles ont voulu atteindre. Or la clause stipulant que le remploi aura lieu en immeubles est une clause générale, comprenant toutes les catégories d'immeubles. Le but à atteindre a été d'obtenir un placement sûr, à l'abri de tout danger, aussi avons-nous refusé à la propriété douteuse, aux droits peu solides, le pouvoir d'être acquis en remploi; mais lorsqu'il s'agit de valeurs qui, comme les actions immobilisées de la Banque de France, celles des canaux d'Orléans et du Loing, présentant autant de sécurité que les immeubles et ont de plus l'avantage de donner un revenu souvent plus productif, nous ne voyons pas quel motif pourrait faire repousser la solution que nous proposons (3).

(1) Dalloz. Alph. v° Contrat de Mariage, n° 1456.

(2) Rodière et Pont. Contrat de Mariage, t. I, n° 681.

(3) Rodière et Pont. Contrat de Mariage, t. I, n° 681, p. 588. — Demolombe, *loc. cit.*

Mais là s'arrêtaient, sous l'empire du Code, les extensions permettant d'affecter des valeurs mobilières au remploi ; les rentes, quelle que soit leur nature, sont, en effet des meubles (article 529, C. civ.). Par conséquent, le caractère d'immeubles leur faisant défaut, les rentes sur l'Etat, non plus que celles sur particuliers, ne pouvaient servir à effectuer le remploi (1) stipulé en immeubles.

Sans doute, l'article 9 de l'ordonnance du 26 avril 1831, ainsi conçu : « La conversion des rentes nominatives en rentes au porteur ne sera pas admise par le Trésor public pour toutes les inscriptions qui représentent les fonds du cautionnement, ceux qui auront été produits par la vente des biens avec charge de remploi », défendait la conversion des rentes nominatives sur l'Etat en rentes au porteur, lorsqu'elles provenaient de biens donnés en dot ; mais cette prohibition ne leur conférait pas le caractère d'immeubles, et, ce qui le prouve, c'est que, dans les cas spécimen où la loi a voulu leur donner cette qualité, un texte impératif a été nécessaire. Donc, par a *contrario*, en dehors d'une telle disposition, les rentes conservent leur caractère mobilier (2).

Ainsi que nous venons de le voir, les rentes, sauf les cas exceptionnels où elles deviennent des droits immobiliers, sont des meubles, et elles conservèrent ce caractère jusqu'à

---

(1) Cassat. rejet, 23 juin 1846. D. P. 1846, I, 322. Par cet arrêt, la Cour de cassation a décidé que l'acquisition d'une rente viagère ne peut servir à effectuer un remploi valable.

(2) Les cas où les rentes sur l'Etat doivent être immobilisées sont ceux où elles ont été acquises par les communes ou autres établissements publics en remploi d'effets immobiliers donnés ou légués (articles 1 et 6 de l'ord. du 2 avril 1817). — Demol. *loc. cit.*, n° 383

une époque relativement récente. C'est sur le 3 0/0 que porta d'abord la réforme. La loi budgétaire du 2 juillet 1862, art. 46 porte, en effet : « Les sommes dont le placement ou le remploi en immeubles est prescrit ou autorisé par la loi, par un jugement, par un contrat, par une disposition à titre gratuit, entre vifs ou testamentaire, peuvent être employées en rentes 3 0/0 de la dette française, à moins de clause contraire. Dans ce cas et sur la réquisition des parties, l'immatricule de ces rentes au Grand-Livre de la dette publique en indique l'affectation spéciale. » En édictant une semblable disposition, le législateur avait voulu favoriser le 3 0/0 à l'exclusion du 4 1/2 0/0 et du 5 0/0. Toutefois la défaveur dont furent frappées ces deux dernières espèces de rentes dura peu. La loi de budget du 16 septembre 1871, dans son article 29, étendit en effet aux diverses espèces de rentes françaises la disposition de la loi de 1862. Ce texte est ainsi conçu : « Les sommes dont le placement ou le remploi en immeubles est prescrit ou autorisé par la loi, par un jugement, par un contrat ou par une disposition à titre gratuit, entre-vifs ou testamentaire, peuvent, à moins de clause contraire, être employées *en rentes françaises de toute nature*. Dans ce cas et sur la réquisition des parties, l'immatricule de ces rentes sur le Grand-Livre de la Dette publique en indique l'affectation spéciale ». L'analogie qui existe entre les diverses espèces de rentes sur l'Etat français, la généralité des termes de l'article 29 doivent faire appliquer à toutes les catégories de rentes les décisions qui auraient été rendues à l'égard de l'une d'elles. En édictant cette disposition, le législateur a voulu favoriser les rentes à l'exclusion des autres valeurs mobilières, qui conservent le caractère mobilier qu'elles avaient antérieurement ; il a eu également en vue l'intérêt des parties. Les rentes sur l'État sont en effet un placement solide, d'un rapport au moins égal, souvent supérieur à celui des immeubles. Il ne faut pas oublier, non plus, que l'acquisition de ces rentes donne lieu à un transfert d'un prix bien inférieur à celui auquel est soumis la transmission de la propriété immobilière ; de plus, leur vente s'opère bien plus facilement. La disposition des lois de 1862 et de 1871 est, du reste, purement facultative pour les parties, mais, dans le silence du contrat, la présomption légale est qu'elles ont voulu s'y soumettre. Pour écarter cette présomption, elles doivent donc insérer dans l'acte une clause contraire, dont les termes ne sont pas sacramentels, et qui pourra, d'après la jurisprudence, résulter soit des termes, soit de la disposition de l'acte qui prescrit ou autorise le remploi (1).

Ce sera là, du reste, un question de fait dont la solution sera souvent délicate. Aucun doute n'est possible lorsque l'acte dit que le remploi aura lieu en immeubles, à l'exclusion des rentes. L'expression *rentes* employée seule désigne vulgairement les rentes sur l'Etat. On devra donc ne pas admettre, dans ce cas, la validité d'un remploi effectué en 3 %, en 4 1/2 % ou en 5 %. Mais que décider si l'acte porte que le remploi aura lieu, moitié en rentes, moitié en immeubles. Pourra-t-on, dans ce cas, en appliquant la disposition des lois de 1862 et de 1871, faire le remploi en rentes seulement ? Il faut, pour résoudre cette question, s'inspirer, tant des dispositions de l'acte que des diverses circonstances qui l'accompagnent. C'est ce qu'a fait la Cour de Paris, par un arrêt du 27 mars

(1) En ce sens, Aix, 23 mai 1866, Sirey 1866. 2. 324.

1863 (Sirey. 1863. 2. 179) (1). Toutefois, nous pensons que les magistrats doivent, sur une question de cette nature, faire preuve d'une grande circonspection et n'admettre le remploi en rentes que si la volonté des parties ne laisse aucun doute à cet égard.

Comme on le voit, il est difficile de poser, relativement à l'interprétation des contrats de mariage ordonnant le remploi en immeubles, des principes qui guident sûrement le juge. Ce sont là des questions de fait, qui, dans chaque hypothèse, doivent recevoir une solution spéciale, ne relevant que de la conscience et de l'appréciation des magistrats. Le contrat de mariage détermine-t-il la nature des immeubles qui devront être acquis en remploi? désigne-t-il leur situation? Dans ce cas, croyons-nous, le remploi en rentes ne pourrait avoir lieu. Résulte-t-il de l'interprétation de l'acte, que ces clauses n'ont été relatées que pour donner aux parties une plus grande faculté d'opérer le remploi? Dans ce cas, effectué en rentes, on devrait le considérer comme parfaitement valable.

3. — Une question relative aux lois de 1862 et de 1871 est toutefois controversée ; le contrat de mariage porte que : « si durant le mariage, il est aliéné des biens appartenant en propre à la femme, le remploi en sera fait sur *tels* immeubles du mari. » Le remploi en rentes immobilisées sera-t-il valable si le contrat de mariage n'exclut pas d'une façon formelle ce genre de remploi ?

_____

(1) Le contrat de mariage, dont la clause était soumise à l'appréciation de la Cour, avait été passé le juillet 1821, époque où, selon la Cour de Paris, « les rentes sur l'Etat français était soumises à une conversion et où la rente 3 0/0 n'avait pas encore été créée.

Une première opinion admet la légitimité d'un tel remploi. En effet, dit-on, avant la promulgation des lois du 2 juillet 1862 et du 16 septembre 1871, on admettait déjà que le contrat de mariage faisait loi entre les parties ; mais qu'à côté de la clause principale qui ne peut être éludée, il y avait des dispositions, ayant un caractère accessoire, qu'il était permis de ne pas observer. Ainsi le contrat de mariage stipulait-il que le remploi aurait lieu sur *tels* immeubles du mari, et s'opérait-il, en réalité, sur d'autres immeubles acquis postérieurement ? On admettait sa validité. Or, si les époux pouvaient agir ainsi à cette époque, quel motif existe-t-il pour les empêcher d'effectuer le remploi en rentes françaises, appartenant au mari, alors que les lois de 1862 et de 1871 assimilent ces rentes aux immeubles ?

Un second système annule, au contraire, le remploi effectué dans de telles conditions. En effet, disent les auteurs qui l'admettent, il n'est pas exact d'affirmer que la femme puisse accepter en remploi, d'autres immeubles que ceux désignés par le contrat de mariage. De plus, il n'est pas davantage possible de scinder une convention, de l'exécuter pour partie, de la mettre à néant pour le reste : une clause est indivisible et doit être, ou non, exécutée pour le tout. Rien ne prouve, du reste, que les parties aient entendu admettre une telle scission, considérer comme obligatoire une partie de la convention et l'autre partie comme lettre morte, car rien ne prouve que le stipulant ait attaché plus d'importance au premier point qu'au second. Par conséquent, si le contrat de mariage porte que le remploi des biens de la femme aura lieu sur les immeubles du mari, tout en repoussant le remploi en rentes, on devrait admettre que celui-ci peut s'effectuer sur les immeubles du mari, quels qu'ils soient, même sur ceux dont l'acquisition est postérieure à la célébration du mariage ; mais si l'acte portait qu'il doit effectuer sur *tels* immeubles, il devrait être opéré sur les immeubles désignés. La volonté des parties contractantes doit, en effet, faire loi (1).

Dans cette hypothèse, comme dans toutes celles du même genre, la femme, même ayant accepté un autre bien que celui auquel elle avait droit, pourrait demander la nullité du consentement par elle donné, en se basant sur l'inexécution des clauses de son contrat de mariage. De même, le mari, faisant accepter à sa femme un autre bien que celui auquel elle a droit, pourrait être déclaré responsable, comme ayant manqué à l'exécution d'une convention qui lui était imposée.

4.— Dans les paragraphes précédents, où la clause obligeant au remploi détermine en quels biens il sera effectué, les époux sont, sauf toutefois les dispositions des lois de 1862 et de 1871, liés par leur contrat de mariage. Mais, à côté de ces stipulations, il en est d'autres qui, rédigées d'une façon moins explicite,

---

(1) Il peut arriver que l'immeuble ou les immeubles devant servir de base au remploi aient été aliénés par le mari. Qu'arrivera-t-il alors ? Si l'aliénation a été forcée, si, par exemple, elle a été ordonnée par un jugement d'expropriation pour cause d'utilité publique, la responsabilité du mari est à couvert, car à l'impossible, nul n'est tenu ; il en serait de même s'il était prouvé qu'en vendant le mari a fait un acte avantageux. La clause insérée dans le contrat de mariage deviendrait une clause pure et simple de remploi. Dans le cas, au contraire, où il serait démontré que la vente a été faite sans nécessité et sans utilité pour le mari, qu'elle a été de sa part un acte purement volontaire, la femme, même ayant accepté un autre bien en remploi, pourrait encore exercer contre son mari, une action en responsabilité, si plus tard, l'immeuble ne remplissait pas les conditions voulues.

se bornent à obliger au remploi, sans spécifier en quelle espèce de biens il devra s'effectuer. Quelle solution devrons-nous
alors adopter ? faudra-t-il laisser aux parties une entière,
liberté ou exiger que le bien nouvellement acquis ait la même
nature que celui qui a été vendu ? En étudiant le remploi facultatif, nous avons vu qu'on peut s'en remettre aux époux
pour le choix du bien acquis en remploi et leur permettre
(sauf controverse toutefois) de remplacer un immeuble par un
meuble et inversement ; l'absence de toute distinction dans les
textes régissant la matière semble imposer cette solution. Au
cas de remploi conventionnel, il n'en est plus ainsi et il faut
tenir compte d'un autre principe qui, comme nous l'avons déjà
dit, doit toujours dominer cette étude : il faut s'inspirer de la
volonté des parties.

Dans le cas de remploi facultatif, les époux ont une liberté
entière ; il n'en doit plus être de même si le contrat de mariage
prescrit le remploi, tout en restant muet sur la nature du bien
qui doit être subrogé au premier. Quel a été, dans ce cas, l'intention de celui, ascendant ou donateur, qui a fait insérer dans
l'acte la clause de remploi ? Son but a été de maintenir, non-
seulement l'intégrité du patrimoine de l'époux, mais encore
une intégrité similaire à celle du patrimoine primitif. Ce que
l'ascendant ou le donateur a voulu, ce n'est pas seulement que
celle qu'il dote ou à laquelle il donne, ait un patrimoine de la
même valeur, quelle que soit, du reste, sa composition ; il a
désiré que cette valeur restât la même et que les biens qui la
composent fussent de même nature. Telles sont les raisons
qui, d'après l'interprétation de la volonté des parties, nous
font demander que les choses acquises en remploi soient d'une
nature identique à celles qui ont été aliénées.

Ces exigences peuvent retarder l'acquisition du nouveau bien, il peut arriver que le mari ne trouve pas immédiatement une acquisition avantageuse qui remplacera le bien aliéné. Dans ce cas, la jurisprudence admet avec raison que le mari, détenteur de la somme provenant de l'aliénation du propre de sa femme, pourra, en attendant une occasion favorable, la placer sur hypothèque.

SECTION III

CONDITIONS AUXQUELLES EST SUBORDONNÉ LE REMPLOI DES PROPRES DE LA FEMME.

SOMMAIRE :

1. — Les articles 1434 et 1435 régissent le remploi conventionnel comme le remploi facultatif, conséquences.
2. — Il faut la double déclaration : de l'origine des deniers et de l'intention d'opérer le remploi.
3. — L'acceptation de la femme est, en outre, nécessaire.
4. — Elle doit intervenir avant la dissolution de la communauté.
5. — Exceptionnellement, le remploi peut s'effectuer sans les déclarations prescrites et sans l'acceptation de la femme.

1. — Qu'il naisse de la convention ou qu'il ait été abandonné à la libre volonté des époux, le remploi a toujours le le même but : maintenir l'intégrité du patrimoine des conjoints en subrogeant au bien qui a été aliéné une chose destinée à le remplacer et à en tenir lieu. La conséquence de ce principe, conséquence qui s'impose, du reste, c'est que des règles analogues régissent ces deux actes juridiques, dont la

réalisation se trouve subordonnée, par suite, à l'observation des règles qui font loi sur cette matière, c'est-à-dire aux conditions requises par les articles 1434 et 1435.

En décidant ainsi, nous ne nous bornons pas seulement à appliquer un principe de raison, nous nous en référons encore à la volonté des parties. Et, en effet, quand, dans un contrat de mariage, une clause de remploi est stipulée, les contractants n'ont-ils pas entendu, en se servant du terme employé par la loi, se soumettre aux obligations qu'elle impose pour la réalisation du fait juridique qu'ils ont en vue?

Ces obligations, nous n'avons plus à le démontrer, ont, du reste, leur raison d'être. Il ne faut pas oublier, en effet, que nous étudions le remploi sous le régime de la communauté. Or l'un des principes du contrat de mariage, sur cette matière, est que les biens acquis à titre onéreux, pendant le mariage, sont communs. A cette règle sont apportées des exceptions, au nombre desquelles figure la théorie du remploi. Pour que celui-ci existe et qu'il puisse être prouvé, il faut que le bien acquis sous cette condition, soit marqué d'un signe permettant de le reconnaître, ce signe résultera des déclarations exigées par les articles 1434 et 1435, lesquels reproduisent la doctrine de nos anciens auteurs, qui ne faisaient, sur ce point, aucune distinction entre le remploi facultatif et le remploi conventionnel.

Nous n'avons pas à nous occuper ici du remploi conventionnel stipulé en faveur du mari, qui, comme nous l'avons dit plus haut, est sans importance (1). Nous arrivons donc au remploi effectué au profit de la femme.

(1) Rodière et Pont. Loc. cit., n° 688.

2. — Nous aborderons plus tard les effets du remploi vis-à-vis des tiers ; quant à présent, nous nous bornerons à l'étudier en dehors de cette circonstance. Il est bon de remarquer tout d'abord que, lorsqu'un contrat de mariage contient une clause de remploi et qu'un propre de la femme est aliéné, le prix en est versé dans la caisse commune où il est à la disposition du mari, qui peut l'affecter à tel usage que bon lui semble ; il peut, par exemple, acheter un nouveau bien avec ces deniers ; or si l'acte d'acquisition ne contenait pas les mentions exigées par l'article 1435, rien n'indiquerait que l'intention du mari a été d'effectuer le remploi ; par conséquent la chose nouvellement acquise serait un conquêt de communauté. Et peu importe que le contrat de mariage mentionnant l'espèce de bien qui devra être acheté, une chose de la nature indiquée ait, en réalité, été acquise. Si l'acquisition a lieu sans l'observation des formalités prescrites par l'article 1435, le bien sera commun et ne pourra ultérieurement devenir propre ; cela ne peut faire doute.

Il est toutefois une hypothèse où l'incertitude peut prendre naissance, c'est celle où le contrat de mariage, plus explicite encore que tout à l'heure, ne se borne pas à exprimer que le remploi sera effectué par exemple en acquérant une parcelle de terre située dans telle commune où une maison sise dans telle ville, mais où il dit que le premier immeuble acquis, postérieurement à l'aliénation du propre de la femme, lui servira de remploi. L'aliénation a lieu ; elle est suivie d'une acquisition, mais le mari ne fait pas insérer dans l'acte les déclarations prescrites par les articles 1434 et 1435. Le mari aliène ensuite l'immeuble ; la femme pourra-t-elle être admise à le revendiquer contre le tiers-acquéreur ? Nous ne le pensons

pas. Le tiers, en effet, lui opposera l'absence de déclarations
exigées par le texte précité ; il invoquera sa bonne foi, qui
serait indignement trompée si on venait à l'évincer. Vainement lui objectera-t-on que s'il eût été prudent, il eût pris
connaissance du contrat de mariage des époux ; il répondra
que, même s'étant entouré de semblables précautions, son
erreur est encore invincible, car il ignorera si la chose
que la femme revendique a été la première acquise depuis
l'aliénationde son propre.

Mais si elle est désarmée vis-à-vis des tiers, la femme doit,
croyons-nous, conserver son action en revendication à l'encontre du mari, et cela, bien que l'art. 1435 n'établisse entre eux
et lui aucune distinction ; le mari n'ayant pas fait les déclarations prescrites par ce texte, a commis une faute, or nul ne
peut se prévaloir de sa faute ; c'est cependant ce qui aurait
lieu si on lui permettait de repousser la revendication de sa
femme. Il est, du reste, un intérêt supérieur qu'il ne faut pas
perdre de vue : les époux se sont liés par une loi : le contrat
de mariage ; or, il ne faut pas leur permettre de violer cette
loi. Tout doit tendre au contraire à en assurer l'exécution,
pourvu que cela ne nuise à personne. Or ce n'est pas l'intérêt
des tiers qui doit nous arrêter; puisque nous supposons l'immeuble encore aux mains du mari, les tiers sont, par conséquent, hors de cause. Dira-t-on qu'en l'absence des déclarations prescrites par l'article 1435, la subrogation ne peut avoir
lieu? nous répondrons que, vis-à-vis du mari, ces déclarations
existent virtuellement. En effet, il devait nécessairement avoir,
par son contrat de mariage, l'intention de remployer ; quant
à l'affectation des deniers, elle se rencontre encore ici, car le
mari, n'ayant, en vertu du même acte, aucune liberté d'action,

devait les employer à l'acquisition du bien destiné à devenir propre.

Par conséquent, si tout à l'heure nous avons conclu à la non-recevabilité de l'action de la femme vis-à-vis des tiers, lesquels ne sont nullement obligés à la restitution de l'immeuble qu'ils ont acquis, nous déciderons, au contraire, que, vis-à-vis du mari, la femme intentera valablement son action en revendication. Notre solution serait encore la même, si l'immeuble qui doit être acquis en remploi était individuellement déterminé.

3. — En étudiant le remploi facultatif, nous avons vu qu'outre les déclarations imposées par l'article 1435 pour sa validité, une autre condition, l'acception de la femme, était nécessaire, pour que le nouveau bien lui devînt propre de communauté ; en est-il de même en cas de remploi stipulé par le contrat de mariage ? La femme, dont les conventions matrimoniales contiennent une clause de cette nature, est-elle contrainte de voir le nouveau bien s'imposer à elle comme propre, alors même qu'elle n'a pas donné son acceptation ? On a prétendu que le consentement de la femme n'était pas nécessaire, parce que la clause, insérée dans son contrat de mariage, équivalait à un mandat donné à son mari d'acquérir un propre pour elle. Cette idée d'un semblable mandat ne nous paraît pas exacte. En effet, lorsque les époux, leurs ascendants ou les donateurs ont stipulé une semblable clause, ils n'ont eu qu'un but : convertir en une obligation, pour le mari, la faculté que lui laisse l'article 1435. Lorsque le contrat de mariage était muet sur le remploi, le mari *pouvait* ou non acheter un bien pour sa femme ; ce bien acquis avec certaines déclarations devait ensuite être proposé à l'acceptation de

celle-ci, qui restait maîtresse de donner ou de refuser son consentement. Lorsque, au contraire, le contrat de mariage renferme cette clause, le mari *doit* acheter ce bien et le proposer à l'agrément de sa femme. L'insertion de la clause de remploi ne fait donc que substituer une *obligation* à une *faculté*, mais, en dehors de cette transformation, les conditions de l'acte restent les mêmes ; le consentement de la femme, qui est l'une d'elles, est donc encore exigé. Comme l'a très bien exprimé M. Marcadé : « Dire que ce mari, au lieu d'avoir, à cet égard, une simple faculté, sera dans la nécessité d'acquérir un immeuble pour être propre à la femme, n'est en aucune façon dire que cette femme se dépouille du droit d'examiner si l'immeuble que le mari lui destine lui convient ou non, » et plus loin : « C'est donc dénaturer la clause de remploi que d'y voir une renonciation de la femme à son droit d'appréciation. C'est transformer en un *droit*, confié au mari au détriment de la femme, une *charge* imposée au premier, pour l'avantage de la seconde (1). » Sans doute, comme le fait encore remarquer cet auteur, la femme pourrait renoncer à son droit d'option si, confiante en son mari, elle lui donnait mandat d'acquérir pour elle. Liée par ce mandat, elle devrait, si la gestion de son mari était utile, la ratifier forcément ; mais un tel mandat ne se présume pas, il faut qu'il soit donné en termes précis, qui ne laissent prise à aucune équivoque. Or, la stipulation de remploi inséré dans le contrat de mariage est plutôt une marque de défiance que de faveur à l'égard du mari.

Ainsi battue en brèche, cette idée du mandat a encore

(1) Marcadé, t. V sur l'art. 1497, ii, p. 670.

rencontré des partisans, parmi lesquels nous trouvons M. Troplong. Toutefois comprenant combien ce système est peu fondé dans la plupart des cas, cet auteur se borne à l'étudier en l'appliquant à une seule hypothèse, celle qui lui est le plus favorable ; nous avons déjà eu, du reste, à nous en occuper. Le contrat de mariage, suppose-t-il, renferme cette clause : « En cas qu'il soit aliéné des propres de la femme, le premier conquêt sera réputé un remploi nécessaire (1) ». M. Troplong enseigne que l'acquisition ainsi faite, opère un remplacement au profit de la femme, qui n'a même pas le droit de le refuser, puisqu'elle a donné d'avance à son mari un mandat sur lequel elle ne peut plus revenir.

Nous l'avons dit en commençant cette étude et nous avons eu plusieurs fois occasion de le rappeler depuis ce moment : l'interprétation de la volonté des parties forme loi en cette matière et il faut chercher quelle a été leur intention en stipulant le remploi. En agissant ainsi, nous n'avons fait, du reste, que nous en référer au droit commun et appliquer l'une des règles les plus connues de l'interprétation des conventions. L'article 1156 du Code civil dit en effet : « On doit, dans les conventions, rechercher quelle a été la commune intention des parties contractantes, plutôt que de s'arrêter au sens littéral des termes. » Appliquant ce principe, il faut donc se demander quel a été le but de celui qui a fait insérer la clause de remploi dans le contrat de mariage ? Ce but, qui apparaît clairement, a été d'augmenter la garantie qu'on exige du mari. La loi permet le remploi, le contrat de mariage l'ordonne ; cela ne suffit pas, car le mari conserve la disposi-

_____

(1) Troplong. Contrat de Mariage, t. II, n° 1137 et suiv.

tion des deniers, qu'il peut dissiper dans l'intervalle de la vente à l'acquisition. Or, on veut hâter le plus possible cette acquisition et on espère y arriver par cette clause, parce qu'on croit que si une occasion favorable se présente, le mari ne la laissera pas échapper, et alors, au lieu de laisser cette acquisition à la communauté, on la fait aller directement à la femme, qu'on veut protéger plus énergiquement encore, s'il est possible. Mais cette protection excessive implique nécessairement l'idée d'une crainte, résultant de la méfiance qu'inspire la future administration du mari, laquelle sera peut-être dissipatrice ; une telle mesure n'est donc qu'une précaution prise contre lui. Par suite, bien loin de voir dans cette clause une renonciation de la femme, il faudrait au contraire la considérer, vis-à-vis d'elle, comme une incitation à être sur ses gardes, lorsque l'immeuble lui sera proposé en remploi.

On a encore tiré du mot *remploi*, inséré dans la clause du contrat de mariage, un autre argument, qu'il semble facile de réfuter. Ce mot remploi impliquerait une opération consommée, l'idée d'un bien définitivement entré dans le patrimoine de l'époux. Or, tel n'est pas le véritable sens de ce mot et il suffit, pour s'en convaincre, de se reporter aux textes qui font loi sur cette matière, c'est-à-dire aux articles 1434 et 1435. Employé par ces textes, dont chacun des termes a dû être pesé, le mot remploi doit y avoir une précision qui pourrait lui manquer ailleurs. Or l'article 1435 dit : « ... si ce remploi n'a été formellement accepté. » Assurément il n'y a pas ici consommation du remploi, mais un simple projet, qui ne deviendra définitif que par l'acceptation postérieure de la femme, et cependant, dans cette hypothèse, le Code emploie purement et simplement le mot remploi. Or d'après une règle d'interprétation des conventions, lorsqu'un mot est susceptible de plusieurs significations, il faut le prendre dans le sens qui convient le mieux à la nature du contrat. Or si le mot remploi a une telle signification dans l'article 1435, pourquoi n'aurait-il pas un sens identique dans la clause insérée au contrat de mariage et ne serait-il pas synonyme de remploi proposé ou projeté. Stipuler que la première acquisition sera un remploi nécessaire, c'est dire que le bien qui en fait l'objet pourra être revendiqué par la femme, sous la condition que certaines formalités seront remplies. La loi et la raison concordent donc pour faire repousser la solution de M. Troplong.

La clause de remploi pourrait revêtir une autre forme ; il pourrait, par exemple, être inséré au contrat de mariage « que le premier conquêt sera un remploi nécessaire, lorsque l'acquisition aura été faite par les deux époux. » Dans ce cas, M. Troplong enseigne que le remploi aura lieu sans l'acceptation de la femme. On ne peut que se ranger à cette solution. Ici, en effet, le mari n'est pas seul en cause ; la femme aura été consultée au moment de l'acte. Connaissant la clause de son contrat de mariage, elle pourra figurer comme co-acheteresse ou s'en abstenir selon que l'acquisition lui paraîtra ou non avantageuse ; son concours à l'acte devra être considéré comme une acceptation suffisante (1).

4. — Dans le remploi conventionnel comme dans le remploi facultatif, l'acceptation de la femme sera donc, en général, nécessaire. Quant aux conditions dans lesquelles elle devra se produire, elles sont identiques à celles que nous avons indiquées en étudiant le remploi facultatif. L'acceptation devra

(1) Troplong. Loc. cit., n° 1139.

donc être formelle, donnée pendant le mariage, antérieurement à la dissolution de la communauté, car des motifs identiques imposent la même solution, dictée, du reste, par la généralité des termes de l'article 1435 qui régit toutes les espèces
de remplois, même celui qui s'opère par l'achat du premier
conquêt acquis depuis l'aliénation du propre de la femme.
Notre ancien Droit hésitait, il est vrai, à adopter cette solution
et Duplessis enseignait que l'acceptation de la femme pouvait
valablement intervenir après la dissolution de la communauté.
Cette façon de décider s'explique par l'absence de dispositions
impératives sur ce point; aujourd'hui, en présence de l'article
1435, nous ne pensons pas que l'on puisse accepter cette interprétation, même dans l'hypothèse de la clause que nous
relations, il n'y a qu'un instant. En effet, quelque soit le mode
de réalisation du remploi, l'article 1435 ne donne jamais
qu'une récompense à la femme qui n'a pas accepté pendant le
mariage. Or, postérieurement à la dissolution de celui-ci, la
femme ne pourra revendiquer l'immeuble que si elle l'a accepté, puisque nous avons établi l'utilité de son acceptation (1).

5. — Par dérogation à ce que nous venons de voir, il est
une hypothèse où le remploi se produit indépendamment des
déclarations prescrites par l'article 1435 et de l'acceptation de
la femme; cela a lieu lorsque le contrat de mariage désigne
individuellement le bien sur lequel se fera le remploi et détermine en même temps le taux de l'acquisition. Par exemple,
un contrat de mariage contient cette clause : « Si durant le
mariage il est aliéné un propre de la femme, le remploi s'en

(1) Contrà, Aubry et Rau. 4e édit.. t. 5, § 507, texte p. 309.

fera sur *tel* immeuble (désignation détaillée de la situation) appartenant actuellement au mari et sur le pied des fermages au taux de 4 0/0. » En signant une telle clause, la femme savait ce à quoi elle s'engageait, elle acceptait d'avance un tel remploi. Par conséquent, dans les rapports des époux, le remploi sera accompli par le seul fait de l'aliénation et sans qu'il soit besoin d'aucune déclaration, ni acceptation. Vis-à-vis des tiers aussi, un tel remploi devra avoir son effet, car cet acte qu'on appelle remploi, n'en est pas véritablement un ; en analysant l'opération, on y découvre facilement une vente des propres du mari à la femme, vente subordonnée à la condition qu'un bien appartenant à l'épouse sera aliéné. Les tiers ne pourraient invoquer leur bonne foi : une vente conditionnelle leur est, en effet, opposable, or ils ont dû connaître cette vente, car ils ont pu prendre connaissance du contrat de mariage des époux avant de traiter avec eux; s'ils sont prudents, ils ont dû en demander communication.

SECTION IV

EFFETS DE LA CLAUSE DE REMPLOI VIS-A-VIS DES TIERS.

1. — La question complexe que nous allons examiner actuellement ne peut se poser qu'au cas de remploi conventionnel. Dans le remploi abandonné à la libre volonté des époux, par là même qu'il est facultatif pour eux, il ne saurait être obligatoire pour les tiers, qui n'y sont intéressés ni directement, ni indirectement ; dans l'hypothèse du remploi conventionnel, il en est autrement, ainsi que nous le verrons en étudiant cette importante question, qui comporte deux grandes divisions. Nous aurons à nous demander d'abord si

la clause de remploi rend inaliénables les biens qui en sont l'objet, et cette question résolue, si elle est ou non obligatoire pour les tiers.

2. — Abordons immédiatement la première question : la convention de remploi, sans soumission au régime dotal, pour les biens qu'elle frappe, mais avec stipulation *expresse* d'inaliénabilité, rend-elle ces biens inaliénables ? Cette question a soulevé dans la doctrine et dans la jurisprudence des interprétations différentes. Pour la résoudre, il faut se rappeler certaines règles du contrat de mariage. Or, l'un des principes du Code sur cette matière, est de laisser aux époux une entière liberté en ce qui touche la rédaction de leurs conventions matrimoniales ; on doit donc leur permettre de stipuler pour certains de leurs immeubles l'inaliénabilité qui, sous le régime dotal, est le caractère des biens dotaux. Telle n'est pas cependant l'opinion unanime des auteurs et il en est parmi eux qui enseignent que la femme adoptant le régime de la communauté, ne peut rendre ses biens inaliénables ; si elle veut arriver à ce résultat, elle doit stipuler le régime dotal pour les biens qu'elle veut mettre à l'abri de l'aliénation (1). D'autres juriconsultes pensent, au contraire, que sans se soumettre à ce régime, les époux peuvent frapper les biens, soumis au remploi, d'inaliénabilité, qui sera opposable aux tiers. Toutefois, comme cette dérogation au droit commun, loin de se présumer, ne peut même pas résulter d'une clause équivoque, ils exigent sur ce point une déclaration expresse.

(1) Marcadé. T. V sur l'art. 1497, III. — Troplong. Contrat de mariage, t. II, nos 1070 à 1085.

Ils invoquent en faveur de leur système la disposition de l'article 1392.

Cette doctrine ne fut pas toujours admise. Merlin, qui l'examine dans ses *Questions de droit*, étudie une espèce un peu différente de celle qui nous occupe ; il se demande si « en se mariant sous le régime de la communauté, deux époux peuvent, par leur contrat de mariage, rendre communes aux biens de la femme, les règles desquelles dépend à l'égard des femmes mariées sous le régime dotal, l'aliénabilité ou l'inaliénabilité des propres de la femme commune. » Un arrêt de la Cour de cassation du 22 novembre 1820 consacra cette doctrine (1), à laquelle Toullier se range également (2). La Cour suprême abandonna toutefois ce système et revint à l'avis contraire par trois arrêts de la Chambre civile du 29 décembre 1841 (3) et d'autres de la Chambre des requêtes du 23 août 1847 (4), 13 février 1850 (5), 5 juin 1850 (6), enfin par un arrêt de la Cour, toutes Chambres réunies, du 8 juin 1858 (7).

Par conséquent, d'après la jurisprudence, les biens de la femme qui a stipulé la clause de remploi, sont aliénables, sous la réserve à faire du prix en provenant. La femme peut donc les vendre, les hypothéquer et plus généralement les

(1) Dalloz. Alph. v° Contrat de mariage, n° 1458.

(2) Toullier. T. VI, n° 372.

(3) Dalloz. Alph. loc. cit. n° 1458.

(4) D. P. 1847. 1. 331.

(5) D. P. 1850. 1. 204.

(6) D. P. 1850. 1. 205.

(7) D. P. 1858. 1. 233. Voir aussi Lyon, 4 janvier 1877. Sirey 1877. 2. 269.

affecter à la garantie des obligations par elle contractées, conjointement avec son mari ; ils sont le gage commun de ses créanciers et elle peut subroger un ou plusieurs de ceux-ci, à l'hypothèque que la loi lui donne sur les biens de son mari pour arriver au remboursement de ses biens vendus dont il n'aurait pas été fait remploi.

3. — Sous le régime dotal, le fonds dotal est, en principe, inaliénable, toutefois le contrat de mariage peut autoriser les époux à le vendre, à charge d'en faire le remploi ; mais c'est là une clause exceptionnelle, qui doit être expressément stipulée et qui ne recevra son effet que si la condition à laquelle elle est subordonnée s'accomplit, c'est-à-dire, si le remploi est réellement effectué. Cette condition n'étant pas remplie, la vente peut être annulée et la femme peut en poursuivre la rescision contre le tiers acquéreur.

Lorsqu'au contraire, les époux sont mariés sous le régime de la communauté, la clause pure et simple de remploi ne crée pas, on l'a vu, l'inaliénabilité des biens qu'elle frappe, ceux-ci peuvent donc être vendus. Si les époux usent de cette faculté, les tiers-acquéreurs, seront-ils, comme sous le régime dotal, responsables de l'accomplissement du remploi ? Non. Les principes qui régissent ces deux situations sont, en effet, bien différents. Sous le régime dotal, les époux ne peuvent aliéner le fonds dotal, telle est la règle ; des exceptions peuvent, sous certaines conditions, y être apportées ; mais l'exception étant de droit étroit et dérogeant au droit commun, ne peut avoir effet que si toutes les conditions auxquelles elle est subordonnée sont remplies. Sous le régime de communauté, la règle est inverse : la femme peut, avec le consentement de son mari, aliéner ses propres mobiliers et immobiliers et elle peut, si bon lui semble, en affecter le prix à d'autres acquisitions. La stipulation de remploi ne modifie cette règle qu'en un point, elle rend obligatoire pour le mari un acte, le remploi, qui, auparavant, n'était que facultatif. Cette modification écartée, les règles restent les mêmes, que le remploi ait été ou non stipulé. Le seul but de cette clause est de restreindre les pouvoirs que la loi donne au mari sur les sommes tombées dans la caisse de la communauté; la stipulation pure et simple de remploi n'atteint donc que le mari. Dès lors, comment pourrait-on l'opposer à des tiers, qui, jamais n'ont été visés dans le contrat de mariage? Qu'une telle clause existe ou non, la femme autorisée par son mari conserve donc toujours le droit d'aliéner ses propres, et les tiers-acquéreurs qui ont payé leur prix ne sont soumis à aucune autre obligation. La jurisprudence a consacré cette doctrine, notamment par un arrêt de la Cour de Cassation du 1er mars 1859 (1). Il en résulte que l'acquéreur devra payer son prix aux mains du mari, sans pouvoir exiger que celui-ci justifie de l'accomplissement du remploi et sans pouvoir exiger que la femme assiste au paiement.

Une autre question, qui a soulevé des interprétations différentes, est celle de savoir si, au cours du mariage, la femme ayant donné à son mari mandat d'aliéner ses biens à charge de remploi et cette condition restant inaccomplie, les tiers acquéreurs peuvent être recherchés par la femme? Oui, dit-on pour l'affirmative, car, aux termes des articles 1434 et 1493, le remploi étant de droit, il était inutile de le stipuler; si on

(1) D. P. 1859, 1, 122. — Voir en outre: Dalloz, Alp., nos 1458 et 1461. Vo Contrat de mariage.

l'a fait, c'est qu'on a voulu lui faire sortir un effet, car aux termes de l'article 1157, lorsqu'une clause est susceptible de deux sens on doit plutôt l'entendre dans celui avec lequel elle peut avoir quelque effet, que dans le sens avec lequel elle n'en pourrait produire aucun. De plus, sous le régime dotal, une semblable clause amène ce résultat, et rien ne permet de distinguer et de croire qu'il en est autrement sous le régime de communauté. Admettre une solution contraire, serait violer les principes de notre Code en matière de mandat, car, aux termes de l'article 1989 « le mandataire ne peut rien faire au-delà de ce qui est porté dans son mandat (1). »

Ce système entraîne les conséquences suivantes : la femme aura une action contre son mari pour inexécution du mandat ; elle pourra en outre exercer contre le tiers-acquéreur une action en revendication de l'immeuble dont l'aliénation a été faite sans l'accomplissement de la condition à laquelle cette aliénation était subordonnée.

Une autre opinion, sanctionnée par la Cour de Cassation, prétend, au contraire, que toute action contre les tiers-acqué-reurs doit être refusée à la femme, qui ne conserve de recours que contre son mari. D'abord, dit-on, le remploi ayant été prescrit et non effectué, la femme aura, durant le mariage, une action naissant du mandat pour forcer son mari à l'opérer. — Quant à l'argument tiré de la combinaison des articles 1434 et 1493 avec l'article 1157, il ne semble pas avoir toute la portée qu'on lui prête. En effet, qu'on se rappelle les termes de l'acte : la femme a donné à son mari mandat « d'aliéner son propre à charge d'en faire le remploi ; » aucune autre

(1) Benech. *Loc. cit.,* n° 109.

condition n'a été ajoutée. Or, lorsqu'on doit interpréter un terme juridique, susceptible de deux sens, il faut le prendre dans celui qui convient le mieux à la nature du contrat ; « à charge de faire le remploi » signifie à condition d'effectuer l'opération régie par les 1434 et 1435. Or, ces deux articles ne visent que les rapports des époux entre eux, sans s'occuper des tiers. C'est donc leur donner une portée exagérée que de les appliquer aux tiers, lesquels doivent, après avoir payé leur prix, être à l'abri du recours de la femme.

4. — Dépourvue d'effet vis-à-vis des tiers lorsqu'elle est conçue en termes purs et simples, la stipulation de remploi ne peut-elle les atteindre par l'adjonction d'une clause tendant à ce but? en un mot, peut-on rendre le remploi obligatoire pour les tiers ?

Sur ce point, on n'est pas d'accord.

M. Troplong soutient la négative. Selon lui, le tiers qui a acquis un bien de la femme et l'a payé, ne peut plus être recherché par celle-ci ; décider le contraire serait faire une confusion manifeste entre le régime de communauté et le régime dotal. Logique, à cause de l'inaliénabilité du fonds dotal, si l'on vise le cas d'époux mariés sous ce dernier régime, la clause dont il s'agit serait sans valeur sous la communauté, à cause de la liberté reconnue à la femme, sous ce dernier régime. « Une personne libre, dit M. Troplong, ne saurait s'interdire elle-même et elle peut toujours rentrer dans sa liberté. Qu'on suppose, du reste, dans le contrat de mariage, une clause de remploi obligatoire pour les tiers, quel moyen ceux-ci auront-ils de contraindre les époux à effectuer le remplacement ? La femme leur répondra, en effet, qu'elle renonce à un droit, celui de les rendre responsables du remploi, ce qui lui est permis ; que, du reste, autorisée de son mari, elle devient maîtresse de ses droits et que, dans de telles conditions, l'usage qu'elle fait du prix touché leur est parfaitement indifférent, parce que c'est là une affaire d'administration intérieure, qui, par sa nature, les laisse complètement étrangers. Les tiers qui ont payé une fois ont bien payé, de quel droit recourrait-on contre eux. « Du reste, ajoute encore M. Troplong, une femme n'est pas maîtresse de se créer des actions contre les tiers, fût-ce par contrat de mariage. Un tiers qui a bien acheté et bien payé n'est pas lié par les clauses du contrat de mariage qui contrarient son droit. De telles idées ne peuvent surgir que dans les pays de régime dotal, où l'on ne se fait pas de justes notions de la liberté de la femme et du droit du mari dans le cas de communauté ; on n'y comprendrait rien dans les pays de communauté » (1).

D'autres auteurs, au contraire, reconnaissent comme valable et efficace la clause de remploi stipulée obligatoire vis-à-vis des tiers, et, selon eux, aucune incompatibilité n'existe entre cette clause et le régime de la communauté. Ils repoussent l'argument basé sur la liberté entière des époux, liberté qui leur permet de renoncer à la stipulation de leur contrat de mariage et par suite de repousser l'immixtion des tiers acquéreurs, par la disposition de l'article 1395 d'après lequel les conventions matrimoniales ne peuvent recevoir aucun changement après la célébration du mariage, et ils reconnaissent à ces tiers, si tel est le sens non équivoque de la stipulation dont il s'agit, le droit de refuser le paiement du

(1) Troplong. Contrat de mariage, t. 2, n° 1085.

prix tant qu'on ne leur apportera pas la preuve d'un remploi. Quant au point de savoir si les époux peuvent ou non se créer des droits vis-à-vis des tiers, faculté que leur méconnaît M. Troplong, cet argument est sans force pour les partisans de ce système et, en effet, puisque les époux peuvent, par une déclaration expresse, rendre leurs biens inaliénables, à plus forte raison peuvent-ils apporter certaines restrictions à la faculté d'aliéner, précaution dictée par une sage prudence et que la loi ne prohibe pas. Du reste, si le tiers a été vigilant, il a dû demander communication du contrat de mariage des époux, il a connu la clause dont il s'agit, et en achetant il a consenti tacitement à subir toutes les conséquences résultant de son acquisition.

C'est en ce sens aujourd'hui que se prononcent les auteurs et les arrêts (1). Toutefois, cette clause dérogeant du droit commun, doit être formulée d'une façon nette et précise, de manière à ne laisser prise à aucune équivoque, sinon elle ne pourrait être opposée aux tiers ; et il en serait ainsi, alors même que l'économie du contrat de mariage pourrait, par la combinaison de ses différentes clauses, porter à le décider ainsi. Il faut, pour qu'elle soit opposable aux tiers, que la clause de remploi, obligatoire vis-à-vis d'eux, soit expressément et formellement stipulée (2).

(1) Lyon, 11 juillet 1857, D. P. 1859-1-122. Soumis à la censure de la Cour suprême, cet arrêt fut cassé ; mais les considérants de la Cour de cassation ne se basent pas sur l'interprétation donnée par la Cour de Lyon au point qui nous occupe ; la Cour les admet donc. — Limoges, 11 décembre 1863, D. P. 1864-2-217. Req. 19 juillet 1865, D. P. 1865-1-431.

(2) Cassat., 1er mars 1859.

Non-seulement cette clause ne peut se présumer, mais elle ne peut même pas être étendue ; elle doit, comme toute exception au droit commun, être interprétée d'une façon restrictive. C'est en ce sens que s'est prononcée la Cour de Caen par un arrêt du 19 mars 1850 (1). Appelée à décider sur l'interprétation qui devait être donnée à un contrat de mariage adoptant le régime de la communauté réduite aux acquêts et stipulant que « les immeubles et rentes de la femme ne peuvent être aliénés, ni le capital reçu sans un remplacement valable, » la Cour a jugé que les immeubles et rentes frappés par cette clause étaient ceux-là seulement que la future épouse possédait au moment de la célébration du mariage. Les magistrats basèrent leur arrêt sur l'article 1542-2°, aux termes duquel « la constitution en termes généraux des biens de la femme ne comprend pas les biens à venir. Et peu importe que la femme n'ait eu au jour du mariage ni immeubles ni rentes, les tiers ne sont pas tenus de le savoir. »

Par conséquent, pour que la clause de remploi, stipulée dans le contrat de mariage soit obligatoire pour le tiers, il faut qu'aucun doute, qu'aucune erreur ne soit possible. Il peut arriver toutefois que cette clause, non insérée dans les conventions matrimoniales, frappe cependant des biens qui leur sont advenus postérieurement à la célébration de l'union conjugale ; par exemple, d'une donation dont le donateur a fait de la clause de remploi une condition *sine quâ non* de sa libéralité. Sera-t-elle encore opposable aux tiers ? La raison de douter vient de ce que ceux-ci ont pu ignorer une semblable clause. Nous pensons toutefois qu'ils pourraient être

(1) Cassat., 19 mars 1850, D. P. 1855-2-210.

rendus responsables du défaut de remploi. En effet, s'ils ont fait preuve de quelque prudence, ils ont dû demander communication des titres relatant les origines de propriété de l'immeuble qu'on leur propose d'acquérir. En les consultant, ils ont dû constater la présence d'une semblable clause et dès lors se tenir en garde. S'ils ont passé outre en payant leur prix, ils sont en faute et doivent par suite supporter les conséquences de leur négligence. Toutefois, si la clause de remploi obligatoire pour les tiers avait été stipulée en dehors des conventions matrimoniales, ou de tout autre acte destiné par la publicité que la loi lui donne à être porté à la connaissance des tiers, le remploi ne serai pas obligatoire pour eux; à moins que cette obligation n'ait été relatée dans l'acte de vente.

5. — Nous avons reconnu qu'il existe des clauses de remploi obligatoires pour les tiers ; il nous reste maintenant à étudier leurs effets.

Il est difficile de poser sur ce point une règle unique, régissant toutes les hypothèses et les renfermant toutes dans une même formule. En étudiant plus haut le point de savoir si les biens de la femme peuvent, sous le régime de la communauté, être frappés d'inaliénabilité, nous avons vu que la seule clause de remploi stipulée obligatoire pour les tiers, était impuissante à leur donner cette qualité; nous avons reconnu que, pour en arriver là, il fallait une stipulation expresse. Ces biens deviendraient donc inaliénables, c'est-à-dire qu'ils ne pourraient être vendus à moins que remploi du prix ne fût effectué ; ce serait là une condition dont la défaillance devrait faire considérer la vente comme n'ayant jamais existé. La conséquence d'une telle proposition serait qu'aucune translation de propriété n'ayant été effectuée, la femme pourrait revendiquer l'immeuble sorti, sans cause, de son patrimoine ; il y aurait là un fait analogue à celui qui se produit pour les fonds dotaux aliénés sans remploi ; les mêmes règles régiraient les deux hypothèses.

Mais il n'en est pas toujours ainsi et il arrivera souvent, au contraire, que les biens soumis au remploi ne seront pas frappés d'inaliénabilité. Le contrat de mariage contiendra par exemple des clauses analogues à celles-ci : « Les tiers seront tenus de veiller au remploi, » ou « seront responsables de son inaccomplissement » ou bien encore « le prix provenant des propres aliénés de la femme ne pourra être reçu par le mari que sous la charge d'en faire le remploi. La clause ci-dessus ressortira effet à l'encontre des tiers, qui devront s'y conformer pour se libérer. » Quelle sera, dans ces dernières hypothèses, la situation des tiers-acquéreurs ? Quel recours la femme aura-t-elle contre eux ?

Il existe sur cette question deux doctrines opposées :

La première assimile les biens frappés de cette clause aux immeubles dotaux stipulés aliénables à charge de remploi, et décide, conformément à ce qui a lieu dans ce dernier cas, qu'il y a là une condition dont l'inaccomplissement fait défaillir la vente. Il y aurait là, comme le dit la Cour de Caen dans un arrêt du 21 février 1845, une condition de la capacité des parties (1). Cette condition n'ayant pas été remplie, l'aliénation a été consentie par des personnes incapables, elle doit, par suite, être anéantie. La femme a, dans ce cas, l'action en revendication de l'immeuble dont le remploi n'a pas été effectué.

(1) Caen, D. P. 1845. t. 81.

En faveur de la seconde opinion, on fait remarquer que juste et fondée sous le régime dotal, la solution proposée par le précédent système cesse d'être exacte sous le régime de communauté. Sous le régime dotal, en effet, le droit commun est que le fonds dotal est inaliénable ; sans doute, on peut déroger à cette règle et le rendre aliénable à charge de remploi ; mais, pour que cette dérogation puisse se produire, il faut que la condition à laquelle elle est subordonnée reçoive son accomplissement, sinon on rentre dans le droit commun, c'est-à-dire, qu'un fonds inaliénable, ayant été volontairement vendu, doit nécessairement faire retour à son propriétaire.

Lorsque les époux sont mariés sous le régime de la communauté, il n'en est plus de même. Le droit commun de ce régime est, en effet, la liberté complète d'aliéner, accordée à la femme autorisée de son mari, et, pour celui-ci, le pouvoir de toucher le prix provenant d'une telle aliénation. Une dérogation a été apportée à ces règles. Pour des motifs que nous n'avons pas à apprécier, on a bien encore permis au mari de toucher le prix, mais à charge d'acquérir au lieu et place de l'immeuble aliéné une autre chose destinée à le remplacer ; c'est la clause de remploi non-obligatoire pour les tiers. Or, une telle clause n'affecte nullement la capacité des parties en cause. Jugée insuffisante, cette stipulation a été plus énergiquement sanctionnée dans l'intérêt de la femme : craignant, en effet, les dissipations du mari, dissipations qui peuvent se produire avec la clause rapportée ci-dessus, la femme ou ses ascendants ont voulu, pour maintenir l'intégrité du patrimoine de l'épouse, que les acquéreurs fussent responsables du remploi: Vous ne serez définitivement libéré, est-on censé leur dire, que le jour où un nouvel immeuble, acquis avec les deniers représentant le prix de celui que vous venez d'acheter, sera entré dans le patrimoine de la femme. Vous êtes, par suite, autorisé à ne payer votre prix que le jour où un tel remploi vous sera justifié; si vous payez sans exiger cette preuve, vous êtes exposé au recours de la femme, qui aura le droit de vous demander à nouveau le paiement du prix de sa chose. Où voir dans une telle opération une vente conditionnelle, résoluble pour défaut de remploi? Où trouver, dans un tel acte, une restriction de la capacité des parties?

Par conséquent, un immeuble de la femme ayant été vendu et le remploi obligatoire n'ayant pas été effectué, la vente sera cependant valable ; le défaut de remploi sera sans effet sur la translation de propriété, qui est définitivement accomplie dès à présent : la femme n'aura qu'une action pour forcer les tiers à payer le prix d'une chose dont le remploi n'a pas été opéré.

Une objection est toutefois possible ; il peut arriver que le tiers acquéreur devenu insolvable ne puisse à nouveau payer le prix que la femme lui réclame. Quel est dès lors le recours de celle-ci ? Non payée de son prix, ne pourra-t-elle pas, invoquant le bénéfice des articles 1184 et 1684 demander la résolution de la vente ? Assurément oui et dès lors, n'est-ce pas la preuve la plus manifeste que la translation de propriété n'a eu lieu qu'à la condition de l'accomplissement du remploi ? Une telle objection ne saurait ébranler notre système ; en effet cette action n'est pas spéciale à la femme, tout vendeur peut s'en prévaloir et la femme ne fait ici que rentrer dans le droit commun.

6. — La femme aura donc contre le tiers-acquéreur une action personnelle pour le contraindre à payer le prix de l'immeuble qui n'aura pas été remplacé. L'exercice de l'action ne présentera aucune difficulté lorsque le tiers n'aura encore rien payé. Si le mari néglige de faire le remploi, le tribunal condamnera le tiers, sur la poursuite de la femme, à consigner son prix ; car celui-ci ne peut être contraint de s'en dessaisir définitivement que lorsqu'on lui justifie de l'accomplissement du remploi. Afin de faire cesser l'incertitude qui pèse sur lui, le tiers-acquéreur pourrait, avec l'autorisation de justice, prendre les devants et consigner lui-même la somme due à la femme.

Mais la question se complique lorsque le tiers-acquéreur, ayant déjà payé son prix aux mains du mari, le remploi n'a pas été fait ; sans doute, ici encore, l'action de la femme devra être accueillie ; mais quel sera le *quantum* de la somme que le tiers sera condamné à payer ? De quelle façon l'action s'exercera-t-elle ? Ce sont là deux questions qu'il s'agit de résoudre.

En ce qui concerne le montant de l'indemnité à allouer à la femme, il est un principe qu'il faut tout d'abord poser : c'est que la clause de remploi ne doit pas être pour elle une cause d'enrichissement ; elle n'a qu'un but, conserver l'intégrité de son patrimoine. Pour arriver à ce résultat, deux obligations sont imposées : l'une, au mari, d'effectuer le remploi, l'autre au tiers, de le surveiller et de ne payer son prix que lorsqu'il est opéré ; il y a là pour le tiers une sorte d'*obligation de faire*, dont l'inexécution entraîne une condamnation à des dommages-intérêts. Ces dommages ne sont que la représentation du préjudice que le défaut de remploi a causé à la femme : c'est donc ce préjudice qu'il s'agit d'évaluer. Pécuniairement, il est égal à la perte que l'inexécution du remploi a causée à la femme.

Or, cette perte peut ne pas être immédiatement appréciée. Pour la connaître, il faut examiner l'époque à laquelle la femme exerce son action : ou bien elle l'intente postérieurement à la dissolution de la communauté, ou bien elle l'introduit au cours de l'union conjugale.

Supposons d'abord que le remploi, obligatoire pour le tiers, n'ait pas été effectué pendant le mariage ; le principe, relativement aux reprises de la femme, est que celles-ci s'exercent par préférence à celles du mari, d'abord sur l'actif commun et, en cas d'insuffisance de celui-ci, sur les biens propres du mari. Par conséquent, lorsque la femme actionnera le tiers en paiement, il faudra évaluer l'actif commun et celui du mari. Le tiers, obligé subsidiaire, renverra donc d'abord la femme à discuter les biens de la communauté et ceux du mari ; tant que cette discussion n'aura pas eu lieu, le tiers pourra refuser le paiement qui lui est demandé, car rien ne prouve que les deux masses de biens dont nous venons de parler, soient insuffisantes pour couvrir la femme du préjudice que lui a causé le défaut de remploi. Il faudrait en dire autant de l'hypothèque que la loi accorde à la femme sur les biens de son mari. — Par conséquent, si la communauté et le mari ne possèdent rien, le tiers devra rembourser le prix tout entier ; si, au contraire, il existe un certain actif dans le patrimoine de l'un ou de l'autre, le tiers ne devra que la différence entre le prix de vente et la somme retrouvée par la discussion. Enfin, il sera complètement indemne si les biens du mari et ceux de la communauté suffisent pour désintéresser la femme. Ce sera donc, en définitive, le mari qui paiera et ce sera justice ; le tiers, sans doute, avait commis une faute en ne surveillant pas le remploi, mais le mari en avait commis une bien plus grande, car le tiers était coupable d'une simple négligence : il avait suivi la foi du mari ; il est donc équitable qu'il ne soit condamné à payer que si celui-ci est dans l'impossibilité de le faire. Procéder autrement, permettre à la femme d'assigner le tiers-acquéreur en paiement, sans discussion préalable des patrimoines de la communauté et du mari, ce serait l'autoriser à toucher plus qu'il ne lui est dû, car elle prélèverait sur le tiers-acquéreur l'intégrité du prix et sur la communauté un dividende qu'il est impossible de fixer *à priori* et qui varierait avec les forces de celle-ci.

Une seconde hypothèse peut se présenter : la femme agit durant la communauté ; il peut se faire, en effet, que tout en stipulant le remploi obligatoire, aucun délai n'ait été fixé, en deçà duquel le remplacement devra avoir lieu. La femme, qui a de justes craintes, peut, dans ce cas, durant le mariage, actionner son mari pour le contraindre à opérer le remploi. Jouira-t-elle de la même faculté vis-à-vis du tiers ? On pourrait croire l'affirmative fondée, car celui-ci, riche aujourd'hui, peut, par suite d'événements ultérieurs, arriver à la plus complète insolvabilité ; la femme verrait donc son recours contre lui devenir inefficace. Mais c'est là un fait purement éventuel, contre lequel on ne peut prendre que des mesures provisoires et préventives. Le Tribunal saisi de la demande ne pourra donc condamner définitivement le tiers ; il devra se borner à lui ordonner de consigner une somme suffisante pour désintéresser la femme.

7. — Nous venons de voir de quelle façon l'action de la

femme devra être introduite ; il nous reste maintenant à étudier quelle marche elle suivra.

Dans un procès, c'est au demandeur à faire la preuve du fait qu'il avance ; la femme devra donc démontrer que le remploi n'a pas été opéré ; elle devra par suite prouver un fait négatif. Ce point établi, M. Benech (1) pense que sa preuve est faite et que si le tiers prétend démontrer qu'un remploi a eu lieu, c'est à lui à l'établir. D'autres auteurs enseignent au contraire que le fait allégué par la femme étant négatif, on doit mettre le tiers en demeure d'indiquer le remploi qu'il prétend exister, et que c'est ensuite à la femme à faire la preuve contraire : on s'appuie sur ce fait que, dans notre droit, c'est toujours au demandeur à faire la preuve et qu'il le peut faire, même lorsqu'il s'agit d'un fait négatif, par la preuve du fait positif contraire.

S'il est démontré que le remploi a eu lieu, la femme perdra son procès et le tiers sera renvoyé des fins de la poursuite ; dans le cas contraire, il encourra une condamnation dont il faut maintenant déterminer la nature. Sous le régime dotal, aucun doute ne serait possible, le tiers devrait restituer l'immeuble à la femme, le délaisser ; vainement offrirait-il pour se libérer de payer une seconde fois son prix, la femme serait libre d'accepter ou de repousser cette proposition et il n'y aurait aucun moyen de la contraindre à prendre le premier parti, car ici l'action de la femme tend à la restitution de la chose, c'est une action *in rem*, qui a pour but immédiat le retour de l'immeuble dans son patrimoine. Sous le régime

---

(1) Benech. Loc. cit., n° 100.

de communauté, la solution serait différente. Ici, l'action de la femme n'a pas pour effet de porter atteinte à la transmission du propre et de la faire rescinder; elle tend, au contraire, à obtenir le paiement du prix de l'immeuble aliéné et le tiers ne pourrait se libérer envers la femme en abandonnant celui-ci : l'action qu'intente la femme est une action personnelle ; c'est celle par laquelle le vendeur demande le paiement du prix de sa chose. Or l'acheteur ne peut, en offrant le délaissement de l'objet vendu, se libérer envers son vendeur.

Certaines actions, au nombre desquelles rentre celle que nous étudions, ne sont pas prescriptibles pendant le mariage (art. 2256-2°). La prescription qui, dans ce cas, est de dix ans, ne commence qu'au moment de la dissolution de l'union conjugale. Cette action sera transmissible aux héritiers de la femme ; de plus, comme elle n'est pas essentiellement attachée à la personne, la disposition de l'article 1166 lui sera applicable. Inutile de chercher à démontrer que si le remploi avait été valablement effectué, mais qu'ensuite le bien acquis de ce chef ait été vendu sans que son remplacement, obligatoire pour les tiers, eût été opéré, l'acquéreur du bien originairement vendu ne pourrait être recherché par la femme, sa bonne foi et sa diligence le mettraient à l'abri de toute poursuite.

8. — Comme nous venons de le voir, dans la théorie du remploi conventionnel, deux intérêts rivaux : celui de la femme, celui des tiers, tous deux dignes de l'attention et de la sollicitude des magistrats, peuvent se trouver en présence, et cette situation pourra, dans certains cas, se prolonger longtemps. Nous savons, en effet, que dans tout remploi, sauf une exception que nous avons mentionnée ci-dessus, l'accep-

tation de la femme est nécessaire pour le remplacement de l'un de ses propres. Or, il peut se faire que, pour des motifs d'une valeur discutable, par pur caprice peut-être, la femme refuse de donner son consentement aux offres de remploi qui lui sont faites par son mari. Pourra-t-elle, par son obstination puérile et sans raison, prolonger indéfiniment la lourde responsabilité qui pèse sur le tiers-acquéreur? Ou bien, s'il était démontré que le remploi, à elle proposé était satisfaisant, peut-être même avantageux, permettra-t-on à l'acquéreur de se libérer définitivement en payant aux mains du mari l'immeuble acquis de la femme? Ce droit, pensons-nous, ne peut lui être refusé. Si, en effet, l'immeuble acheté remplissait toutes les conditions requises, s'il était avantageux et que ce soit par simple caprice ou par un inexplicable esprit de contradiction que la femme ait refusé de l'accepter, elle ne serait pas fondée plus tard, en cas d'insuffisance des patrimoines du mari et de la communauté pour la couvrir de ses reprises, à recourir contre le tiers qui se serait acquitté aux mains du mari, Protéger la femme d'une façon aussi énergique serait faire tourner à son détriment une clause stipulée dans son intérêt, car effrayés d'une telle responsabilité, les tiers refuseraient de traiter avec elle. Agir ainsi serait, du reste, leur faire supporter une charge sur laquelle ils n'ont pas dû compter et qui ne saurait leur incomber, car, dans le doute, la convention s'interprète contre celui qui a stipulé et en faveur de celui qui a contracté (art. 1162).

9. — Une autre question, connexe à celle que nous venons d'étudier, est celle de savoir quelles conditions devra remplir l'acquisition en remploi, pour que les tiers soient déchargés à l'avenir de toute responsabilité? Il est difficile de tracer à

priori des règles destinées à guider l'interprétation d'une façon certaine. Ce que l'on peut poser en thèse générale, c'est que, rendus responsables du remploi par le contrat de mariage, obligés d'y veiller et de se conformer à la condition qui leur a été imposée, les tiers doivent s'efforcer de l'accomplir selon les règles du droit commun, règles déterminées par l'article 1175 du Code civil. « Toute condition doit être accomplie de la manière que les parties ont vraisemblablement voulu et entendu qu'elle le fût. » Or, les époux, en stipulant le remploi obligatoire pour les tiers, ont voulu les intéresser à son utilité. Par conséquent, une acquisition quelconque serait insuffisante pour les mettre à l'abri du recours de la femme.

Les tiers devront donc examiner avec une certaine attention le remploi proposé à la femme. De quelle vigilance doivent-ils faire preuve ? ou, si on le préfère, de quelle faute doivent-ils être rendus responsables ? C'est là une question de fait dont la solution variera avec chaque espèce. Ce que l'on peut poser en principe, c'est que les tiers devront se conformer aux conditions du contrat de mariage et exiger, pour le remploi de la femme, une acquisition utile, non sujette à des causes de résolution ; en un mot, ils devront apporter à cette affaire toute la diliigence d'un bon père de famille (art. 1137 C. civ.) ; ce sera donc une question d'appréciation pour les tribunaux. Toutefois la responsabilité des tiers ne doit pas, croyons-nous, être assimiliée à celle qui pèse sur le mari ; étant donnés les rapports de ces deux catégories de personnes avec la femme, les charges qui incombent aux premiers doivent être moins lourdes que celles qui pèsent sur le second.

Nous venons de constater combien il était difficile de tracer d'une façon précise les règles qui doivent guider le juge sur l'appréciation du remploi intéressant les tiers ; nous avons vu aussi la lourde responsabilité qui leur incombe de ce chef. Ils doivent donc, lorsqu'un acte portant acquisition en remploi leur est présenté, examiner si un tel bien remplit toutes les conditions d'utilité dont nous avons parlé plus haut, sinon, ils doivent refuser de pàyer et faire opposition à la demande en paiement qui leur serait faite. Toutefois, si les tribunaux, saisis de la question, déclaraient le remploi valable, le tiers pourrait payer en toute sécurité et sa responsabilité serait, dès lors, complètement dégagée, quoiqu'il advienne par la suite, bien plus il devrait même le faire immédiatement. Comment, en effet, pourrait-il différer d'exécuter une séntence judiciaire ?

Mais il peut arriver que le mari n'effectue pas le remploi ou ne le fasse que d'une façon insuffisante, qui laisserait subsister la responsabilité du tiers-acquéreur. Celui-ci ne devra pas l'accepter. Or, pendant tout le temps que le remploi n'est pas fait, l'acquéreur a la garde des fonds et il est bien souvent obligé d'en payer les intérêts, charges dont peut-être il veut s'affranchir. Le peut-il ? assurément oui. Pour cela, il fera au mari des offres, sous la condition qu'il opère le remploi et en justifie dans un délai déterminé. Si, passé cette époque, le mari ne s'est pas exécuté, le tiers consignera la somme à la Caisse des dépôts et consignations et, de cette façon, il sera libéré, quoiqu'il arrive, le mari ne pourra retirer cette somme qu'en justifiant d'un remploi, approuvé par les tribunaux.

C'est ce que décidait l'art. 4, tit. II de la loi des 18-29 décembre 1790 relative au rachat des rentes foncières soumises au

remploi. « Les tuteurs, les curateurs, les maris, dans les
pays où les dots sont inaliénables, même avec le consentement de la femme, ne peuvent liquider les rachats des rentes
ou redevances foncières appartenant aux pupilles, mineurs et
auxdites femmes mariées, qu'en la forme et aux taux ci-après
prescrits et à la charge de remploi. Le redevable, qui ne
voudra pas demeurer garant du remploi, pourra consigner le
prix du rachat, lequel ne sera délivré aux personnes qui sont
assujetties au remploi, qu'en vertu d'une ordonnance du juge,
rendue sur les conclusions du commissaire du roi, auquel il
sera justifié du remploi. » L'ordonnance du juge est actuellement remplacée par le jugement reconnaissant la validité du
remploi. Aujourd'hui donc, la consignation fait perdre à la
femme son recours contre le tiers-acquéreur ; mais ce recours
est compensé par l'énergique protection que les tribunaux
accordent toujours à la femme en pareille circonstance.

CHAPITRE II.

DE L'EMPLOI CONVENTIONNEL.

1. — Nous avons jusqu'à présent supposé le remploi conventionnel, c'est-à-dire une clause obligeant le mari à acheter, avec les deniers provenant de la vente du propre de la femme, de nouveaux biens destinés à remplacer ceux à elle appartenant qui auraient été aliénés. La question que nous abordons actuellement diffère, quant à l'origine des deniers, de celle dont nous venons de terminer l'étude ; ici, en effet, les deniers ne proviennent plus d'une aliénation consommée au cours du mariage, ils existent en nature dans l'apport de la future épouse. La clause d'emploi a pour but de forcer le mari à les affecter à une acquisition de choses déterminées, à transformer le droit de créance que la femme a, de ce chef contre la communauté, en un droit de propriété plus solide et plus stable.

La clause d'emploi pourra être stipulée par les personnes qui auraient pu faire insérer dans le contrat de mariage une clause de remploi, c'est-à-dire la future épouse, ses ascendants appelés à consentir au mariage ; enfin, le tiers qui ferait une libéralité sous cette condition. Quant à l'époque à laquelle cette clause peut être stipulée, il faut se reporter à ce que nous avons dit plus haut à propos du remploi. La femme ne pourrait pas toutefois venir prétendre, après la célébration du mariage, faire l'emploi des sommes que le mari aurait touchées, alors que celles-ci n'auraient pas été, dans le contrat pécuniaire de mariage, l'objet d'une stipulation expresse d'emploi. Ce serait là une atteinte portée à l'incommutabilité des conventions matrimoniales.

2. — Nous ne ferons que rappeler sommairement, relativement à l'emploi, ce que nous avons déjà dit, touchant le mari, à propos du remploi. Une telle clause même insérée dans le contrat de mariage, ne saurait l'obliger ; s'il n'en était pas ainsi, il faudrait reconnaître à la femme le droit d'exercer de ce chef une action contre son mari, or ce serait là une atteinte portée à la puissance maritale, ce qui est formellement défendu par nos lois (art. 1388 C. civ.) Quant à la femme, on pourra stipuler l'emploi en sa faveur, comme on l'a fait pour le remploi ; mais il faut le reconnaître, les magistrats pourront discerner et sanctionner la clause d'emploi plus facilement que celle de remploi. Celle-ci est souvent, en effet, une clause de style dont il est quelquefois difficile de mesurer la portée, car elle peut n'être que la répétition des termes de la loi. Il n'en est pas de même pour l'emploi. Cette stipulation semble avoir attiré d'une façon toute spéciale, l'attention des parties et leur intention évidente paraît être de lui faire sortir

effet. Aussi les tribunaux doivent-ils plus facilement forcer le mari à l'exécuter. Toutefois le défaut d'emploi, non plus que celui de remploi, ne saurait être une cause de séparation de biens.

3. — Quant aux sommes qui peuvent faire l'objet d'un emploi, il nous semble inutile de dire que tous les deniers constitués en dot, qu'ils appartiennent en propre à la femme, qu'ils lui aient été donnés par un ascendant ou par un tiers, Peuvent faire l'objet d'une clause d'emploi. Une question, qui examinée superficiellement, pourrait faire doute, doit cependant nous arrêter. On peut, en effet, rencontrer des stipulations analogues à celle-ci : « Ladite somme, *avec les intérêts qui en proviendront et qui devront être capitalisés jusqu'au moment où l'emploi sera fait....* » ou bien encore, la femme, ayant apporté une rente qui doit lui rester propre, stipule « *que les arrérages en provenant seront capitalisés jusqu'au moment de l'emploi.* » De telles clauses sont-elles valables? (1).

Il ne faut pas oublier que la question se pose à l'égard d'époux mariés sous le régime de la communauté. Or, sous ce régime, les fruits des propres tombent dans le patrimoine

(1) Un arrêt de la Cour de Paris du 13 avril 1878 (Sirey 1878 2-134) décide que les primes de remboursement des obligations de chemin de fer ne représentent pas une portion d'intérêts accumulés, qui comme tels doivent tomber en communauté, mais une partie du capital de ces obligations. Par conséquent, la créance de la femme contre la communauté comprendrait, non-seulement les sommes provenant du remboursement des obligations, mais encore les primes qui pourraient être attachées à certains des numéros sortis à elle appartenant. Ces deux catégories leur sont propres et peuvent être affectées à un remploi.

commun, sur lequel le mari a un pouvoir à peu près absolu. Restreignant ses droits sur cette masse de biens, la clause dont il s'agit semble violer la loi et, par suite, n'avoir aucune valeur ; mais cette stipulation équivaut à une clause de réalisation : les biens qu'elle frappe prennent la qualité de propres, or, c'est là une transformation qui doit être permise en présence des termes de l'article 1387 C. Civ. Dès lors, cette clause doit être considérée comme valable.

Quant aux biens à acquérir, une liberté entière doit être laissée au mari, dans le cas où le contrat de mariage ne désigne pas la nature des choses qui doivent être achetées en emploi. Lorsque des immeubles doivent former l'objet de l'acquisition, on doit appliquer ce qui a été dit plus haut sur cette même question, en traitant du remploi conventionnel. Notre solution diffère toutefois sur un point : lorsque le contrat de mariage est muet sur la nature des biens qui doivent être achetés en emploi, un placement, garanti par une première hypothèque, consentie sur un immeuble d'une valeur supérieure à celle de la somme prêtée, nous paraîtrait un emploi suffisant.

On ne rencontre plus, en effet, dans l'espèce, le désir de perpétuer la même nature de biens dans le patrimoine de la femme ; ce qu'on veut, avant tout, c'est une garantie contre toute chance de perte, or les placements hypothécaires semblent suffisamment atteindre cette fin.

4.—Quant aux conditions de l'emploi, elles sont les mêmes que celles du remploi conventionnel ; les articles 1434 et 1435 doivent recevoir ici leur application. Nous renvoyons donc aux développements donnés plus haut sur cette question.

5. — Comme nous venons de le voir, des règles similaires

régissent le remploi et l'emploi conventionnels, en ce qui
touche les rapports des époux entre eux. En est-il de même
vis-à-vis des tiers et comment doit être appréciée la responsabilité de ceux-ci ?

En étudiant le remploi conventionnel, nous avons vu que
cette clause, formulée purement et simplement, est sans effet
à l'égard des tiers ; que pour rendre ceux-ci responsables du
défaut de remploi, il faut une stipulation formelle en ce sens.
En est-il de même en cas d'emploi ? C'est une question sur laquelle les auteurs ne sont pas d'accord.

Examinant la question dans son Traité de l'emploi et du
remploi sous le régime dotal, M. Benech (1) enseigne que le
tiers est responsable du défaut d'emploi, quels que soient le
régime matrimonial adopté et la forme donnée à la clause
qui nous occupe. Dès lors, et comme conséquence de cette
responsabilité, il peut, afin de ne pas l'encourir, exiger qu'on
lui justifie de l'emploi avant de se dessaisir des deniers dont
il est débiteur. Sans doute, le mari a bien, en règle générale,
le droit de recevoir les sommes dues à sa femme et d'en
donner quittance ; cette règle toutefois comporte des exceptions
au nombre desquelles se trouve l'espèce actuelle : ici, en effet,
la femme a restreint son mandat ; sans doute, le mari a bien
encore le droit de toucher les deniers propres à sa femme,
mais ce pouvoir est subordonné à une condition, leur emploi.
Dès lors, si la condition n'est pas remplie, la femme n'est pas
liée par le paiement, le tiers a payé à une personne qui n'avait
pas qualité pour recevoir ; il a mal payé et, par suite, il peut,
sur la poursuite de la femme, être obligé de payer une seconde

(1) Benech, loc. cit. n° 55, p. 136.

fois. Pour M. Benech, la responsabilité du tiers a sa source, non dans une obligation personnelle, mais dans les dispositions légales relatives à la validité des paiements.

Cette doctrine ne semble pas fondée, car elle admet comme démontré le point qu'il s'agit d'établir. En effet, la justification d'un remploi, telle est, d'après M. Benech, la condition mise par la femme aux pouvoirs de son mari, or, la question est précisément de déterminer cette condition. Il y a là une pétition de principes.

Il ne faut pas l'oublier, M. Benech fait résulter la responsabilité des tiers de la stipulation d'emploi, de quelque façon qu'elle ait été formulée, et sous quelque régime que ce soit. Or sous le régime de la communauté, le mari a l'administration des propres de la femme ; il peut toucher ses capitaux mobiliers et en donner décharge. Et si on a stipulé purement et simplement que le mari devra faire emploi des sommes touchées par lui, c'est là une règle d'administration intérieure, n'ayant aucun effet à l'égard des tiers ; pour qu'il en soit autrement, pour que cette clause puisse les atteindre, il faut une stipulation formelle. La clause pure et simple d'emploi n'atteint donc pas les tiers débiteurs de deniers appartenant à la femme.

Notre solution serait différente s'il était dit que les tiers seront responsables de l'emploi et devront le surveiller ; dans ce cas, il faudrait appliquer les règles posées plus haut, relativement au remploi conventionnel.

6. — La clause d'emploi, que nous venons d'étudier, au point de vue de la substitution d'une chose à une somme d'argent, produit encore un autre résultat ; sous le régime de communauté, les deniers appartenant aux époux tombent dans

l'actif commun et sont, à la dissolution du mariage, partagés entre eux par égales portions, la clause d'emploi prévient ce résultat.

Notre Code n'a pas reproduit sur ce point la disposition de la coutume de Paris, mais on reconnaît qu'exécutée ou non, la clause d'emploi amène une réalisation tacite ; par suite, les biens achetés avec les sommes stipulées propres, sont propres par subrogation ; si aucun emploi n'est fait, l'époux en faveur duquel la clause a été insérée dans le contrat de mariage, prélève, avant le partage de la communauté, les sommes qui ont fait l'objet de la stipulation d'emploi.

CHAPITRE III

DISPOSITIONS COMMUNES A L'EMPLOI ET AU REMPLOI
FACULTATIFS ET CONVENTIONNELS

————

1. — En principe et sauf stipulation contraire, l'acquéreur paie non-seulement le prix de vente, mais encore certains frais accessoires : coût de contrat, droits d'enregistrement, etc. En ce qui touche les frais de contrat, ils sont payés par le mari lorsqu'il opère un emploi ou un remploi à son profit ; la femme supporte également ceux occasionnés par l'emploi ou le remploi qu'elle a accepté, que celui-ci soit facultatif ou conventionnel, car le résultat final de l'opération est d'effectuer une acquisition à son profit. — Inversement, si la femme n'avait pas accepté l'emploi ou le remploi qui lui est proposé, elle ne devrait supporter aucuns frais.

2. — Les lois fiscales soumettent à la perception de certains droits les transmissions et mutations de propriété. Dès lors, le remploi étant, pour celui au profit duquel il est fait, une cause d'acquisition, opère une translation de propriété soumise à la perception du droit. Il faut toutefois faire une

distinction entre le cas où l'immeuble acquis par la femme provient d'un tiers et celui où l'emploi ou le remploi s'effectue par la cession que le mari fait à sa femme d'un bien à lui propre ou d'un bien commun.

La première hypothèse est la plus fréquente; souvent, en effet, le remploi, effectué au profit de la femme, s'accomplit par l'acquisition d'une chose appartenant à un tiers ; peu importe du reste que la femme accepte le remploi dans l'acte même d'acquisition ou dans un acte postérieur, nous avons vu, en effet, dans le système adopté par nous, que l'acceptation de la femme donnée avant la dissolution de la communauté, rétroagit au jour de l'acte. Dans ce premier cas, un droit proportionnel de mutation de 4 %, plus les décimes, sera perçu par l'enregistrement; un droit fixe de 3 %, plus les décimes, sera seul exigible pour l'acceptation donnée dans un acte postérieur. Quant à la transcription, nous ne pensons pas que, dans l'hypothèse d'une acceptation donnée *ex intervallo*, elle puisse motiver la perception d'un nouveau droit. La mutation de propriété a été constatée par une première transcription, or l'acceptation rétroagit au jour où l'acte a été transcrit; la femme a donc été, dès cette époque, propriétaire de l'immeuble acquis de ses deniers. Exiger un nouveau droit de mutation serait exorbitant.

Dans la seconde hypothèse, c'est-à-dire celle où le mari cède à sa femme, à titre de remploi, des biens à lui propres ou des biens communs, une sous-distinction est nécessaire. — Dans le cas où le mari vend à sa femme un de ses propres, le droit de transmission est dû comme dans l'hypothèse où le bien acquis, pour opérer le remploi, a été acheté d'un tiers. — Si, au contraire, le mari propose et la femme accepte des biens communs, la régie ne perçoit aucun droit de mutation. Favorable au crédit public, il faut le reconnaître, cette solution peut, ce nous semble, être contestée. Sans adopter l'opinion des auteurs qui considèrent la communauté, comme un être moral, ayant un patrimoine distinct de celui des époux, et qui pour être logiques, doivent faire porter la perception du droit sur la totalité de la valeur de l'immeuble, il semble que la femme n'étant propriétaire que de la moitié de la communauté, devrait être obligée de payer le droit proportionnel sur la partie indivise que lui transmet son mari, c'est-à-dire sur la moitié de l'immeuble cédé.... Quant à la déclaration de remploi des propres du mari, elle ne donne lieu à la perception d'aucun droit. Il en est de même du remploi opéré au profit de la femme sans qu'il y ait à distinguer si l'acceptation a été donnée dans l'acte d'acquisition ou dans un acte postérieur. Dans ce dernier cas toutefois, un droit fixe de 3 fr., plus les décimes sera dû, mais la perception de ce droit n'aura pas pour cause l'acceptation du remploi, elle n'aura lieu que pour l'enregistrement de l'acte, l'acceptation elle-même ne donne lieu à la réclamation d'aucun droit.

CHAPITRE IV

DES CAUSES DE NULLITÉ ET D'ANNULABILITÉ DE L'EMPLOI ET DU REMPLOI

1. — Des vices d'une gravité plus ou moins considérable peuvent affecter le remploi ou l'emploi et compromettre leur validité d'une façon plus ou moins complète. Cette idée nous amène à distinguer les *remplois nuls*, des *remplois simplement annulables.*

Remplois nuls. — Il est d'abord des éléments nécessaires à l'existence de tout remploi, en l'absence desquels un acte de cette nature ne saurait prendre naissance. Ces éléments sont l'objet et la cause du remploi.

(a) OBJET. — Tout remploi doit, *à peine de nullité absolue*, avoir un objet ; cet objet doit remplir certaines conditions.

Pour que le remploi puisse avoir lieu, il faut d'abord que la chose destinée à l'opérer existe réellement. Nul doute, par exemple, qu'un acte de cette nature serait frappé de nullité si un mari proposait en remploi à sa femme un immeuble qui n'existe pas, dont les origines de propriété sont inconnues : les tenants et aboutissants purement imaginaires, et marqué, dans l'acte de vente, d'un numéro qui n'est pas inscrit au plan cadastral. Il en serait de même si un remploi conventionnel s'opérait par l'acquisition d'actions de la Banque de France, dont les numéros n'existent pas.

La chose qui fait l'objet du remploi doit, en outre, ne pas être exclue du commerce. Ainsi serait nul l'emploi ou le remploi qui aurait pour objet une portion du domaine public de l'Etat.

Dans ces diverses hypothèses et dans celles qui, par analogie, pourraient s'y rattacher, le remploi étant nul, le droit à la récompense continuerait à exister au profit de l'époux aliénateur.

(b) CAUSE. — Tout remploi doit avoir une cause, c'est-à-dire un fait antérieur et préexistant, qui explique et autorise l'acquisition d'un bien destiné à remplacer celui qui a été vendu. Pour que ce fait puisse légalement se produire, il faut que l'aliénation d'un propre des époux ait-eu lieu, ou que *tel* de leurs biens, désigné toutefois, dont le prix sera affecté au paiement de la nouvelle acquisition, soit sur le point d'être vendu. Si aucun propre n'était aliéné, le remploi serait frappé de nullité absolue et le bien nouvellement acheté tomberait dans l'actif commun, malgré la mention à l'acte de vente des déclarations prescrites par les articles 1434 et 1435.

(c) CONSENTEMENT. — Le consentement peut faire complè-

tement défaut ou n'être que vicieux. Dans le premier cas, il entraîne la nullité absolue du remploi ; dans le second, il ne donne lieu qu'à une nullité relative.

Le remploi sera absolument nul, lorsque le consentement aura été inficié de l'une des erreurs ci-après désignées :

1° *Erreur sur la nature du contrat auquel la femme a donné son assentiment.* — En donnant son consentement, la femme a cru accepter une donation, tandis qu'en réalité elle a acquiescé au remploi que lui proposait son mari ; dans ce cas, l'échange des volontés n'ayant pas eu lieu, l'acte qui en est l'objet, c'est à dire le remploi, est frappé d'une nullité absolue ; le bien reste commun, malgré la mention à l'acte des déclarations exigées par les articles 1434 et 1435, et le droit à la récompense subsiste en faveur de l'époux aliénateur.

2° *Erreur sur l'objet proposé en remploi.* — Dans cette seconde hypothèse, les deux époux ont bien entendu opérer le remplacement de la chose aliénée, mais tandis que l'un d'eux offrait l'immeuble A, l'autre a cru acquérir en remploi l'immeuble B. Dans ce cas, les deux époux ont voulu opérer un remploi ; mais l'objet qu'ils ont en vue étant différent, l'échange des volontés n'a pu avoir lieu, ce qui entraîne le défaut de consentement, et par suite la nullité absolue du remploi. Il en serait de même si l'erreur portait sur la *substance*, c'est-à-dire sur la qualité que les époux ont eu principalement en vue.

2. *Remploi annulable.* — A côté de ces hypothèses, où le consentement fait absolument défaut, ce qui entraîne la nullité radicale du remploi, il en est d'autres où celui-ci n'est qu'annulable. Ce fait se rencontrera lorsque le consentement quoiqu'existant, aura été inficié d'un vice, résultant de cir-

constances extrinsèques à l'aide desquelles il aura été obtenu, c'est-à-dire dans les hypothèses où il aura été extorqué par la violence ou à l'aide de manœuvres dolosives. La nullité affectant le remploi sera alors une *nullité relative*, c'est-à-dire opposable par la personne qui aura subi le dol ou la violence et pendant un certain temps seulement, lequel ne pourra excéder dix ans. De plus, la ratification pourra faire disparaître le vice dont le remploi est ici inficié.

(d) VIOLENCE. — Pour autoriser celui des époux qui en a été l'objet à demander la nullité du remploi opéré à son profit, la violence doit revêtir certains caractères. Elle doit inspirer la crainte d'un mal *présent*, qui va atteindre la personne où les biens de celui qui en est l'objet. Ces expressions ont besoin d'être expliquées. Lorsque la loi dit : *mal présent*, elle n'entend pas indiquer que la menace par laquelle on veut intimider l'époux, doit immédiatement se réaliser, que l'arme avec laquelle on cherche à l'effrayer, va le frapper, ou que l'incendie va, de suite, détruire sa maison. Telle n'est pas la pensée du législateur ; en employant les termes que nous expliquons, les rédacteurs du Code ont voulu dire que la violence doit inspirer *actuellement* la crainte d'un mal qui peut se réaliser maintenant ou plus tard. — Ce mal doit, en outre, être considérable. Il est impossible, on le comprend sans peine, de définir le sens précis de ce mot et de déterminer quel mal sera ou non considérable. C'est là une question essentiellement relative, variant avec le caractère de la personne violentée. Les magistrats auront, sur ce point, un plein pouvoir d'appréciation. Nous ferions la même observation en ce qui touche la vivacité plus ou moins grande de l'émotion ressentie par la personne objet de la violence. Poser comme règle, que tel fait,

s'il est prouvé, sera suffisant pour annuler le remploi, serait
souverainement injuste, car tel acte qui impressionnera fai-
blement un homme jeune et vigoureux, pourra être pour un
enfant, une femme ou un vieillard, la cause d'une émotion
assez vive pour vicier son consentement. L'âge, le sexe, la
profession de la victime, tout devra être pris en considération
pour apprécier sainement le caractère de la violence et la
mesure dans laquelle elle a porté atteinte à la liberté du
consentement de l'époux.

(e) Dol. — On entend par dol, toute manœuvre, toute
machination destinée à tromper quelqu'un et à l'induire en
erreur. Si, au point de vue philosophique, toutes ces ruses ont
un caractère commun : faire croire à l'existence d'un fait qui
n'est pas, au point de vue juridique, il n'en est pas de même,
et des résultats divers découlent de la nature plus ou moins
caractérisée des manœuvres employées ; de là, l'erreur plus ou
moins grande dont elles ont été la cause. Cette observation a
amené les jurisconsultes à distinguer trois espèces de dol produisant des résultats différents.

1° *Dol principal.* — Le dol principal est celui qui a amené
la personne, victime du dol, à donner son consentement à
l'acte qu'on lui propose, au point de vue qui nous occupe, à
accepter le remploi qu'on lui offre. Il est une cause de
la rescision de l'acceptation donnée, lorsqu'il est démontré,
qu'en son absence, la femme n'aurait pas consenti à un tel
remploi. Ainsi, l'erreur sur les qualités non substantielles
n'est pas une cause d'annulation de cet acte juridique ; par
exemple, on propose purement et simplement à la femme,
pour la remplir du prix de son propre aliéné, une maison qui,
malgré sa solidité apparente, n'est supportée que par des bois

complètement vermoulus ; la femme accepte. Elle ne pourra, découvrant ensuite la mauvaise qualité des sommiers et autres pièces analogues, demander la rescision de son acceptation. Seule, elle supportera la perte, dès à présent imminente, de l'édifice. Mais que, pour arriver à se débarrasser de sa maison, qu'il sait mal construite, le vendeur affirme à la femme que la maison est nouvellement bâtie, avec des bois excellents, achetés récemment à tel endroit, de telle personne ; que, poussant plus loin l'astuce, il exhibe les factures du prétendu marché dont il affirme l'existence ; que devant son acquéreur incrédule il fasse enlever des planches recouvrant quelques poutres solides, placées là pour la circonstance, alors que toutes les autres sont défectueuses ; il est certain qu'en face de telles machinations, ayant pour but d'amener la femme à consentir, celle-ci pourra demander l'annulation du remploi en invoquant le dol dont elle a été victime.

2° *Dol incident.* — A côté du dol principal qui a été la cause d'une telle acceptation, il existe une autre espèce de dol, d'un effet moins énergique et qui a seulement pour résultat d'amener la victime à accepter des conditions plus onéreuses qu'elle ne l'aurait fait réellement, si de telles manœuvres n'avaient pas employées. Cette nouvelle espèce de dol a été appelé *dol incident.* Reprenant l'espèce que nous mentionnions plus haut, supposons la femme décidée à accepter en remploi la maison qu'on lui propose ; redoutant toutefois l'existence des vices que nous signalions tout à l'heure, elle déclare, lors des pourparlers qui précèdent les opérations de ce genre, qu'elle consentira au remploi, si la maison lui est vendue par exemple 20,098 fr. Désirant se débarrasser de son immeuble qu'il sait défectueux, le vendeur y fait quelques

réparations, change certaines poutres, amène adroitement
la femme à vérifier leur bonne qualité, lui affirmant dans
tout le reste de la construction une pareille solidité, la
femme consent à acquérir cette maison et à la prendre en
remploi pour 23,000 fr. Dans ce cas, si plus tard elle découvre
la fraude dont elle est victime, elle ne pourra, comme dans le
cas de dol principal, demander à être restituée contre son
acceptation et faire ainsi annuler la vente ; elle n'aura droit
qu'à des dommages-intérêts, dont le quantum sera calculé
sur le préjudice à elle causé par les manœuvres dolosives dont
elle a été l'objet (Art. 1382, C. civ.)

Nous devons toutefois faire immédiatement une observation : c'est qu'en pratique, il est souvent bien difficile de
distinguer ces deux espèces de dol, dont le premier autorise
la demande en annulation du remploi, tandis que l'autre le
laisser subsister, sauf dommages-intérêts à la partie lésée par
les manœuvres. C'est là une question de fait laissée à la souveraine appréciation des juges.

3° A côté de ces deux premières catégories de dol, il en
existe une troisième que les Romains appelaient *bonus dolus* ;
la loi le souffre parce qu'elle ne peut l'empêcher efficacement
et ne le réprime par aucune action en nullité ou en dommages-
intérêts. Il consiste dans l'exaltation des qualités de la chose
vendue sans recourir à aucune manœuvre déloyale.

Il existe toutefois entre le dol et la violence une différence
importante. Celle-ci est une cause d'annulation du remploi,
quel qu'en soit l'auteur, celui-là n'en amène la rescision que
s'il émane de la personne avec laquelle on a traité l'affaire.

*(f) Capacité de l'époux au profit duquel s'opère le rem-
ploi.* — La célébration du mariage n'est pour l'homme la cause

d'aucune incapacité juridique, au point de vue du sujet que nous étudions. Maître à peu près absolu de la communauté, il l'est, à plus forte raison, des biens qui lui appartiennent en propre ; il peu donc les aliéner ; le prix provenant de la vente tombera en communauté, sauf récompense. Si le mari juge l'occasion favorable pour opérer le remplacement du propre vendu, il peut en profiter et acquérir, avec les sommes dont il était créancier contre la communauté, tel bien qu'il croira convenable pour lui servir de remploi ?

Vis-à-vis de la femme, il n'en est plus de même. Pour elle, le mariage est la cause d'une incapacité juridique (art. 217 C. civ.) dont elle ne peut être relevée que par l'autorisation du mari, ou à défaut de celle-ci, par celle des tribunaux. Quant au remploi, savoir en quel temps il doit être accepté, de quelle façon il doit l'être, quelle autorisation est nécessaire à la femme, comment elle peut être donnée : ce sont là des questions que nous avons traitées au chapitre IV, section II, n° 6, de la première partie de cette thèse, nous n'avons donc pas à y revenir.

Nous n'avons actuellement qu'à nous occuper des consé-quences que le défaut d'autorisation entraîne pour la femme, qui accepte le remploi postérieurement à l'acte d'acquisition. Toute femme mariée est juridiquement incapable. Comme sanction de cette incapacité, la loi a établi la nullité des actes faits par la femme sans l'observation des prescriptions légales et lui a permis de demander la rescision des actes qu'elle aurait faits sans être dûment autorisée. Toutefois, cette inca-pacité de la femme est purement relative ; elle ne pourra donc être opposée que par certaines personnes déterminées et pen-dant un laps de temps qui ne pourra être dépassé.

Les personnes qui peuvent opposer le défaut de capacité de la femme, acceptant le remploi postérieurement à son acquisition sans y être dûment autorisée (pour ceux qui exigent cette condition), sont :

1° La femme, pendant le cours du mariage et après sa dissolution, pendant un laps de temps qui ne peut excéder dix ans ;

2° Les héritiers de la femme, pendant le même temps, à partir de la dissolution de l'union conjugale ;

3° Le mari. Le défaut d'autorisation étant une atteinte à sa puissance, on comprend sans peine qu'il puisse invoquer la nullité des actes faits par sa femme, non autorisée. Toutefois, le droit de demander la rescision est, quant à lui, limité à la durée de sa puissance maritale, c'est-à-dire, au temps que dure le mariage. Postérieurement à cette date, en effet, l'intérêt moral qui l'autorisait à demander l'annulation des actes faits par sa femme, sans son consentement, a disparu, puisque sa puissance maritale n'existe plus et, quant à son intérêt pécuniaire, il est nul, les actes faits par sa femme, non autorisée, ne portant pas atteinte à ses droits ; il n'a donc pas d'intérêt à agir. Or, pas d'intérêt, pas d'action.

L'incapacité dont la femme est frappée est donc un vice purement relatif, qui ne pourra être opposé que par les personnes désignées et pendant un temps déterminé. De plus, ce vice pourra disparaître par la ratification de l'acte entaché de nullité.

4. — Outre ces diverses nullités, édictées par le droit commun et applicables à tous les actes juridiques, il en est d'autres qui sont spéciales à la matière du remploi ; elles ont trait aux déclarations prescrites par les articles 1434 et 1435 ; les men-

tions exigées par ces divers textes sont nécessaires pour l'existence du remploi, leur omission entraînerait sa nullité, ce qui autoriserait toute personne intéressée à demander que le bien ainsi acquis fût déclaré conquêt.

5. — Il existe entre le remploi *nul* et le remploi *annulable* des différences que nous allons placer en regard, afin de les rendre plus sensibles. Elles ont trait aux personnes qui peuvent demander sa nullité, aux pouvoirs des tribunaux appelés à la prononcer, à la ratification qui peut intervenir postérieurement pour faire disparaître le vice, cause de la nullité ; enfin à la prescription de l'action, appartenant aux intéressés.

Emploi ou remploi nul.   *Emploi ou remploi annulable.*

1° PERSONNES QUI PEUVENT DEMANDER LA NULLITÉ.

Il est frappé d'une *nullité absolue et perpétuelle*, de sorte que *toute* personne intéressée peut, à *quelque époque que ce soit*, en demander la nullité.

Il n'est affecté que d'une *nullité relative et temporaire*, de sorte que la partie à l'égard de laquelle existe le vice, cause de la rescision, peut *seule* et pendant un *certain* temps seulement en faire prononcer l'annulation.

2° POUVOIRS DES TRIBUNAUX APPELÉS A STATUER.

Lorsqu'une nullité absolue est prouvée, le Tribunal doit *nécessairement* déclarer l'inexistence du remploi.

Dans le cas d'une demande en annulabilité d'un remploi, le Tribunal saisi du litige, *peut ou non* prononcer l'annulation demandée. Il a sur ce point un souverain pouvoir discrétionnaire qui échappe à la censure de la Cour suprême.

3° RATIFICATION.

Il ne peut être rendu efficace par une ratification expresse ou tacite.

Il peut être ratifié.

4° PRESCRIPTION DE L'ACTION.

Aucun délai ne peut faire
disparaître le vice d'un remploi nul.

La prescription de dix ans
peut-être opposée à la demande en annulation d'un
remploi.

CHAPITRE V

FRAUDES AUXQUELLES PEUVENT DONNER LIEU LE REMPLOI ET L'EMPLOI. — SANCTION.

L'emploi et le remploi peuvent, de la part du mari, donner lieu à certaines fraudes au préjudice de la femme.

Lorsque le mari aliène un de ses propres, le prix en provenant tombe dans la communauté, sauf récompense à son profit lors de la dissolution de celle-ci. Mais il peut se faire que, dans le but d'augmenter le *quantum* de cette récompense, le mari exagère le prix de vente du bien aliéné ou que, désirant opérer le remploi de la somme lui appartenant, il acquière, pendant l'union conjugale, un bien destiné à remplacer dans son patrimoine celui qui a été aliéné ; il peut arriver que le prix de l'immeuble antérieurement vendu soit inférieur à celui qui va être acquis en remploi et que, dans le but d'échapper à la récompense qu'il devra à la communauté, s'il n'a pas actuellement des sommes disponibles à lui appartenant, le mari collude avec le vendeur pour porter à l'acte un prix inférieur à celui qu'il paie réellement pour l'acquisition du nouvel immeuble. Dans ce cas, la femme est frustrée de la moitié de la somme enlevée à la communauté et elle pourra par tous les moyens de droit (Art. 1348 et 1353 C. civ.) établir la fraude commise à son préjudice et s'en faire indemniser.

Ce n'est pas toutefois la seule fraude que la femme ait à redouter. Dans le cas d'un remploi opéré à son profit, il peut se faire encore que, de connivence avec le vendeur, le mari exagère le prix de l'immeuble acquis pour la femme. Dès lors, ou bien celle-ci devra une récompense à la communauté si le prix porté à l'acte est supérieur à celui obtenu par la vente de son propre ; ou bien elle sera privée de celle à laquelle elle avait droit, si le prix du bien nouvellement acquis est réellement inférieur à celui antérieurement obtenu par la vente. Le même fait pourrait se produire en cas d'emploi. Dans cette hypothèse, comme dans la précédente, la femme pourra encore établir la fraude commise à son préjudice par toutes les voies de droit et exiger la récompense dont elle est réellement demeurée créancière. Il n'y a pas à distinguer, du reste, si en acceptant le remploi la femme a ignoré ou connu la fraude. Dans le premier cas, son acceptation ne saurait lui être opposée comme fin de non-recevoir. Dans le second, il y aurait une donation déguisée, qui, aux termes de l'article 1099, serait frappée de nullité.

Enfin les agissements du mari peuvent encore donner lieu à une autre espèce de fraude. Il peut arriver que, lors de la vente du propre de la femme, un prix inférieur à celui qui a été réellement payé ait été porté dans l'acte d'acquisition. Dans ce cas la femme sera frustrée de la portion du prix qui a été dissimulée. Ici encore, la femme pourra établir par tous moyens de droit, la fraude commise à son préjudice. Peut-être opposera-t-on à cette solution la dernière phrase de l'article 1436 C. civ. : « Dans tous les cas, la récompense n'a lieu que sur le pied de la vente, quelque allégation qui soit faite touchant la valeur de l'immeuble aliéné. » Cet article doit être ainsi interprété, que la communauté n'est débitrice que de la somme qu'elle a reçue ; il ne vise nullement les cas de fraude qui pourraient se produire et qui demeureraient soumis aux règles du droit commun. Or c'est un principe bien connu que la fraude et le dol peuvent faire infirmer tous les actes juridiques : *fraus omnia corrumpit.*

POSITIONS

DROIT ROMAIN

I. — Il n'y a pas contradiction entre la loi 54, Dig. *De jure dotium* et la loi 12 au Code, au même titre.

II. — A l'époque classique, le revendiquant ne peut obtenir *manu militari* la restitution de la chose que lorsque le défendeur prétend faussement ne pouvoir la restituer.

III. — Au temps de Gaïus, on ne peut ériger en règle générale la disposition de loi 54, Dig. *de jure dotium*.

IV. — L'immeuble dotal, aliéné en violation de la loi Julia, peut être revendiqué par le mari, *constante matrimonio*, il ne peut l'être par la femme qu'après la dissolution du muriage.

ANCIEN DROIT FRANÇAIS

I. — La femme ne pouvait pas accepter valablement le remploi après la dissolution de la communauté.

II. — L'acceptation donnée par la femme devait être expresse et formelle.

DROIT CIVIL ACTUEL.

I. — Pour que le remploi des propres du mari puisse être opéré, il faut que l'acte portant acquisition en remploi contienne les deux déclaration prescrites par l'article 1434, une seule serait insuffiante.

II. — Lorsque le remploi est opéré au profit de la femme, les déclarations exigées par les articles 1434 et 1435 ne peuvent avoir lieu *ex-intervallo.*

III. — Le remploi dit *par anticipation* est valable.

IV. — Les meubles, aussi bien que les immeubles peuvent être acquis en remploi.

V. — Le mari, en effectuant le remploi, accomplit un acte de gestion d'affaires.

VI. — Si le contrat de mariage stipule que le remploi aura lieu en biens d'une nature déterminée, ce remploi ne peut être valablement effectué par l'acquisition de rentes sur l'Etat.

VII. — La femme, commune en biens, qui a simplement donné mandat au mari d'aliéner ses propres à charge de remploi, ne peut, à défaut de ce remploi, rechercher les tiers-acquéreurs de ses biens.

DROIT COMMERCIAL.

I. — La justice ne peut pas autoriser la femme, soit à entreprendre, soit même à continuer le commerce, lorsque le mari présent et capable refuse d'y consentir.

II. — Le droit de surenchérir dans la quinzaine, institué par l'article 573 du Code de commerce, n'est pas exclusif du droit de surenchère dans les quarante jours institué par l'article 2185 du Code civil en faveur des créanciers inscrits sur l'immeuble.

DROIT PÉNAL.

I. — Le délit de diffamation, tel que le proscrit et le définit l'article 13 de la loi du 17 mai 1819, peut résulter des imputations dirigées, non pas seulement contre les vivants, mais aussi de celles dirigées contre la mémémoire des morts, lorsque ceux-ci ayant toujours vécu en simples particuliers, n'appartiennent à l'histoire par aucun côté de leur vie.

22

II. — Un étranger condamné dans son pays (par exemple un
Belge condamné en Belgique), à raison d'un crime
ou d'un délit commis en France, peut, nonobstant
cette condamnation, être poursuivi de nouveau et
jugé en France pour le même fait.

DROIT INTERNATIONAL PUBLIC ET PRIVÉ.

I — L'armement d'un navire de guerre belligérant dans un
port neutre constitue un acte d'hostilité.

II. — Le privilège d'exterritorialité doit être restreint à l'am-
bassadeur, à sa famille, à sa suite et à ses subor-
donnés qui sont revêtus d'un caractère public et
officiel. Par conséquent, l'étranger n'appartenant à
aucun titre à l'ambassade de sa nation est soumis à
la Juridiction française, à raison des crimes par lui
commis dans l'hôtel de cette ambassade.

III. — Aux Etats-Unis et principalement dans les Etats de
Pensylvanie et de New-York, où le mariage légitime
résulte suffisamment du consentement des parties et
de la notoriété de ce consentement en dehors de
tout acte religieux ou civil, la règle *locus regit actum*
doit conduire à attribuer aux enfants, issus d'une
semblable union la qualité d'enfants légitimes, avec
toutes les conséquences qui doivent en résulter au
point de vue de la loi française.

IV. — Dans les pays étrangers, le Brésil, par exemple, où les usages commerciaux permettent de faire monter le taux de l'intérêt jusqu'à 12 %, les Français peuvent, sans tomber sous le coup de leurs lois nationales sur l'usure, réclamer ce taux élevé pour les sommes qu'ils y engagent dans le commerce, alors même que l'ouverture de crédit serait faite en France, pourvu que l'argent doive être employé hors de France.

Vu :

Douai, ce 4 septembre 1882.

Le Doyen de la Faculté,
Président de la Thèse,

DANIEL DE FOLLEVILLE.

Permis d'imprimer :

Ce 7 septembre 1882.

Le Recteur de l'Académie
de Douai,

D. NOLEN.

TABLE DES MATIÈRES

DROIT ROMAIN

Des modifications que l'assiette de la dot pouvait subir à Rome durant le mariage.

DROIT FRANÇAIS.

De l'emploi et du remploi sous le régime de la Communauté.

ARRAS. — TYPOGRAPHIE DE SÈDE ET Cie.

www.ingramcontent.com/pod-product-compliance
Lightning Source LLC
Chambersburg PA
CBHW061126220326
41599CB00024B/4186